变动中的东亚与中美关系

刘阿明　著

知识产权出版社
全国百佳图书出版单位

内容提要：

随着中国影响力的上升，东亚地区权力结构以及国家间互动模式正在改变。21世纪以来，中美两国在东亚的战略投入使得这一地区重新成为大国竞争的舞台，东亚国家也通过不断增强的外交主动性深深卷入其中。在东亚地区合作、朝鲜核问题、南海问题、中美关系等重要的东亚地区政治与安全事务中，中国、美国和东亚各国分别扮演着不同角色。在多种复杂因素的共同作用下，东亚地区秩序正在经历深刻的变化。

责任编辑：王　辉

图书在版编目(CIP)数据

变动中的东亚与中美关系/刘阿明著. —北京：知识产权出版社，2012.9

ISBN 978-7-5130-1510-3

Ⅰ.①变… Ⅱ.①刘… Ⅲ.①中美关系—研究 ②国际关系—研究—东亚 Ⅳ.①D822.371 ②D831

中国版本图书馆CIP数据核字(2012)第215242号

变动中的东亚与中美关系

刘阿明　著

出版发行：知识产权出版社有限责任公司

社　址：	北京市海淀区马甸南村1号	**邮　编：**	100088
网　址：	http://www.ipph.cn	**邮　箱：**	bjb@cnipr.com
发行电话：	010-82000893 82000860 转 8101	**传　真：**	010-82000893
责编电话：	010-82000860-8129	**责编邮箱：**	wanghui@cnipr.com
印　刷：	知识产权出版社电子制印中心	**经　销：**	新华书店及相关销售网点
开　本：	787mm×1092mm 1/16	**印　张：**	15
版　次：	2012年9月第1版	**印　次：**	2014年3月第3次印刷
字　数：	250千字	**定　价：**	45.00元

ISBN 978-7-5130-1510-3/D·1562(4368)

目　录

序　言

回顾过去50年来东亚地缘政治与经济格局的变迁可以发现，东亚地区力量结构以及国家间互动模式正在改变，尤其在冷战以后，这种改变势必引起地区秩序的逐步演进。进入21世纪，东亚地区的未来越来越被一些复杂的国家行为和地区因素的组合所影响，中国力量的上升当然是其中最重要的部分。

中国不断发展的经济与军事力量、增强的政治影响力与话语权、积极主动地参与地区事务的外交姿态已经成为引发东亚变化的主要动因。东亚在地缘上与中国密切相连，且是中国影响力最易扩展的地区。自20世纪90年代后期以来，中国对于东亚毗邻地区有了越来越清晰和明确的战略筹划，以务实的精神和凭借高速的经济增长迅速扩大了与东亚国家的联系，成功地塑造了和平、合作的地区形象。东亚地区也因此成为最早见证中国力量上升的区域。

无论是在双边还是多边层次上，中国都凭借细致入微的外交手段和双赢的理念取得了显著的成效。得益于国内经济的高速发展，中国与地区国家开展深刻的经济互动。中国已经成为东亚地区大多数国家的最重要的经济伙伴，以中国为核心的地区经济与金融机制成为促进地区一体化的主要驱动力量。同时，中国影响力的上升还表现在安全领域。20多年前中国还没有与印度尼西亚、新加坡和韩国建立完全的外交关系，与越南等国之间存在着棘手的边界问题。21世纪初，中国几乎和平解决了与所有东亚国家的陆地边界争端，完成了长达2万多公里的边界勘定。①现在，在朝鲜核问题和南海争端上，中国态度的转变不仅直接影响问题的解决趋势，而且决定了地

① Fu Ying, "China and Asia in the New Era," *China: An International Journal*, Vol. 1, No. 2, 2003, p. 304.

区未来的安全建构。中国多年来的外交努力赢得了东亚国家的好评，地区内的大多数国家不再认为中国是一个压迫别国的地区霸权和强大的军事威胁，而将中国看做一个好邻居、一个建设性伙伴和一个非威胁性的地区强国。

在经历了冷战后由美国作为唯一的超级大国所主导的"单极体系"之后，中国力量的上升及其对地区权力结构带来的影响已经成为21世纪世界政治中最为突出的话题之一。中国所显示出的自信、开放的外交姿态，为中国与美国和东亚国家的互动模式带来了新特点。美国在地理上远离东亚，但却与几乎所有的地区国家保持着经济、安全、政治方面的紧密联系。多年来，美国一直力图通过"二战"后形成的双边军事同盟以及冷战后重构的经济与政治关系保障自身在该地区的主导地位。进入21世纪以来，东亚地区成为推动全球经济发展的引擎，而美国却未能够及时平衡其对外政策的重心，对亚洲事务的"忽视"和中国地区影响力的上升渐渐令美国这一传统地区霸主感到不安。奥巴马政府"重返亚洲"战略为美国提供了加大对地区事务介入力度并进一步发挥作用的可能。在新的地缘政治形势下，加强和发展与盟国及新兴伙伴国家的关系、积极参与地区事务、处理影响到美国及其盟友安全利益的地区问题成为美国战略的重点，其目的在于继续加强美国在亚太地区的传统影响力，强化美国的战略存在与主导地位。

中美两国在东亚的战略投入使得这一地区成为大国竞争影响力的舞台，并将东亚各国深深卷入其中。作为具有强烈主体意识的地区行为体，东亚国家实施的地区政策毫无疑问将会影响中美之间的竞合态势。如何看待正在迅速崛起的中国，东亚国家仍有相互矛盾之处。一方面，大多数国家把中国看做一个善意的大国，愿意与之建立良好关系，希望搭乘中国的"经济顺风车"，将中国视为能够为本地区提供发展动力和保持和平稳定的源泉。因此，许多国家愿意在进行决策时更多考虑中国的利益和关切，甚至希望中国发挥积极的地区领导作用。另一方面，一些国家对中国力量的快速上升心存疑惧，希望利用与美国的安全联系制约中国力量向令它们惧怕的方向转化。它们试图让中国意识到这样一个地区现实：如果中国挑战邻国利益，美国就更容易实施包围和遏制中国的战略，地区均势结构必然会向不利于中国的方向倾斜。可以说，面对中美两国在东亚地区事务中的作用，大多数东亚国家不约而同地采取了一种复杂的"两面下注"的策略——通过与中国的经济合作来加深双方的相互依赖和促进政治互信,正如新加坡资政李光耀所说:"如果你让中国待在外面发挥负面作用,代价就会很高。为什么不请中国上船呢?"①简言之,东亚国家通过与美国的安全合作平衡中国的影响,同时为了摆脱大国的控制,通过地区多边机制规范中美两国的行为,借以保持自身在地区事务中的相关性。

可见,虽然中国的经济繁荣和周边外交的成功已经在很大程度上成为重塑东亚秩序的主要催化剂,但据此认为这种秩序已经变成以中国为中心或者被中国所主导还为时尚早。中国力量的上升不是影响东亚地缘政治和国家间关系的唯一重要因素,美国主导的亚洲安全体系、东盟主导的东亚地区合作,以及有着严重冷战残留的东北亚地区安全形势的发展,共同影响着这一地区的未来。

在多种复杂因素的共同作用下,东亚正在经历深刻的变化。对于正在出现的地区秩序,东亚战略家们归纳出未来20~30年间5种可能图景:中国中心秩序、民主国家与专制国家的集团式对垒、中美联合霸权、一种地区式的大国协调、美国支配性地位的延续。也有学者总结出更多的可能,如规范性共同体的出现、中美战略竞争、安全事务的边缘化以及国家间相互依存的加深,等等。②总之,没有一种单一的模式可以被广泛接受,东亚地区秩序更可能走向一种混合性的结构:中国,凭借强劲的经济增长与外交谋略进一步巩固其在地区合作中的地位;美国,依赖传统的安全关系与影响力进一步加强地区国家对它的依赖,两国共同在地区事务中发挥影响作用。与此同时,东亚其他国家将是地区战略游戏的重要参与方和平衡者。

在这种新秩序中,中美两国以及东亚其他国家日益被卷入一张越来越紧密的相互依赖之网中。伴随着中美两国在不同的东亚地区事务中影响力和权威性的变化、东盟不断扩大的规范性影响以及地区多边机制的成长、贯穿地区的越来越密切的经济相互依赖等多种因素的复合影响,地区体系的

① Alastair Iain Johnston, "The Myth of the ASEAN Way? Explaining the Evolution of the ASEAN Regional Forum," in Helga Haftendorn, Robert O. Keohane and Celeste A. Wallander eds., *Imperfect Unions: Security Institutions in Time and Apace*, London: Oxford University Press, 1999, p. 295.

② Mingjiang Li and Dongmin Lee, "Introduction," in Mingjiang Li and Dongmin Lee eds., *China and East Asian Strategic Dynamics*, Lanham, MD: Lexington Books, 2011, p. xi. David Shambaugh, "The Rise of China and Asia's New Dynamics," in David Shambaugh ed., *Power Shift: China and Asia's New Dynamics*, Berkeley: University of California Press, 2006, pp. 12-16.

力量结构和本质正在经历深刻的改变。中国虽然是各国经济依赖的重要对象,但却并非能够主导一切地区事务;美国仍然是地区安全事务的主导者,但是它的力量和影响力却在不时遭遇限制和挑战,其政策失误带来的地区后果可能更为严重;东盟的规范性力量在东亚秩序建构中有着很重要的意义,地区多边机制日益成熟,但其发展却远非一帆风顺;中美两国之间合作与共存成为无法逆转的事实,大部分东亚国家也正在享受着中国的持续快速发展所带来的地区繁荣与和平,但却不愿拒绝美国的政治与安全介入。总之,中国、美国和东亚国家之间的互动决定着东亚地缘政治格局和地区秩序的走向。

尽管中国崛起短期内不可能带来国际权力结构的重大改变,但进一步研究中国力量上升对东亚地区政治与安全事务和美国的影响显然是相当必要的。本研究并不致力于分析中美两国间可衡量的物质力量对比的变化,而是试图将中美之间权力转移以及因此而导致的两国互动方式的变化放在具体的东亚事务中加以考察,因为中国崛起在不同范围和领域内引起的反应是极为不同的。[①]这些具体事务是:东亚地区合作、朝鲜核问题和南海问题。在这些地区事务中,中美扮演着同样重要的但却作用不同的角色。通过对历史资料、政府文件、学术研究文献的分析,本研究试图回答以下问题:中美两国在具体地区事务中的利益与身份认知是如何变化的?在权力结构变化的环境中,两国采用了何种政策手段加大对不同地区事务的影响?两国在不同事务中的优势与局限是什么?其他地区国家对于这种力量结构和政策变化的反应如何?权力转移的趋势是否会导致中国——一个处于上升期的新兴大国——与美国——一个既有国际秩序的主导国之间的冲突?抑或是合作?

除导言部分外,本书分为五章。第一章选取了统领全书的理论与政策视角。在国际关系研究中如何界定权力及其作用一直颇具争议。经历了以单纯的量化指标,如土地、人口、经济能力、军费开支为标准来衡量国家力量,到倾向于以更加复杂、复合性的方法和指标体系,来解释一国对于他国行为的影响的演变过程,目前,得到普遍认可的是,力量的界定是物质和非

① 陆伯彬:“权力政治的平衡与中国的崛起——东亚各国的接纳或平衡战略”,载[美]威廉·W. 凯勒,托马斯·G. 罗斯基 编,刘江译,朱锋校:《中国的崛起与亚洲的势力均衡》,上海:上海人民出版社2010年版,第141页。

物质因素的复杂混合。本研究虽然以现实主义的权力政治为理论出发点，但并不意味着忽视制度主义、建构主义在国家行为的影响因素方面的理论贡献。相互依赖、国家身份与利益认知等更加复杂、多变的理论视角被用来分析国家间权力，尤其是中美两国对地区事务影响程度的变化。如果以更加创造性的理解来审视国家间相互依赖关系的发展，我们就无法忽视东亚各国的政策选择对中美在地区事务中的互动所产生的影响。在一个充满变数和不确定性的地区发展进程中，传统的制衡与追随已无法涵盖中小国家面对中美力量对比变化时所采取的所有政策，"两面下注"被用来概括这些国家的普遍政策选择。正是由于这种选择，导致了东亚各国在权力转移过程中影响力的加强，以及地区体系内相互依存关系的深化，从而为一种兼容型的地区秩序奠定了理论与政策基础。

第二章以东亚地区合作的实践活动为切入点，通过论述东亚各国对地区合作机制的诉求，着重对于合作机制的现状与所存在问题进行评述。冷战结束后，东盟逐渐发展成为东亚地区合作的先锋性组织，以东盟为基础或是重要成员的东亚合作机制不断繁盛，东南亚地区因此成为中美两国争相影响东亚合作进程的着力点。东盟主导下的东亚合作机制的发展与中国加强多边合作方式应对地区事务的思路不谋而合，成为东亚合作蓬勃开展的主要动力。中国的能动性引起美国的战略担忧，华盛顿从而加大了对东亚合作的谋划，美国因素作用显性化的一个重要后果即体现为东亚区域合作的方向日益模糊。东亚地区合作是一种以实践推动理论发展的务实性尝试，是一种"没有地区主义的地区合作"。未来东亚地区合作的发展前景并不乐观：既无可能建立一个排除美国的东亚共同体，而囊括美国及更多亚太国家在内的泛地区性机制的前景也并不乐观；东盟的主导作用则更多源于客观情况的需要——对于各大国来说都不算是最坏的结果。东亚地区合作将更多以一种反应型地区主义模式呈现，中美两国的作用将取决于合作议程的性质。

第三章以朝鲜核问题为例，论述中美在冷战后东北亚传统安全领域的互动。2002 年第二次朝鲜核危机发生后中美之间的互动模式既见证了中国影响力的显著提高令美国对中国倚重加大，也促使六方会谈逐渐发展成为两国进行利益协调、共商东北亚安全问题的重要场所。虽然中美两国对于六方会谈的作用与态度仍然有很大的不同，但任何一个通过这个平台达成的协议都将是东北亚地区和平与稳定的正面、积极进展。冷战后，随着中韩关系的飞速发展，中国与朝鲜半岛南北双方的战略关系同时得到了加强，中国成为唯一一个同时对韩、朝两国都拥有战略影响力的国家。但是，美国对两国的战略重要性也从未消弭。与此同时，韩、朝两国所采取“两面下注”政策凸显了中美两国在朝鲜半岛，尤其在说服/迫使朝鲜放弃核武器方面的局限性。中美两国在政策手段上各有优劣长短，不同的作用与限制反而造就了两国在安全领域内合作的客观需要，从而为两国合力应对朝鲜核问题、构建朝鲜半岛安全框架带来了机会，朝鲜核问题因而成为地区体系中的主导国和上升国合力应对安全事务的典型案例。

第四章以南海问题为视角，考察中美之间权力转移给东亚地区带来的影响。曾有学者预言，中国作为陆地大国与美国作为海洋大国之间的新的竞争将会代替美国与苏联之间的冷战式敌意。①随着美国对南海政策中“应对中国力量上升”的考量日益明晰，并造就了南海周边声索国立场进一步强硬，中美之间能否因为小国利益而进行全面对抗成为令人关注的话题。中国与东南亚国家从 20 世纪 90 年代后期开始就南海问题进行互动，取得了一定成果，但美国积极介入政策的明朗化却使得这些国家加强了对美借重，这些国家不谋而合的“两面下注”政策为南海问题的解决增添了更多不确定因素。中美之间在新的地区事务领域内的关系完全可以是建设性的，例如合力提供地区海洋公共产品，在海洋领域内规范上升国与主导国之间新的互动模式，等等。这将是中美两国面临的新任务。

在前四章论述的基础上，第五章试图对中国积极的周边外交行为的动因及表现进行解释性描述，这种积极的外交行为在很大程度上是以维持中国核心国家利益——主权、安全与发展为目的的，但却在客观上对美国这一地区传统主导国家产生了影响，导致了美国对中国力量以及中美力量对比的新认知。同样，这种积极性也不可避免地对东亚地区秩序产生了影响，地区事务与中美关系中既有因素与新特点共同发挥着塑造地区未来的作用。总之，中国力量的上升还没有达到能够从根本上挑战美国地区主导地位的程度，这是中美两国进行务实合作和有限竞争的前提。中国在地区事务中

① 详见：Robert Ross，“Bipolarity and Balancing in East Asia，” in T. V. Paul，James J. Wirtz and Michael Fortmann eds.，*Balance of Power*：*Theory of Power*：*Theory and Practice in the* 21st *Century*，Stanford，California：Stanford University Press，2004.

的积极作用为这种合作提供了广泛的共同利益基础，同时也造就了美国和许多地区国家以“两面下注”的方式应对力量变化的事实。在这种情况下，未来的东亚地缘政治与经济秩序将无法形成一种“赢者通吃”的局面。即使中国仍将保持甚至扩大经济竞争力上的优势，而美国却会继续发挥安全保证者的作用，同时容纳中美两国并允许其他东亚国家积极发挥作用将是这一兼容型地区秩序的显著特征。

第一章　理论与政策

国际关系中权力分配的变化很可能导致战争是国际关系学科的常识性论断。国家在国际/地区体系中的地位并非静态的，而是随着国家力量的此消彼长不断变化。国际关系理论通常认为，一个国家实力的上升容易引发新的野心，或曰对现存体系秩序的“不满”和改变的欲望，尤其是既有“主导国”和“上升国”或“崛起国”之间由此而产生的互动很可能演变成激烈冲突和难以协调的对抗，权力转移因而成为冲突的最主要根源。在过去近 50 年的时间内，权力转移理论就“为什么权力关系的变化可能导致冲突和战争”的假设进行了不懈的探索。正如著名战争问题学者范·埃弗拉(Steven Van Evera)所言，“权力转移”打开了国际冲突新的“脆弱的窗口”。换言之，权力的转移以及由此产生的“不满”和“挑战”至少是导致国际关系中难以避免的冲突和战争的基本原因之一。“权力转移”将国际关系中经常发生的权力再分配的重心定位在“主导国家”与“崛起国家”之间的权力关系变化，旨在对这种特殊的权力变更做出具有因果联系的系统性解释。①

不难理解，作为国家政治权力的发源地，同时也是一国谋划战略行动和施加自身影响力的首选区域，地区就成为崛起国与主导国进行较量的最初场所。但是，当我们考虑国际体系内权力变化与地区秩序的关系时，往往忽视的是地区内其他中、小国家的作用。这些国家在大国之间权力平衡改变的过程中的战略与政策选择往往对这个变化过程产生着至关重要的影响。以东亚为例，近年来，中国力量的上升是否意味着美国在地区内影响力的相对下降？东亚国家的政策选择是什么？这种选择对变动中的东亚未来将会产生什么样的影响？本章将从理论与政策的视角对这些问题做出回答。

---

① 详见:朱 锋:“‘权力转移’理论:霸权性现实主义?”载《国际政治研究》2006 年第 3 期，第 33 - 34页。

第一节　权力与权力转移理论

一、权力与权力政治

在国际关系领域，权力（或称力量），一直是人们谈论的焦点。英文字典上对权力/力量的解释就是做事的能力。泛泛而言，权力意味着获得所期望结果的能力。字典的另一种解释是，权力即通过影响他人的行为而将事情办成的能力。具体来说，权力是指对他人的行为施加影响以达到自己所期望结果的能力。影响他人行为可以有多种方式：威逼、利诱，或通过吸引和拉拢使对方想你所想、做你所想。

几个世纪以来，随着技术的进步，权力的源泉也在改变。在农业经济时代，人口和土地是重要的力量源泉，因为它是招兵募税的来源。就欧洲而言，这种钱和人的结合，是当时法国的力量所在。到了19世纪，工业的重要性不断增长，从中受益的首先是英国，继而是德国。英国当时拥有一支世界无敌的海军；而德国由于拥有高效的管理和铁路系统，能够快速调动军队而决胜于欧洲大陆。到了20世纪中期，随着核时代的到来，美国和苏联不仅拥有工业实力，而且拥有核武库和洲际导弹，因而成为世界上最强大的国家。①

纵观历史上权力源泉的演变，我们可以这样给权力下定义：（权力）力量就是在人口、领土、自然资源、经济实力、军事力量和政治稳定方面占有优势。②这种定义的优点在于使力量本身显得更加具体、可衡量、可预测。但这种定义也存在问题：当人们将力量与产生力量的资源画等号时，最好的投入并不一定能得到最好的产出，而这种情况在国家间交往和国际关系历史中并不鲜见。简言之，拥有上述权力资源并不总能使一个国家如愿以偿。人们渐渐认识到，将资源转化为影响甚至主导他国的权力以取得所期望的结果需要关注权力的另一面。

英国现实主义理论学派代表人物爱德华·卡尔（E. H. Carr）在其1939

① ［美］约瑟夫·奈著，郑志国等译：《美国霸权的困惑：为什么美国不能独断专行》，北京：世界知识出版社2002年版，第5－6页。

② 同上，第5页。

年的著作中就曾将国际领域的政治权力分为三类:军事力量、经济力量、支配舆论的力量。他指出,这些不同类型的权力是高度相互依赖的。我们很难想象,一个国家能够具有一种权力而不具有其他权力。就本质而言,权力是一个不可分割的整体。①在此基础上,有学者将权力与影响力(influence)加以比较,认为前者意味着通过威胁或施加剥夺来改变他人的能力,而后者则意味着通过许诺或者提供利益来改变人的能力。两者结合在一起,有时影响力甚至优于权力。②虽然军事和经济的威力与影响力可以通过引诱或者威胁使他人转变立场,但有的时候,用不着实实在在的威胁或利诱也可以得到所想要的结果、达己所愿。汉斯·摩根索(Hans J. Morgenthau)认为,一国对另一国的政治权力的"影响来自三个源泉:期望惠益、惧怕损害、尊敬或爱戴人和机构。可以通过命令、威胁、某个人或某项职位的权威或非凡魅力,或任何这些因素的结合来施加这种影响"。三者"在不断变化的结合中相互作用,构成了一切国内政治的基础"。摩根索还着重将"魅力"与"武力威胁和说服"区分开,认为,通过这种尊敬和爱戴,"人们的意志自动顺从于这样一个人或机构体制的意志。不考虑到这一点,就不可能理解在现代尤其突出的某些国际政治现象。"③一国将力量源泉转化为权力本身时,其效率在很大程度上取决于领土国家的制度安排和人民,即决策者在统治过程中采取的规则、规范和价值观,以及居住在领土国家中的居民如何通过一些共同的观念团结起来。④可见,人们早已意识到在国际关系舞台上起作用的除了可测量的军事和经济权力外,还有一种对国家力量起到不可忽视作用的力量,约瑟夫·奈(Joseph Nye)首次将其统称为"软力量",即除军事力量和经济力量外的其他形式的力量。

如果说权力可以被笼统定义为使他人去做自己想让他们去做的事或是不去做自己不想让他们做的事的话,硬力量和软力量的主要区别就在于为

① [英]爱德华·卡尔著,秦亚青译:《20年危机(1919-1939):国际关系研究导论》,北京:世界知识出版社2005年版,第103页。

② [美]阿诺德·沃尔弗斯著,于铁军译:《纷争与协作——国际政治论集》,北京:世界知识出版社2006年版,第93、97页。

③ [美]汉斯·摩根索著,卢明华等译:《国际纵横策论——争强权,求和平》,上海:上海译文出版社1995年版,第38、40页。

④ [挪]托克约尔·克努成著,余万里等译:《国际关系理论史导论》,天津:天津人民出版社2004年版,第3-5页。

达到这种权力目标而选用的方式上的不同。国家可以用武力或者经济制裁相要挟，命令他国改变喜好，并按照自己的意志行事；国家也可倚仗经济实力，以报酬的方式诱惑他国遵从自己的意志；国家也可以通过设定议程，使自己的目标看上去不切实际而无从实施，从而来限制自我选择；或者使两国在彼此关系中相互吸引、友爱，从而就责任、义务等问题达成共识，共同抱有为共同价值观和目的做贡献的正义感。如果在没有任何明显威胁或交易存在的情况下，一国被另一国说服并跟从其目标，即该国的软力量就发挥功效了。软力量使用的是不同的手段（既非武力，也非金钱）来促进合作，达到权力所致力于达到的目的。

硬力量和软力量相辅相成、相互作用，都是影响他人行为达到自身目的的能力。如果把两种力量分属于力量图谱的两端，我们会发现，虽然它们之间的区别在于国家行为的性质和权力资源可测量的程度的不同——软力量资源通常与吸引力行为一端有较大相关性，而硬力量则与强制行为相关联，但却具有极大的相关性。强制力依赖于通过强迫或引诱的方式发挥作用；吸引力依赖于一国文化和价值观的魅力，或者依赖于通过操纵政治议程的途径，让别人感到自身的目标不切实际而放弃表达个人愿望的能力。同一种力量资源能够发挥从纯粹强制到纯粹吸引之间广泛范围内各个层面的作用。在这两种极端力量之间，影响行为的种类涵盖了许多层面：从纯粹的武力强迫到经济好处的拒绝与给予，到制定政治议程的力量，最后到纯粹的道德吸引力。有时一些国家会被他国不可战胜的神话吸引而甘受其支配，有时支配力则被用来建立机制，并在日后成为既成事实；强劲的经济不仅有进行制裁和提供报酬的能力，同时也是吸引力的来源。一国经济和军事的衰落不仅使其丧失硬力量的强制作用，也能使其丧失影响国际规则的能力，同时也丧失自身作为他国效仿榜样的吸引力。总体来说，不同类型的行为与其特定资源间的关联是很强的。在当前多样化的世界中，各种力量资源都在发挥作用，只有通过发挥所谓“聪明的力量（Smart Power）”，即更好地将硬、软力量结合起来使用，才可能达到最大的力量效果。

权力的来源、权力的大小以及权力的作用构成了分析国家战略和国家间关系的基点。现实主义国际关系理论的立论出发点是，国际关系处于无政府状态，缺乏凌驾于所有国家之上的权威是其基本特征。因此，各国处于“自助”状态，只有通过不断追求权力、扩大权力来维护自己的国家利益。可以说，在现实主义者看来，国家利益的大小是由其权力大小来界定的——一个国家权力越大，力量越强，它所获得的利益越多；反之亦然。在这样一个自助的世界中，国家唯有寄希望于增大自身的权力/力量来保障或增加自己的利益。权力既是一国政策的先决条件，也是其政策效果的决定因素；同时，权力也是国家之间相互关系的指南针，是国家之间互动与打交道的前提条件。因此，在现实主义者看来，世界政治的本质就是“权力政治”（power politics）。

二、权力转移的理论内涵

正如权力是一个千变万化的概念、有着不同的层次与视角一样，权力关系也绝不是静态的，即国家在国际/地区体系中的等级并非静态固定的，而是随着国家力量的此消彼长发生着变化。纵观国际关系发展历史，可以看出权力之所以为人们所乐道，其中一个很重要原因是其分布远的复杂性和动态性。这种动态变化，即所谓的“权力转移”（power shift 或 power transition）不仅改变着国与国之间交往的模式，而且成为国际秩序转变的最大驱动因素。在现实主义的逻辑中，世界政治的权力政治本质永远不可能改变，因此，由于权力分配的变化而产生的竞争与冲突加剧的事实也是不可改变的。

权力转移理论的要素贯穿存在于西方国际关系理论悠久的历史中。历史学家修昔底德在其著名的《伯罗奔尼撒战争史》中写道，正是“雅典的力量增长以及由此引起的斯巴达的恐惧使得伯罗奔尼撒战争不可避免”。哈尔福德·麦金德（Halford J. Mackinder）更概括地认为“历史上的大战都直接或间接地由国家力量的不平衡消长引起”，[①]迈克尔·霍华德（Michael Howard）则宣称，“和前工业时代一样，战争的原因仍根植于政治家对敌对力量增长的认知和由此带来的对他们自身的约束——即使不是灭亡——的忧虑”。[②]而如今，即使修昔底德重新降临人世，他对于当代世界政治并不会感到陌

① Halford J. Mackinder, *Democratic Ideals and Reality*, New York: W. W. Norton, 1962.

② Michael Howard, *The Causes of War*, New York: Cambridge University Press, 1983. 以上引注转引自：杰克·S. 利维：“权力转移理论和中国崛起”，载朱锋、罗伯特·罗斯主编：《中国崛起：理论与政策的视角》，上海：上海人民出版社 2008 年版，第 3－4 页。

生,因为世界政治仍然可以以他当年所认识的方式来进行归类。①

权力转移理论最先由美国密执安大学政治学教授奥根斯基(A. F. K. Organski)于20世纪50年代末在《世界政治》(*World Politics*)一书中首先系统提出。之后,他的学生杰斯克·库格勒(Jacek Kugler)等人对权力转移理论和国际冲突理论的发展和提炼作出了进一步的完善。②他们普遍认为,国家间的关系表现为权力的运作和互动关系,任何国家都希望利用自己的实力来影响他国的行为和选择,从而不断地加强自己的权力。因此,一个国家力量的上升和能力的增强必然引发新的权力运用来增强自己利益的野心,并导致国际政治体系内的公共财产资源再分配过程变成冲突激烈和难以协调的过程,"权力转移"因而成为冲突的最主要根源。不难看出,权力转移理论发端于典型现实主义理论,并在此基础上做了某些理论超越,旨在通过运用理性选择的分析工具来观察当代国际关系现实。

从20世纪末开始,国内国际关系学界开始对这一理论加以深入探讨。③学者们认为,权力转移理论承袭了以汉斯·摩根索为代表的国际政治现实主义的立论基本点,认为权力是国家的最重要特征,国际政治的本质就是权力政治。在一个以权力来界定地位的、存在着等级秩序的国际体系中,大国力量的发展将不可避免地扩散到政治和军事领域,经济强大导致政治的崛起随后是军事扩张,这已经成为大国发展的必然逻辑。因而大国崛起将不可避免地导致扩张性的权力追求、进而产生新的权力冲突,并导致现有国际

---

① Robert Gilpin, *War and Change in World Politics*, New York: Cambridge University Press, 1981, pp. 227 - 228.

② A. F. K. Organski: *World Politics*, New York :Alfred A. Konpf , Inc. 1958, 1968(2nd edition), A. F. K. Organski and Jacek Kugler, *The War Ledger*, New York: Alfred A. Knopf, 1980.

③ 国内关于权力转移理论的主要论述请参见:朱锋:"'权力转移'理论评述",载《欧洲》1998年第1期,第19-26页;李小华:"'权力转移'与国际体系的稳定——兼析'中国威胁论'",载《世界经济与政治》1999年第5期,第421-445页;孙学峰:"大国崛起与体系战争:对两种理论解释的质疑",载《国际关系学院学报》2004年第5期,第1-5页;门洪华:"权力转移、问题转移与范式转移——关于霸权解释模式的探索",载《美国研究》2005年第3期,第7-32页;朱锋:"'权力转移'理论:霸权性现实主义?",载《国际政治研究》2006年第3期,第24-42页;刘凯,王云海,李峰:"国际体系中的权力转移与中国和平发展国际战略展望",载《国际关系学院学报》2006年第4期,第52-56页;张骥:"权力和平转移的条件与中国和平崛起的外部条件",载《国际观察》2006年第4期,第41-46页;张春:"权势和平转移与中国对美战略选择",载《教学与研究》2007年第3期,第65-72页;吴澄秋:"东亚结构变迁与中日关系:权力转移理论视角",载《当代亚代》2009年第1期,第69-90页。

体系的不稳定、甚至战争。尽管如此，权力转移理论还是在现实主义理论的基础上，对当代国际关系现实做出了独到的分析。

以权力转移理论的方法和立场来考察当代国际关系可以看出以下长期存在的特征：第一，国家间权力的变化是导致战争的重要原因。在其1958年出版的《世界政治》一书中，奥根斯基认为，核武器并没有改变战争与军事冲突这一国际关系中宿命性的问题，即便在核时代，防止大国间的战争依然是国际关系中最重要的关切。他考察了近三百年的国际关系史，强烈质疑当时盛行的经典现实主义均势理论（balance of power theory），即当相互竞争的对手之间权力分配接近时国家间的均势将带来和平。相反，他认为，当国家间的权力分配接近时战争的可能性反而有增大的危险。

工业革命改变了国家相对权力增长的方式，它使权力发生迅速转移成为可能，从而使得国家可能在国际等级秩序中相对快速地上升。非工业化国家凭借人口和资源优势，通过政治和经济发展迈向工业化是促成权力转移的根本原因。进一步讲，一方面，一旦国家达到了一个高的发展水平，它的进一步发展可能相对变慢，这使得它相对于经济发展中国家的迅速上升更加脆弱。随着双方权力接近均势，两个国家可能会愈加关心相互间的力量对比，对力量对比的波动也更加敏感，从而加大了战争的危险。另一方面，既存的主导大国利用其居于国际等级秩序顶端的地位建立起主要对自己有利的规则、机制和特权。上升中的国家因而面对一个业已由早期强国集团建立的利益结构，如果它们认为这一结构与其关键利益相反，它们可能逐渐不满这一体系的组织方式，特别是其中的利益分配格局以及早期精英对它们上升机会的限制。随着挑战者赶上原来的领先者，挑战者更快的增长率可能使其过度自信，并诱使它去谋求完全的胜利。与此相反的危险是，主导国家对其竞争对手的力量扩张感到不安，可能会在自身尚有实力时击败对方时发动战争。[①]“只有潜在竞争者之间的力量相对均等时，不稳定才会成为可能。当一个不满足于现状的大国发展得比主导国家还快，并借此逐渐实现平衡时，不稳定性就增加了，冲突的可能也会增大。”总之，当正在崛

① David Rarkin and William R. Thompson, “Power Transition, Challenge and the (Re) Emergence of China,” *International Interactions*, Vol. 29, Issue 4, Oct - Dec, 2003, p. 317；[美]詹姆斯·多尔蒂、小罗伯特·普法尔兹格拉夫，阎学通等译：《争论中的国际关系理论》，北京：世界知识出版社，2003年版，第325页；朱锋：“‘权力转移’理论评述”，第21-22页。

起的挑战者赶上或者超过处于相对衰落的霸权时发生体系战争的危险最大,特别是当大国间权力的再分配出现"持平"(power parity)趋势时,战争爆发的可能性是最高的。[①]因此,大国间权力关系的变化、从而引发战争的最重要的原因是彼此实力的接近。

第二,战争的危险性与挑战者对现存国际秩序的满意程度相关。奥根斯基及其学生库格勒认为,与现实主义所认为的不同,国际体系并没有处于无政府状态,而是有等级秩序的。权力转移理论假定世界政治体系是一种等级体系,所有的国家在这个等级中都有自己的位置,这种位置排序是由相对的权力分布状态决定的。这个体系呈金字塔形,主导国家高居这个全球等级体系之巅。在权力转移理论中,主导国一词有着特殊的含义,主导国并不是一个霸权国而是被认为是一个最突出的、最有力量的国际领导国。这个主导国通过集结和管理一个国家联盟来保持其地位,同时也对规范国际互动关系的规则有着强烈的喜好,致力于建立并保卫现有的国际体系的现状。在苏联解体后,美国就是这样一个主导国,正是由于这样的地位,美国控制着国际体系内最大份额的资源。第二个层次是大国,这些大国占据着国际体系中权力的重大份额,但却不是决定性的。如目前国际体系中的中国、日本、欧洲、俄罗斯,或许还有印度这样的国家。虽然并不是全部,但大多数大国对现存的主导国所建立起来的规则和管理程序都是感到满意的,否则此体系将无法继续。在大国之下是中等国家,如印度尼西亚、南非等国拥有一定的资源,它们虽然有较多的机会来表达自身的诉求,但却没有能力挑战由主导国所控制的全球等级秩序。最下面是小国,尽管数量众多,但却资源贫瘠、力量有限,这些国家对于主导国家在全球等级秩序中的主导地位没有任何直接的威胁。后两类国家中即使存在着若干对于现存体系不满的国家,但却无法对体系的存续够成根本性的威胁。总之,在这种秩序下,不可能所有的行为体都满意地接受自己的位置,其接受或满意程度是依据相对权力的分配状况而不断变化的。通常来说,当不满足于现状的国家多是实力不强的中等国家或是更小的国家,而多数大国满足于现状并且支持主

① A. F. K. Organski, *World Politics*, New York: Alfred A. Konpf , Inc. 1968.

导国家时,这个秩序就是稳定的。[①]如果随着某个或某些大国力量的上升直至有可能与主导国家持平时,即权力转移发生时,这种稳定就出现了被打破的可能。

在1968年出版的修订版《世界政治》中,奥根斯基进一步修正和阐发了他的“权力持平”将导致战争的理论,将国家的“心态”因素引入分析,强调观念对于国家间战争还是和平的选择的重要性。他认为崛起后的大国常常对现有的国际秩序“不满”,它们通过制造威胁来表达这种对现存国际体系的不满。而主导性的大国在建立国际体系过程中占据重要地位,成为现有国际秩序的既得利益者,因此想要维持现有秩序,被定义为“满意(现状)的国家”。从现存国际体系中获益的其他大国以及中小国家也被定义为满意现状的国家,它们支持主导国,与其结盟,并协助巩固当前的国际体系。但仍然有一两个大国对国际体系现状并不感到满意。它们逐渐认识到现存的国际体系及其所包含的制度与规则会导致不公平的利益分配,而且并没有反映出其自身的权力与期望。这些国家更愿意改变现存国际体系并取代主导国家。这就形成了“满意国家”和“不满意国家”围绕着国际秩序主导权问题的竞争与冲突。然而,大多数不满现状的国家缺乏足够的资源来挑战主导国与现存的国际体系,只有在其力量不断增长的情况下才可能构成真正的威胁。“当不满意的国家认为有机会通过战争赢得秩序主导权的时候,它们就会毫不犹豫地通过战争来争取改变现状”,战争就此爆发。[②] 也就是说,如果不满现状的挑战国的力量追上了主导国,战争最容易爆发。更明确地说,均势状态下战争爆发的可能性最大。在挑战国与主导国势均力敌之前,战争爆发的可能性极低;而在崛起的挑战国推翻原主导国并确立自身的统治地位之后,战争爆发的可能性也会急剧下降。权力转移的理论家们认识到均势、超越和不满的共同作用导致了体系性战争,其中不满于国际体系的现状以及力量的势均力敌似乎成为主导国与挑战国之间爆发战争的必要条件。满足现状的挑战者即使超越了主导国的力量,战争也不会爆发(如美国

---

① Jacek Kugler and A. F. K. Organski, “The Power Transition: A Retrospective and Prospective Evaluation,” in Manus I. Midlarsky ed., *Handbook of War Studies*, Boston: Unwin Hyman, 1989, pp. 171－194.

② A. F. K. Organski, *World Politics*, 2nd ed., New York: Alfred A. Knopf, 1968, p.123, 转引自:朱锋:“‘权力转移’理论:霸权性现实主义?”,第26页。

在19世纪末赶超英国),而不满现状的国家在与主导国势均力敌之前也不会挑起战争。[①]因此,“一国对权力的追求程度及其满意程度是鉴别该国是否会危及世界和平的标志”。[②]

第三,权力和平转移的条件。奥根斯基提出了权力转移理论的核心命题,即相对权力的势均力敌,加上挑战者对主导的国际秩序的不满构成了现代历史上最激烈和最持久的武装冲突发生的必要条件。[③] 奥根斯基等人也承认,虽然权力转移的过程往往是冲突和战争的过程,但权力转移并不必然走向战争,实现权力和平转移的关键是在承认权力转移的同时实现权力和满意之间的平衡。当权力转移的过程伴随着崛起国对于现行秩序的相应的尊重和利益得到满足时,就不一定对既有主导国产生挑衅行为。然而,如果主导大国不愿让出部分特权,或是其让渡无法让崛起国满意时,危险才会产生。崛起国要求国际体系做出相应改变却无法以和平方式实现目标时,往往会出现战争的危险。因此,在它们看来,实现权力和平转移、保持国际体系稳定的基本条件是,确保主导国家的战略优势,建立和维持国际体系主导国及其盟国对崛起国或挑战国的强大优势,使通过军事冒险改变权力的国际结构的任何行动都不存在成功的可能。在主导国占据优势和不损害主导国核心利益的前提下实现其可以容忍的权力转移。[④]

确实,众多学术研究表明,“权力转移”的具体结果并非是“命定”和无法改变的,“权力转移”并不必然会引发战争。权力转移理论对第二次世界大战后的“长期和平”提出了直接明确的解释——美国是主导国,没有其他国家能够与之相匹敌,因此没有爆发大国战争,甚至也没有出现实质性威胁。但是,作为国际体系演变的驱动力,国家间权力的此消彼长是体系中的常

---

① 杰克·S.利维,“权力转移理论与中国崛起”,载朱锋、[美]罗伯特·罗斯主编:《中国崛起:理论与政策的视角》,第6页。

② A. F. K. Organski, *World Politics*, New York: Alfred A. Konpf, 1958, p. 371.

③ Steven Chan, “Exploring Puzzles in Power - Transition Theory: Implications for Sino - American Relations,” *Security Studies*, Vol. 13, No. 3 (Spring 2004), p. 103; Douglas Lemke, “The Continuation of History: Power Transition Theory and the End of the Cold War,” *Journal of Peace Research*, Vol. 34, Issue 1, February 1997, pp. 23 -25. 转引自:张骥,“权力和平转移的条件与中国和平崛起的外部条件”,第42页。

④ 朱锋:“‘权力转移’理论评述”,第24 -25页;李小华:“‘权力转移’与国际体系的稳定——兼析‘中国威胁论’”,第42 -44页;门洪华:《建构中国大战略的框架:国家实力、战略观念与国际制度》,北京:北京大学出版社2005年版,第23页。

态。正如保罗·肯尼迪(Paul M. Kennedy)所指出的,各国经济发展的不同表现形成了国家间的实力对比,永远都充满了"竞争者",而看待和运用实力的不同政策与战略选择,更是造成了大国兴衰的直接原因。[①] 正因为如此,这么多年来,关于"权力转移"是国际冲突重要根源的理论假设,国际学术界不断予以探讨。国际安全专家巴里·布赞(Barry Buzan)就曾明确提出,"权力转移引发的所有理论都是大国政治主导国际关系思维的产物,如果我们更多地着眼于国际关系中的'社会化'变化,权力转移是不会让我们得出大国冲突的结论的。"[②]

在此基础上,20 世纪 90 年代,若干学者进一步对权力转移理论进行了修正和完善。如斯蒂文·陈(Steven Chan)认为,权力的转移并不是体系战争发生的必要条件,关键变量是国际体系利益分配适应国家间权力分配变化的程度。即使崛起国的相对权力接近或者超过了既存主导大国,只要国际秩序和利益分配能够做出相应的调整,就能避免战争。另外,战争往往不是由崛起国家发动的,而更可能是既存主导大国出于预防性动机发动的,这在很大程度上是既存主导大国对挑战者的认知及政策的结果。斯蒂文·陈认为,崛起国家的利益和地位应该得到尊重与满足,国际体系的利益分配应该主动适应国家间相对权力分配的变化,必要时做出调整以保持秩序与权力之间的平衡。权力的和平转移成为斯蒂文·陈理论的重心。

可见,如果说国际体系中权力分配的变化是永恒存在的、不间断地发生的,这种分配变化也并不必然带来战争。权力和平转移的条件是国际体系的利益分配要适应国家间相对权力的分配,或者至少是向着适应国家间相对权力分配变化的方向发展。对于一个相对权力正在上升的国家来说,要使自己的发展能够和平地进行下去,并不仅仅取决于它内在的发展结构和它对现有国际秩序和既存主导大国的态度与政策,国际社会特别是既存主导大国对它的认知、态度和政策构成了其发展道路的外在结构性因素,这两个方面缺一不可。[③]

---

① [美]保罗·肯尼迪著,陈景彪等译:《大国的兴衰——1500~2000 年的经济变迁与军事冲突》,北京:国际文化出版公司 2006 年版。

② Barry Buzan, *Regions and Powers: The Structure of International Security*, Cambridge: Cambridge University Press, 2004, p. 164.

③ 张骥:"权力和平转移的条件与中国和平崛起的外部条件",第 43-44 页。

三、中国的崛起与中美权力转移

在国际关系的变迁过程中,大国崛起以及由此而产生的"权力转移"是引起理论界广泛关注的重要现象之一。这一学术关注建立于对以下假设的共同担忧之上——即大国间权力的再分配常常是导致国际局势不稳定,甚至引发大规模冲突和战争的重要因素。同时,它以满意/不满意为关键变量来解释为什么一些国际体系中的权力转移变化和平实现的,而另一些则是通过战争完成的。当今,在各种国际关系理论中,权力转移可能是最广泛地被用来解释中国崛起对当前国际秩序影响以及与主导国美国之间的互动的理论。

美国在"二战"后享受着国际政治权力方面的绝对优势。奥根斯基曾预言:美国将在20世纪剩余的时间里,也许在更长的时间里,保持世界的领导地位。但是,这个地位将会最终转移到中国手中。[①]今天,中国是最显著的上升力量,虽然它不是独一无二的,印度和其他一些亚洲国家目前的上升趋势也很强劲,大有在今后几十年中超越西方的势头。[②] 1978年以来,中国的国内生产总值(GDP)保持着平均每年9%以上增长速度,直至2010年成为仅次于美国的世界第二大经济体。

如果说"权力转移"特指国际关系的权力等级体系中最强的权力拥有者和它之后的次强权力拥有者的易位——权力等级地位的变化,那么,近年来,中国力量的上升凸显了美国力量的相对下降。随着中美之间经济总量差距的缩小,相对于美国,中国的力量不断上升,两国之间的力量对比有了显著的变化。最乐观的预测认为,中国的GDP总量会在2015年超过美国。[③]一般认为,中国会在2030~2050年左右赶上美国,中国的经济增长也带来了中国军事力量的上升。自2006年以来中国的军事开支以每年18%的速度

---

① Jacke Kugler and Ronald Tamen, "Regional Challenge: China's Rise to Power," p. 33, http://www.apcss.org/Publications/.../Chapter4Kugler.pdf .

② James F. Hoge, Jr. "A Global Power Shift in the Making: Is the United States Ready?" *Foreign Affairs*, Vol. 83, No. 4, 2004, p. 2.

③ Aaron L. Fiedberg, "The Future of U. S. – China Relation: Is Conflict Inevitable?" *International Security*, Vol. 30, No. 2, 2005, p. 17. 类似的估计也可参见: G. John Ikenberry, "The Rise of China and the Future of the West," *Foreign Affairs*, January/February, 2008, pp. 23–37.

递增。[1]中国也花费了大量的金钱从海外购置先进的武器装备。[2]大部分美国人将中国越来越多的军备投入看做是中国意图制约美国在东亚存在的重要依据。[3] 现实主义理论认为随着一个国家力量的扩展,它会将其利益界定得更加广泛,并且寻求一种"更大程度上的影响力来控制周边"。阿伦·弗里德伯格(Aaron L. Fiedberg)指出,随着力量的上升,这个国家常常"挑战领土边界、国际机制安排和影响力的等级秩序安排"。这就使得上升的国家成为既有大国——通常是"现在国际秩序的受益者"——的麻烦。[4]米尔斯海默(John J. Mearsheimer)这样的现实主义者把中国力量的上升以及其战略目标的扩大看做是相辅相成的。在他们看来,正是由于中国力量的上升,它将寻求重新规制国际秩序以更好地适应其利益以及主导国际秩序。如果从这种权力转移理论出发来阐释中美力量变化可能带来的后果,可以假设为,随着中国变得越来越强大,美国的地位受到了侵蚀。这个衰落,或是相对衰落的霸权国家开始把中国看做是一个正在成长的安全威胁。这种发展的结果毫无疑问将会充满紧张、互不信任和冲突,从而形成了一种典型的权力转移进程中主导国与崛起国之间的关系特征。从这种观点出发,中国强大的结果将只有一种,即为了争夺国际体系的规则制定权和领导权,一个越来越强大的中国和一个越来越衰落的美国之间将必有一战。[5]

"权力转移"理论在立论视角、逻辑论证和理论构建等方面有着种种缺陷,国内外学者对此已经有了比较深入透彻的研究。但是,作为一种理论范式,它依然对人们看问题的角度、思维模式等起着规制性的作用,一度成为"中国威胁论"的理论依据。在许多学者看来,中美之间的权力转移,绝对不会是和谐顺利的,尽管比起历史上欧洲所经历的权力转移来说,是相对和平的,但是其结果将是中国的胜利和美国的失败。[6] 然而,也有学者相信中国的崛起不会必然导致国际秩序的崩坍。美国战略学家伊肯伯里(G. John

---

① G. John Ikenberry, "The Rise of China and the Future of the West," p. 2.

② Aaron L. Fiedberg, "The Future of U. S. – China Relation: Is Conflict Inevitable?" p. 18.

③ James F. Hoge, Jr. "A Global Power Shift in the Making: Is the United States Ready?" p. 5.

④ Aaron L. Fiedberg, "The Future of U. S. – China Relation: Is Conflict Inevitable?" p. 19.

⑤ G. John Ikenberry, "The Rise of China and the Future of the West," p. 1.

⑥ Shehzad H. Qazi, "United States' Attempt to Balance the Rise of China in Asia," *IPRI Journal*, Vol. IX, No. 2, 2009, p. 35.

Ikenberry）认为中国面对的是西方中心的国际秩序，这个秩序建立在自由主义原则之上，“很难被推翻，但容易进入”，因此中国不会必然成为一个修正主义力量。[①] 正如中国努力加入以世界贸易组织（WTO）为代表的、美国主导的国际商业规则和规范一样，中国也很有可能接受国际安全秩序的现状，中美之间达成的各种安排将维系目前体系的存续。美国前国务卿科林·鲍威尔（Colin L. Powell）也设想了一种和平的中美之间的权力转移。他认为，没有理由认为中国的崛起会立刻导致中美之间的冲突。美国需要保持对中国产品开放的市场，将中国纳入西方的秩序而不是反对或是孤立中国，“迫使中国遵守西方的规则”的政策将降低中国威胁美国主导地位的能力。

虽然有着不同的声音，但是由“权力转移”理论推演出来的“中国威胁论”在国际上仍然很有市场。近年来，尤其是在全球金融危机不断加重，西方国家经济停滞不前的情况下，中国快速的经济发展以及综合实力和影响力的迅猛增长，致使一部分人依据“权力转移”理论，认为中国崛起必然会对美国的霸权构成挑战，从而导致中美之间严重的对抗。更有人预言，“即使中美并不实际开战，它们之间的争夺也将成为21世纪头几十年中主要的全球争夺，这一争夺将迫使其他国家表明立场，并将涉及所有重要方面的竞争。”[②]在力量上升的过程中，中国在各种地区事务中的认知和政策及其与美国的关系形态是影响东亚地区秩序构建的重要因素。根据中国现在的发展趋势，其经济利益似乎非常适应现存的国际秩序，正是由于参与了全球资本主义体系的贸易和投资才推动了中国经济的增长。而在东亚地区，中国的安全利益要比单纯的经济利益复杂得多，而且中国军事力量的逐步增长使其更有可能与美国在东亚的安全存在形成竞争。因此，将权力转移理论应用于分析当前中国力量上升及其与既有霸权美国之间关系已经成为考察东亚地区国际关系的一个新视角。

那么，在东亚地区是否将出现中美之间必有一战的局面？

为了回答这个问题，有必要以东亚为博弈领域，来进一步考察中美之间权力转移的理论要素。其一，权力转移的外部因素。在相当程度上，国家间

---

① G. John Ikenberry, “The Rise of China and the Future of the West,” p. 1.

② ［美］理查德·伯恩斯坦，罗斯·芒罗著，隋丽君等译：《即将到来的美中冲突》，北京：新华出版社1997年版，第2页。

的“权力转移”的后果客观上有其“外在”根源。“权力转移”理论虽然在国家层次上建立了较好的分析冲突与战争行为的国家间关系模式，但却又在研究方法上抛弃了新现实主义所擅长的“体系层次”(systemic level)的分析模式，没有对权力分配以及再分配的“系统因素”予以起码的关注。这样一来，在该理论的分析框架中，其他大国以及中小国家都成了“无所事事”的“旁观者”，它们对“主导者”与“竞争者”之间的“权力转移”关系似乎毫无意义。而事实上，国际系统层次上大国间的权力变更涉及众多的、不同角色的国家，“体系因素”本来应该是足以影响和改变“主导者”和“挑战者”之间的竞争关系的基本变量。①在涉及东亚地区的各种事务中，数量众多的中小国家起到了制约、干扰权力转移过程的作用。它们的本意是想取得既有霸权带来的好处同时也享受新兴邻国带来的利益，同时利用崛起邻国急于塑造对其发展有利的周边环境的心态向既有大国显示自身存在的价值，确保自身在既有大国战略部署中不会时不时被边缘化或被忽视，也利用既有大国在该地区的长期传统存在警告崛起大国不要妄图通过损害小国利益扩展自己力量。这些当然是东亚地区中小国家的本能战略思考和应对，但客观上却框定了主导国和崛起国之间力量对比发展的地缘政治环境，影响了权力转移的过程，从而保持了东亚地区在中美权力转换中并不会成为冲突的爆发地。

其二，国家的观念。奥根斯基提出，虽然权力转移的过程往往是冲突和战争的过程，但权力转移并不必然走向战争，关键在于承认权力转移的同时找到权力和平转移的条件。奥根斯基所指的“和平的条件”是实现权力和满意心态之间的平衡，即适当的权力必须给予适当的满足，使权力在转移过程中的增长伴随着各方面都可以接受的满意度。他的理由是：如果大国对所期望获得的权力和现有的国际秩序均感满意，便不会诉诸于战争这种极端手段。和平只有在大国不满足并认为有足够的力量可以改变现状时才岌岌可危。②在确定国家行为方面，与能力一样重要，甚至更加重要的是国家的意图。

其三，上升国与主导国之间的共同利益联系。20 世纪 50 年代末、60 年

① 朱锋：“‘权力转移’理论：霸权性现实主义？”，第 37 页。

② 朱锋：“‘权力转移’理论评述”，第 25 页。

代初兴起的全球经济发展与相互依存对国际关系造成了深刻的影响,国家间的共同利益与千丝万缕的联系将是牵制它们走向战争的重要羁绊,国家间相互依赖成为制约和改变国家对权力的传统认识和追求方式的动因。因此,有必要借鉴新自由主义的观点对当前中美之间在东亚的权力转移进程重新审视。

其四,国际制度对国家的约束性。新自由制度主义的另一个贡献就是论证了国际制度在制约国家行为方面的巨大作用。国际制度所代表的原则、程序和规范越来越成为大国推行其战略利益和小国维持其基本利益的工具,其制度刚性由此而进一步展现出来。冷战后出现的巨大权力转移并没有导致大国关系的不稳定,这在一定程度上可归功于国际制度的战略约束。①这一点在今天的东亚地区也能找到佐证。亚洲的集团化集中表现为东盟(ASEAN)的建立与发展,而中国崛起及其与东亚其他国家共同走向繁荣的战略趋势在21世纪之初汇成了促进东亚一体化的潮流,地区国家业已逐步推动东亚一体化建设。地区经济集团化及其溢出效应已经并将继续成为影响东亚地区国际关系发展的重大因素。事实上,东亚中小国家罗织了一张地区秩序之网,希望通过它将中美纳入为其中一员使之力量使用更有可预测性、更加顾及中小国家的利益,而中国对待东亚地区秩序的方式也更多是参与式的而非颠覆式的。这种参与在促使东亚国家与中国的经济相互依赖越来越深入的同时,也将该地区国家的安全与中国联系在一起。从某种意义上说,中国处理东亚的安全问题时,尽量谋求与美国的合作和谅解,同时致力于发展出本地区的联合安全管理,而现存的地区安全秩序也为中国提供了参与的机遇。

其实,一个国家在国际体系中是否“满意”,在很大程度上是心理问题,即便是“不满意”的心理活动也并不一定就转化成对抗、甚至是极具冒险性的挑战行动。②长期以来,中国推行睦邻外交,强调通过合作而非对抗的方式来处理与周边国家关系。中国积极加入东亚地区的多边安全机制,推动与各东亚国家与国家组织之间的经济与社会互动,以实际行动表明,自己不仅要通过多边合作来实现国家利益,而且也要积极参与地区组织并致力于本

① 门洪华:“权力转移、问题转移与范式转移——关于霸权解释模式的探索”,第14页。

② 朱锋:“‘权力转移’理论:霸权性现实主义?”,第39页。

地区的稳定与繁荣。

在构建地区秩序的过程中，东亚其他国家的主观能动性最大限度地体现为其所致力建立地区内稳定平衡的实践。从国家间权力转移的外在根源来看，范·埃弗拉的研究揭示，国际体系层次上大国间的权力变更涉及众多不同角色的国家。事实上，其他大国哪怕是中小国家也绝不是无所作为的旁观者，它们对主导国与崛起国之间的权力转移意义重大。在大国间实力对比没有实质性变化的情况下，以外交手段形成的"亲疏远近"的国家间关系的变化，是造成地区局势不稳定甚至战争的主要原因。[①]因此，无论是在大国政治博弈迹象显著的东北亚，还是在历来缺少大国存在、小国云集的东南亚，中美两个大国施展权力、纵横捭阖时无法忽视的受众就是这些中小国家。虽然东亚各国未必能够改变中美之间权力转移进程的最终结果，但它们绝对不是碌碌无为的角色，反而尝试着通过采取一种"两面下注"策略来平衡中美之间的实力对比状况，以此寻求保持自身的战略独立性。

第二节　东亚国家的政策选择

如何适应目前在东亚地区发生的大国权力转移过程，不仅对于中美两国是一个战略考验，同样，地区各中小国家的策略选择也经历着不同寻常的变化。按照权力转移理论的传统分析模式，权力转移主要发生在国际体系层次上，中小国家作为"无所事事"的"旁观者"，对于主导国与崛起国之间的权力转移几乎毫无意义。但事实上，东亚地区的国际政治生态却对该理论提出了质疑和挑战。东亚国家身处复杂的地区环境，通常对外界信任度较低，怀疑所有大国的意图。在地区秩序的建构中，它们非但不想搭中美两国任何一大国的"便车"去制衡另一大国，反而努力谋求建立符合自己利益和特性的东亚地区秩序，阻止外部大国将本地区变成相互对抗的阵地。为此，东亚国家精心编织了一张将中美纳入其中的协议与对话之网，通过把两国锁入地区多边安排和机制体系，鼓励中国采取和平、合作的行为以及实行更

---

① 朱锋："'权力转移'理论：霸权性现实主义？"，第 35 页。

大程度的开放,使中国在共同规则的框架内负责任地运用其权力,同时又将美国置于东亚事务之中,保持其传统的经济与安全关切。纵观东亚地区的地缘政治版图,可以看出,韩国既是美国的传统军事盟友又与中国有着强大的经济与社会联系;即使是朝鲜这样被美国孤立于国际社会之外的国家,也从未放弃过寻求除中国之外的战略联系的可能;而东盟则发挥了作为地区秩序的发起者、促进者与和平的维持者的中心作用。①在地区中小国家这种独特策略的作用下,中美之间单纯的大国权力对比及其变化不再是东亚地区秩序构建中的唯一主导因素,甚至不单单是最重要因素。

一、制衡还是追随

在国家战略选项中,制衡和追随一直是现实主义者所津津乐道的两大选择。制衡(balancing)战略是现实主义理论的核心观点之一。从现实主义的立论基本点出发,在无政府状态下的国际政治中,由于没有一个超国家的机构可以提供安全和秩序,各国必须自助,以确保自身的安全和生存。这时,若本国的实力落后于他国,或是他国可能会一跃而居于领导者的位置时,一个国家可以采取单边或是内部的制衡方式,即通过增强实力来建立起自己的防御能力作为慑止其他大国威胁其利益的手段。也可以选择联合其他国家一起应对潜在的威胁性大国,即结盟或是建立紧密的战略型关系,此为外部制衡模式。制衡常常意味着形成一种抵消型力量来反对潜在的霸权或是威胁性大国。简单地说,在国际政治中,国家在面临他国权力急剧增长以及由此而产生的霸权威胁时,将采取制衡行为。②而追随(bandwagoning)则恰恰相反。它是指一个国家选择把自己战略性地与一个威胁性大国结合在一起,通过这种准依附性的战略来确保自己的利益不被威胁,或是期望从可能出现的新的权力分配格局中得到利益。③国内学者经过研究将追随定义为“与霸权方或霸权觊觎者结成政治或军事上的联盟,或在冲突中加入霸权国或霸权觊觎者一方的行为和政策。”④制衡与追随是两种根本对立的战略行

① The Asia Foundation, *America's Role in Asia: Asia and American Views*, 2008, pp. 45, 118.

② Kenneth N. Waltz, *Theory of International Politics*, New York: McGraw – Hill Publishing Company, 1979, pp. 125 – 126.

③ Randall L. Schweller, "Bandwagoning for Profit: Bringing the Revisionist State Back In," *International Security*, Vol. 19, No. 1, 1994, pp. 72 – 107.

④ 韦宗友著:《霸权阴影下的对外战略》,上海:上海人民出版社 2010 年版,第 45 页。

为反应。

制衡理论认为，国家在进行联盟选择时，常常会加入实力较弱的一方。“如果次要国家有选择的自由，它们会纷纷加入弱势一方，因为正是强大的一方威胁了它们的安全。而且，倘若它们加入的弱势一方获得了足够大的防御力量或威慑力量，使得敌方联盟不敢进攻，它们就会更安全。”[①]在沃尔兹(Kenneth N. Waltz)看来，如果各国通过与强者联合来实现权力的最大化，那么其结果就不会有均势的形成，而是世界政府的形成。然而，世界政府终究不会形成，这是因为“制衡，而非追随才是体系所鼓励的行为”。“各国的首要目标不是权力的最大化，而是维持本国在体系中的位置。”[②]沃尔兹指出，由于国际政治的高度不确定性和自助特征，一国不可能把本国的安全或生存寄托于他国的善意或克制之上，不受制衡的权力总是会遭到滥用，因而制衡而非追随是主要的行为倾向。[③]

斯蒂芬·沃尔特(Stephen M. Walt)进一步修正了制衡理论，从现实国家的联盟行为以及对外政策的角度出发，通过对欧洲，特别是冷战时期中东、东南亚国家的详细实证研究，沃尔特发现，权力的大小变化并不能构成国家选择制衡还是追随的充分条件，很多时候，国家在进行联盟选择时，最主要的关注点是威胁。沃尔特指出，在无政府状态下，国家的行为是由它们所认为的威胁决定的。权力可能会构成威胁但也可能成为一国吸引其他国家追随的有利资源。因此，沃尔特提出了国家制衡的是威胁而非权力本身。只有这样才能解释为什么联盟会像滚雪球一样越来越大，有些国家虽然并非权力最大但却成为制衡的对象。[④]总之，谁对本国的安全与生存够成更大的威胁，它们将倾向于制衡谁，尽管该国在国际权力分布中可能并非具有压倒性优势。[⑤]

---

① Kenneth N. Waltz, *Theory of International Politics*, pp. 126 – 127.

② Ibid., p. 126.

③ 韦宗友:《霸权阴影下的对外战略》,第 17 页。

④ Stephen M. Walt, *The Origins of Alliances*, Ithaca and London: Cornell University Press, 1987, pp. 7 – 8, pp. 22 – 24; Stephen M. Walt, “Alliance Formation and the Balance of Power,” *International Security*, Vol. 9, No. 4, Spring 1985, pp. 3 – 5; Stephen M. Walt, “Testing Theories of Alliance Formation: the Case of Southeast Asia,” *International Organization*, Vol. 42, No. 2, Spring 1988, pp. 275 – 277.

⑤ 韦宗友:《霸权阴影下的对外战略》,第 20 页。

理论总是在现实中不断地接受检验,因此对理论的修正也从未停止。在兰德尔·施韦勒(Randall L. Schweller)看来,无论是沃尔兹的“权力制衡”还是沃尔特的“威胁制衡”都存在着一个共同的缺陷,即未能也无法对修正主义国家以及那些并未受到威胁的国家的追随行为做出解释。[①] 追随英语名词本意为“乐队彩车、宣传车”,由此引申的含义有浪潮、时尚;拥有大批追随者的事物;声势浩浩荡荡的运动等。作为动词,则有“追赶时尚,加入得势的一方”的含义。在沃尔兹的《国际政治理论》一书中,将追随界定为与制衡相对立的行为,并指出,在国际政治中,追随并不是一种主导行为。施韦勒等学者指出批评,一些国家奉行追随政策,并非因为受到了威胁,而是因为这样做会得到额外的利益。施韦勒指出,国家行为不端是由它们所认定的利益决定的,而不仅仅是由权力分布或所谓的威胁决定的。他还批评了沃尔特对追随概念的界定,指出,追随概念的本意是指“跟随潮流或时尚,或加入有可能获胜的一方。”[②]追随可能是出于自愿,也可能是屈服于难以抗拒的力量的产物。而沃尔特将追随界定为“与威胁方结盟,或屈服于威胁”显然只考虑了追随概念中强迫性的一面,而忽视了追随概念中主动、积极的一面,是不全面的。施韦勒指出,由于制衡需要支付极大的成本,绝大多数国家都极力避免,只是在生存和价值观遭到严重威胁时不得已而为之。而追随很少需要什么费用并且可以从中牟利,因而追随要比制衡更为常见。沃尔兹和沃尔特的“制衡是更自觉的行为” 的观点是站不住脚的。通过对“二战”时期国家联盟行为的考察,施韦勒称他的理论更符合历史事实:当体系面临挑战时,众多国家(包括大国)在利益的驱使下纷纷追随实力强大的修正主义国家。进攻性现实主义的领军人物约翰·米尔斯海默也指出,当一国面临他国权力不利于自己的急剧增长时,常有两种战略选择:制衡和推卸责任(buch - passing)。[③]一国是选择前者还是选择后者,主要受到两个因素的制约:体系结构和地理位置。虽然在某些情况下(如在权力不均衡的多极体系下),国家迫于形势可能较倾向于制衡,但总地来说,推卸责任是更受偏

① Randall L. Schweller, “Bandwagoning for Profit: Bringing the Revisionist State Back In,” pp. 72 - 107; Randall L. Schweller, “New realist Research on Alliances: Refining, not Refuting, Waltz’s Balancing Proposition,” *American Political Science Review*, Vol. 91, No. 4, December 1997, pp. 928 - 929.

② Randall L. Schweller, “Bandwagoning for Profit: Bringing the Revisionist State Back In,” p. 73.

③ Glenn H. Snyder, “Mearsheimer’s World - Offensive Realism and the Struggle for Security: A Review Essay,” *International Security*, Vol. 27, No. 1, 2002, p. 161.

爱的战略选择。[①]

因此,可以看出,对于头号现状大国来说,支付较高的成本进行制衡是值得的,因为体系的稳定就是其利益所在。但由于制衡的成本毕竟较高,对于那些中小国家来说,推卸责任或保持距离等“搭便车”可能更受偏爱。在这些国家面临威胁时,或是面临他国力量不利于自身利益的快速上升时,制衡并不是主要的行为反应,追随和等待观望更为常见。[②] 两种行为的最大不同在于,所谓制衡,是指国家在面临他国权力的急剧增长或霸权图谋时,将依靠重振军备等内部努力或与较弱的一方结盟等外部努力,进行遏止,以期纠正被破坏的权力平衡。这实际上还是一种以权力对抗权力的方式,是一种高成本的对冲性行为。而追随则是指加入有可能获胜的一方或实力较强的一方,以期在变动后的体系中谋得更加有利的地位。

以东亚的情况来看,中国的崛起正在导致体系权力转移情况的出现,假定地区内中小国家将不得不在一个崛起的挑战者和既有主导国之间做出选择,那么制衡还是追随哪一种将成为它们所采用的策略呢?国际关系理论的常识告诉我们,纵观历史,弱小国家往往联合起来制衡有威胁性的大国的力量,或者齐齐倒向强国的一边来制衡新崛起的国家。在东亚的地缘环境下,小国的联合并不现实,它们彼此之间存在着种种不信任。因此,唯一现实的可能就是它们会无一例外地追随美国——一个制衡的领导者,来对抗中国。但事实并非如此。东亚的主要国家,包括美国的盟国,如韩国和日本,在面临中国不断上升的力量和地区影响力时也常常怀着复杂的心情,而并没有选择单纯地追随美国、制衡中国。[③]事实上,东亚国家所选择的是一种比制衡和追随复杂得多的策略。

---

① Ibid., pp. 161 – 164; John J. Mearsheimer, *The Tragedy of Great Power Politics*, New York: W. W. Norton&Company, 2001, Chap. 8.

② 详见:韦宗友著:《霸权阴影下的对外战略》,第 34 – 35 页。

③ David C. Kang, “Hierarchy, Balancing, and Empirical Puzzles in Asian International Relations,” *International Security*, Vol. 28, No. 3, 2003/2004, p. 175.

二、从“大国平衡”到“两面下注”

这种复杂的策略在冷战后首先被东南亚国家冠之以“大国平衡战略”。[①] 顾名思义,“大国平衡”就是要与各大国均保持一定程度的联系,理想状态是既不与某一大国过于亲近从而导致可能被其全面掌控或是被大国为自己的利益所利用的情况,同时又不与任何一个大国过分疏离从而成为它的敌人而招致于己不利的敌对状态产生。其精髓在于,中小国家可以利用大国追求权力的欲望,通过复杂的政策运用,使大国之间的权力分布达到一种平衡的状态,借此既确保大国对地区安全和经济繁荣做出贡献,又保证它们无法对小国利益置若罔闻。这种平衡战略是从冷战时期应对美苏两个超级大国为了在世界范围内扩张自己的势力而拉拢或打击地区中小国家的全球态势而形成的,在后冷战时期不仅延续了下来而且日益被熟练运用。

虽然在冷战最激烈的时期也希望独立于大国的影响之外,但由于都是小国和弱国,东南亚各国一直无法自己主宰本区域的事务。通过对漫长历史的学习,东南亚的许多小国不再一味地否认大国在东南亚地区事务中的重要作用。它们认识到,无论是美国和苏联,还是中国和日本都在该地区存在着重要的利益,要排除它们的影响是不现实的;同时,地区的发展与安全也需要这些大国权力的贡献。因此,要想完全排除大国在本地区的存在和影响既不可能也无必要。长期以来,这些国家习惯与大国利益共存,甚至在某种程度上欢迎所有大国在该地区发挥影响。但这种存在与影响应该是均衡的,即确保该地区不被任何一个大国所完全掌控。只有达到这种均衡效果,地区才可以实现和平与稳定。新加坡前驻联合国大使许通美对这种战略作了如下的描述:“不排除大国对区域内事务的干预,而要平衡它们的影响力并使之有助于维护东南亚的稳定与繁荣。”因此,东南亚各国在处理与大国关系时,必须奉行均衡战略,即在各大国之间寻求势力的平衡,防止某个大国在该区域的存在过分强大或一国独大,从而在地区为所欲为,损害小国、弱国的利益。

正如长期研究东南亚地区国际关系的学者曹云华教授所指出,大国平

---

① 参见:曹云华:“在大国间周旋——评东盟的大国平衡战略”,载《暨南学报》(哲学社会科学版)2003 年第 3 期,第 11 - 21 页。

衡战略是东盟处理本地区国际关系的一种特殊手段,东盟希望通过这种特殊的手段,使该地区达到一种特殊的稳定状态。当然,这种大国平衡与历史上一些西方大国所追求的“均势”有重大差别,历史上一些西方大国所追求的“均势”是以牺牲小国利益为代价去满足大国的利益。东盟的大国平衡战略,是希望通过平衡各大国在该地区的力量,达到多种力量的和谐并存,实现地区格局的多极化,使东南亚各小国的利益得到保证。

在国际舞台上,美国凭借其超强的实力地位,力图建立由它主导的单极世界秩序。“9·11”事件后,美国高举“反恐”旗帜,意图将其转化为推行全球战略的机会,确立美国对世界的“领导地位”。美国的种种单边军事行为更是引起了东亚国家的普遍不满和反抗,这些国家普遍意识到,它们与美国的战略重点和意图日益背离,从而造成了美国对东亚各国的综合影响力的相对下降。面对综合实力无法与美国相提并论的事实,东亚中小国家外交政策纷纷显示出追求独立自主,维护本国利益的新特点。进入21世纪之后,东南亚国家传统的“大国平衡”战略选择在东北亚国家中得到了一定程度的响应和复制。韩国作为冷战后美国东亚重要传统军事盟国也表达出外交独立的意愿。2006年3月22日,韩国总统卢武铉在陆军第三士官学校发表演讲中提出,“今后我们将在韩半岛乃至整个东北亚地区的和平与繁荣进程中发挥作用”。他的讲话体现了韩国政府的重大外交新决策,是在急剧多变的国际格局下,谋求重新为自己定位的宣示,引起了国际社会的广泛关注。究其原因不外有二:一是数十年经济上成功崛起已经引发了的韩国更加迫切地要求重新树立独立自主的国际形象的诉求。韩国政要之后频繁表达,韩国应该在美国和中国之间找一个平衡点以求得最大的利益,并把削减对美国在韩国驻军的经济支持、商谈驻韩美军基地搬迁及指挥权的移交等事务作为实现韩国自主防务作为一项优先任务考虑;二是韩国随着国际环境的改善和经济实力的发展,一度被压抑的民族自尊心、自信心、自立心日益增强,开始越来越强烈地追求与其相适应的政治、外交、军事的独立性。谋求成为“东北亚均衡者”的外交思路是韩国视自身地缘政治与经济利益需要而做出的决定,它一方面力图改变“美主韩从”的处境,要求与美建立更成熟的伙伴关系;另一方面大力发展与中国等对东亚事务影响力日渐强大的上升大国的关系。这一外交思路体现了韩国独立自主意识的增强,是东亚国家顺应世界多极化发展趋势的必然结果。

东亚中、小国家与美国，甚至中国的综合国力对比悬殊，国际地位的不同造成了战略目标和战略利益既有交合点又有相当大的差异。作为新兴的经济体，这些国家普遍关注与外部世界经济关系的发展，同时在政治与外交上主张大小国家一律平等，既想谋求与美结成“互相尊重的、互惠的、完全的伙伴关系”，又不想“绑在美国的战车上”为美国的外交服务而妨碍自身的发展；同时推行全方位外交，积极发展与日、中、俄、欧盟等国的关系，其战略目标是要维护东亚地区的和平与稳定，实现自身力量的增强。

冷战之后，尤其是面对中国近30年来的快速发展，大国平衡战略的重点对象逐渐转向了平衡中国与美国的地区影响力上。无论是就正在崛起的中国还是传统的主导国美国而言，东亚对于它们的国家利益都是至关重要的。因此，区域内国家不约而同地采取了一种“两面下注”(hedging)策略，即一方面深深地与中国进行接触，谋求搭乘中国经济高速发展的“快车”为自身的发展提供良机；另一方面通过增加与美国的政治与防务联系，试图把美国留在这个区域内作为平衡中国的力量，以防止中国可能的强硬或是谋求打破地区现状的行为。①

从理论上讲，两面下注指的是采取行动确保应对不希望出现的情况，通常是通过依靠多重的、有选择性的战略定位来达到这一目的。可见，两面下注可以被定义为一系列旨在避免或是为意外做准备的政策或策略选择，选择使用这些政策或策略的国家由于种种原因无法采取更加直接的、传统的战略，如制衡或追随(这也是作者为什么称其为“策略”而非“战略”的原因，它的灵活性和实用性更强，因而变化的可能性也更大)。因此，它们不得不采取一种类似中间立场的政策来避免由于不得不选择一方而同时在与另一方关系中付出沉重代价的情况的出现。目前，虽然国内外学者还没有形成丰富和成熟的针对东亚国家的两面下注策略或是两面下注政策行为的系统研究，但这个词已经被用来形容东南亚等国应对中美力量对比发生变化时的政策选择。它们一方面保持和加强与美国的安全联系；一方面强调发展

① 详见：Khong Yuen Foong, “Coping with Strategic Uncertainty: The Role of Institutions and Soft Balancing in Southeast Asia's Post - Cold War Strategy,” in J. J. Suh, Peter J. Katzenstein, and Allen Carlson eds., *Rethinking Security in East Asia: Identity, Power, and Efficiency*, Stanford: Stanford University Press, 2004. Ian Storey and Carlyle A. Thayer, “Cam Ranh Bay: Past Imperfect, Future Conditional,” *Contemporary Southeast Asia*, Vol.23, No.3, 2001, pp. 452 - 473.

多边机制作为一种鼓励中国建设性地参加地区安全事务的方式。不同的国家采用两面下注行为的目的不同:有的国家可能是为了制约中国可能采取的损害其国家利益的潜在行为,也有的国家是为了不使美国撤出本地区,更有的国家是为了阻止美国对中国采取全面的遏制政策,从而不得不面临“选边站”的战略两难。①

纵观在中美之间相对力量对比发生变化的过程中东亚国家所选择的策略和政策,我们可以发现,两面下注并非是简单地处于制衡与追随战略之间的一种政策行为。在划分中国的东亚邻国可能做出的政策选择范围时,必须考虑到接触或融合这一选项,事实上这正是几乎所有国家所采用的。接触政策可以被认为是国家寻求发展与某一国家更加密切的政治和经济联系,进而把一个国家拉入国际社会之中,并使其领导人的偏好和行为倾向更加和平的方向。② 以定义来看,制衡和追随都是一种清晰的、与一方结盟来反对另一方的政策,而与接触政策形成了鲜明的对比。因此,在面对三种行为均有所表现的东亚各国政策时,两面下注或许就是可以最准确形容它们的政策选择的词汇了。总体来说,东亚国家在面对中美之间力量平衡发生变化时,虽然侧重点和目的不尽相同,但战略共同性开始显现,它们既没有采取追随也没有采取制衡战略,而是采取了一种包括非直接制衡、复杂接触以及包容和平衡大国的两面下注策略,以便在政治、经济和军事等各领域全方位地与两大国保持接触。

通过对这些国家应对中国力量上升和中美两国在地区中作用的变化而可能采取的策略进行梳理,可以看出,东亚国家的两面下注行为包括三个因素:一是软制衡,主要包括说服其他主要的国家,尤其是美国,采取除军事行动以外的行动来平衡中国的地区影响力,这可以被认为是一种被动的或是略带负面作用的两面下注政策;二是在政治、经济和战略层面与中国的复杂的接触行为,以此希望中国可以被说服或是“社会化”从而遵守它们所倚重的国际规则和规范。在这种情况下,接触政策可以被理解为一种建设性的

---

① 详见:Robert Manning and James Przystup, “Asia's Transition Diplomacy: Hedging Against Future Shock,” *Survival*, Vol. 41, No. 3, 1999, pp. 43 - 67; C. P. Chung, “Southeast Asia - China Relations: Dialectics of ‘Hedging’ and ‘Counter - Hedging’,” *Southeast Asian Affairs*, 2004, pp. 35 - 43.

② Alastair Iain Johnston and Robert S. Ross eds, *Engaging China: The Management of a Rising Power*, New York: Routledge, 1999.

两面下注或是积极的两面下注政策;三是避免不得不在中美两国之间作出战略选择的窘境,因而并不希望中美关系由于权力的转移而发生根本性的变化,中美对抗的表面化或是结盟的前景对于东亚国家来说都是不符合其核心利益的。因此,可以认为,这些国家所采取的两面下注政策是为了保障其自身利益与地区影响力的最大化。事实上,在中美权力转移的条件下,东亚国家最不愿意出现的三种政策结果是:中国对地区的控制和霸权、美国撤出地区、不得不进行的对抗选择。这三种因素的存在以及它们之间的紧密互动关系进一步使该地区国家的两面下注选择复杂化。

一个强大的两面下注国家就是一个把自己对两大国的依赖最大平衡化的国家,即一个国家越是减少过度依赖两个大国中的任何一个就会有更自由的行动空间,也越能够加大自身对地区安全环境的影响力;同时,一个强大的两面下注者又是一个能够同时建立并保持与两个大国的亲密的战略关系的国家。

坦白地说,无论是最早被东南亚国家实践的大国平衡战略还是现在东亚国家普遍选择的两面下注策略,都还远远不能被称为一种成熟的理论,而在严格意义上只是一种初步的政策实践。目前还没有关于“两面下注”策略的令人满意的理论解释。这是一种与制衡或是追随同级的战略吗?两面下注与制衡和追随的相关性如何?总之,两面下注是一个很难解释的概念。有时它可能太宽泛、包含的内容太过全面,因此本文为叙述的方便,将东亚国家的这种仍然在探索中的地区战略概括为两面下注策略。必须加以说明的是,这里说的大国平衡战略是指东亚中小国家的整体地区战略,具体到东亚各国实施本国的对外政策时,侧重点是不同的。本书主要从东北亚和东南亚地区选取若干中小国家作为“两面下注”战略的研究对象。东北亚是韩国和朝鲜;东南亚是以东盟为代表的各小国。这里面有中国的条约盟友,如朝鲜,也有美国的条约盟友,如韩国、泰国、菲律宾等国家。形成研究的一个重要前提就是中美之间的权力转移已经发生并被这些国家明确地感知,中国和美国成为地区事务中无法回避的关键安全行为体。研究的焦点集中于三项东亚地区事务:东亚合作机制的发展、南海问题和朝鲜核问题,以此来考察这些国家的两面下注行为是什么样的?其主要的政策目的是什么?以及这些行为给中美两大国带来的影响是什么?反之,这些影响又是如何作用于中美权力转移以及东亚秩序发展演变的?

三、变动中的东亚与地区秩序

今天，亚洲，尤其是东亚被广泛认为是世界上最具活力的地区。中国快速崛起为一个大国已经从预言变成了现实；既有主导大国美国的地区存在并未因此被削弱，反而得到了加强；东亚各国由于各自的地理位置、内在的战略价值观、自然资源以及潜在的政治不稳定性等特征而在不同程度上影响着中美两国的东亚互动，这些国家被看做是在“崛起的挑战者”（中国）以及“现任的主导国”（美国）之间进行着“两面下注”。

在东亚中小国家看来，美国在地区秩序中的合法性在于其历史存在的延续性、地理位置的遥远性以及其安全、经济力量的独特性。因此，这些国家不同程度地欢迎美国在东亚地区的军事存在和安全保证，认为这样能够低强度地平衡中国的力量。同时，在它们看来，中国在地区秩序中的合法性也应该得到体现，其原因在于中国相对于东亚国家的地缘相近性、利益纠葛性以及其潜在的经济能力带来的机遇。在东亚小国的独特作用下，单纯的大国权力角逐不再成为中美之间在东亚地区秩序构建中进行博弈的唯一主导因素，甚至不是单一最重要因素。

东亚国家的两面下注策略使得那些通常应用于东亚安全战略的概念要领复杂化了。这些国家没有狭窄地采用“制衡”或是“追随”的理论要义，相反，对于它们来说，与两大国同时进行多层次的接触，并且努力包含两个大国在地区体系之内的秩序是符合其利益的总体、长期战略的重要组成部分。这种长期战略既谋求将一个仍然存在不确定性的“上升大国”以和平的方式整合进地区秩序，使其发挥应有的作用；又强调“主导性大国”美国的有效参与与合作。在这种策略的运作下，我们可以看到，在东亚，中美之间的权力转移构成了某种“力量均势”，这种力量均势不同于传统现实主义理论所强调的、单纯的两大国之间的力量对比模式，也不是一种由两个或是更多能力差不多的大国制衡彼此的力量所带来的地区力量分布情况，而是通过中小国家所采取的“两面下注”策略，使这个地区产生出以美国力量的主导性为基础、以中国力量的上升现实为前提、以中小国家的重要作用为辅助的地区平衡秩序。这种平衡态势并不是由一种渴望东亚产生出大国“力量均势”的政策设计而带来的，东亚并不会产生出两个或更多力量大体相当的、以平衡彼此力量的国家或国家集团，而是指这一地区的中小国家在中美力量对比发生重大变化的前提下,游走于中美两大国之间,既避免过于依赖中国也避免过于受制于美国,从而最大程度地保持自身在地区政治中的相关性以及促进一种可以保障中小国家利益的地区秩序的形成。

面对中国力量的上升所带来的地区影响,东亚国家普遍不赞成为了保持美国在东亚的主导性地位而“围堵”或是“遏制”中国,力图在中国变得更加强大之前扼杀中国的成长空间和资源。相反,它们认为遏制中国反而可能使得“中国将变得更加具有侵略性”,从而使这一遏制理论的基础变成“自我实现的预言”。因此,这些国家,无论是美国北约之外最重要的东亚盟国韩国和泰国,还是中国传统的友好国家朝鲜和缅甸,无一例外,都在不同程度上实践着两面下注策略来保护自己的利益。总地来看,这种策略分为三个层面:第一,“三边政治”,即用与一个大国友好的双边关系作为手段来提高与另一个大国之间的关系;第二,威慑政治,即确保美国在这一地区优势的军事力量存在来说服中国——任何侵略性的行为都是代价巨大而不可能成功的。这两个层面中表现出一定的“制衡”战略;第三,接触政策,即将中国整合进地区体系内,让中国在地区秩序的构建中发挥越来越大的作用,从而将中国培育成为一个负责任的、建设性的、维持现状的地区大国。这一层面构成了两面下注策略的精髓。当然,不同国家在不同时期对于这三个层面的重视与强调是各不相同的。总而言之,为了加强两面下注策略,东亚国家对于美国在这个地区的作用的期许涉及更多的政治、外交和经济因素,而不仅仅是当前的军事和战略部署与承诺,这包括更多的持续的经济接触、更深的对于地区多边机制的卷入以及更大的对于地区首要和重大问题的关心。东亚国家普遍期待:美国在地区的领导地位要更多地向“互利”(mutual benefit)方向转变,这正是中国一直强调的原则。自“9·11”事件以后,华盛顿确实对这一地区给予了更多的关注,尤其是关于反恐合作所涉及的军事情报和政治领域,但是,这些方式多是双边性质,或是如在布什政府所强调的“寻找意愿者同盟”的政策的指导下,并没有给予具有更广泛意义和目的的多边机制以足够的重视。这就使得华盛顿无法像中国那样与所有的东亚国家都保持良好的关系,尤其是像中国那样发展一种公开的、均衡的、涵盖整个地区的经济伙伴关系。通过以中国而不是日本或是美国为中心(不像过去),东亚国家已经凭借贸易与投资协定稳定地将地区经济整合在一张大网之中。①

东亚国家的两面下注策略所包含的内容要远远多过各自国家与中国和美国双边关系的简单相加,它是在大国平衡战略的基础上发展出的一种更加细致、多变、全面的政策选择。东亚是一个有着开放贸易、开放移民传统以及不拒绝外部大国干预传统的地区,具体而言,对于一个由小国或是中等国家组成的地区,大国影响力被认为是一个关键性的地区安全与繁荣的因素。考虑到近几年中美之间权力对比平衡的变化,东亚国家不得不面对一种新的权力分配结构转型的局面,即虽然在东亚,在硬实力的分配上美国仍是主导性大国,但是,随着中国与地区国家关系的稳定发展,"影响力均势"正在转变。面对这种转型带来的巨大的不确定性,它们已经表现出强烈的试图塑地区安全结构的主动性。这个不确定的时期不仅加强了主要国家的两面下注行为,而且也使得两面下注的最终目的有了更加清晰的算计:影响未来地区秩序结构。

在构建地区秩序的过程中,东亚地区各国的主观能动性最大限度地体现为它们致力于建立地区内权力稳定平衡的政策实践。冷战以后,西方学者常常以一种悲观的眼光看待亚洲。美国对这一地区的忽视与撤出将会带来中国的崛起和日本的重新军事化,这些都导致了更加危险的安全图景——地区国家将走向安全自助,单独或是集体地参与军备建设,从而导致极不稳定、潜在冲突的多极地区秩序(有着数个大国参与的权力竞争)的情境的出现。②自20世纪90年代起,东亚国家普遍选择了"两面下注"策略来应对国际体系中权力对比的变化。它们不是单单选择与某个大国结盟或是排除某个大国,而是努力将所有的大国都包括进所有的地区事务之中,目的是通过建立更加紧密的经济和政治关系,吸纳这些大国与东亚国家一起形成一个整体来建构新的地区秩序,反映权力变化的现实。以这种方式,大国将加深对地区安全与繁荣的责任,更加有兴趣通过政治与外交方式帮助维持地区稳定。而中小国家的相关性也得到最大尊重。也就是说,东亚国家既反对一种一国独大的地区秩序,也不赞成一个分散中小国家力量于不同

① James F. Hoge, Jr. "A Global Power Shift in the Making: Is the United States Ready?" p. 3.

② Aaron Friedberg, "Ripe for Rivalry: Prospects for Peace in a Multipolar Asia," *International Security*, Vol. 18, No. 3, 1993/94, pp. 5–33; Barry Buzan and Gerald Segal, "Rethinking East Asian Security," *Survival*, Vol. 36, No. 2, 1994, pp. 3–21.

大国领导集团之中的所谓的"力量均势"的秩序，而是要既包含主要的大国，让主要大国能够"相互监督"从而在行动上相互慑止冒险主义，同时确保小国在地区体系中发挥着独到的平衡作用。因此，一些东亚国家通过加强与大国良好的政治关系、经济交往以及一定程度上的防务对话和交流，确保自身和大国都以一种建设性的、和平的方式积极地卷入地区事务之中，为地区带来更大的稳定，促进一种保护小国利益的地区秩序的出现。在这种情况下，两面下注既可以防止主要大国间为了竞争地区影响力而发生的暴力冲突，又可避免大国牺牲小国利益甚至侵略小国的可能。更具建设性含义的方面是，中小国家希望以此让大国发现它们之间存在着广泛的共同利益，正如在确保地区自由贸易和贸易通道安全上所体现的共同利益那样，而绝非一定要相互排斥彼此在地区的影响力。为了这些好处和共同利益，大国只能进行持续的接触，达成共同认可的地区秩序和事务安排，确保相互之间的和谐。因为各国都不愿意打破现状，否则所有各方都得不偿失，而不仅仅是让地区内中小国家付出昂贵的代价。

小　结

国家之间的权力转移是一个复杂的过程，历史上国际体系曾因此而产生过剧烈的动荡。因此，如果目前中美两国之间的权力转移伴随着一些混乱和不安也是正常的和可以理解的。虽然权力转移的过程往往伴随着激烈的冲突，但权力转移并不必然走向战争，实现权力和平转移的关键是在承认权力发生转移，同时实现权力和满意之间的平衡，[①]进而为地区秩序的平稳过渡奠定基础。

权力转移理论的支持者最近对中国以及中美力量对比发展趋势的一系列研究认为，中美之间发生"权力转移"理论所强调的霸权争夺战的可能性并不一定很高，关键取决于美国是否能够在现有体系中兼容中国，并且对中国力量发展性质的关注应该高于对其规模的重视。兰姆克（Douglas Lemke）则强调，即使在实力上超越美国，只要中国没有要求改变现有国际体系的组

① 张骥："权力和平转移的条件与中国和平崛起的外部条件"，第42页。

织原则,“权力转移”产生的霸权战争的理论假设就完全可以避免。①美国对外政策的首要目标就是要构建一个满意的中国。权力转移理论认为,如果中国能够被纳入一种经济与安全安排,则长期稳定可以获得。这种安排应该是基于共同利益而形成的,这种共同利益不仅为合作设定了前提条件,而且已经成为未来25年东亚是否能够保持和平的基础。

不像权力转移理论所认为的那样,体系内中小国家无足轻重。相反,由于权力转移首先发生在地区层次,地区内中小国家的战略与政策选择因此对这个转移过程有着相当重要的意义。东亚地区的政治生态就是最好的佐证。东亚国家身处复杂的地区环境,通常对外界信任度较低,怀疑所有大国的意图。在地区秩序的建构中,它们非但不想搭中美两国任何一国的“便车”,反而努力谋求建立符合自己利益和特性的东亚地区新秩序,阻止外部大国将本地区变成相互对抗的阵地。为此,东亚国家精心编织了一张将中美纳入其中的协议与对话之网,通过把两国锁入地区多边安排和机制体系,鼓励中国采取和平、合作的行为以及实行更大程度的开放,使中国在共同规则的框架内负责任地运用其权力,同时又将美国置于东亚事务之中。由此,东盟发挥了作为地区秩序的发起者、促进者与和平的维持者的中心作用。②在这种独特的作用下,中美之间单纯的大国权力对比及其变化不再是东亚地区秩序构建中的唯一主导因素。

通过对权力转移理论以及两面下注策略的研究,可以发现以下两层理论意义:第一,权力/力量的概念包含着军事力量、经济影响力和制定议程的影响力几个同样重要的方面。单单是军事力量本身现在越来越少地与世界政治相关。中美两国的影响力既来自于它们的硬实力或是军事和经济力量,也同样来自于它们为地区国家所认同的软实力——为国家普遍接受的文化、制度与外交的影响力。任何一种力量的畸形发展和运用都会损害而非加强国家利益。所以,从国家利益角度考虑,中美两国都应该避免一种傲慢的、自私的、国家利益至上的战略,取而代之是通过多边机制与别的国家

---

① Jacek Kugler and Douglas Lemke, “The Power Transition Research Program: Assessing Theoretical and Emp irical Advances,” in Manus I. Midlarsky eds. , *Handbook of War Studies II*, Ann Arbor: University of Michigan Press, 2000, pp. 1129 – 1163. 转引自:朱锋:“‘权力转移’理论:霸权性现实主义?”,第33页。

② The Asia Foundation, *America's Role in Asia: Asia and American Views*, pp. 45, 118.

一起工作，以此才可能追求共同的全球利益。要在当今这样一个世界里获得成功，大国不仅必须维持其硬实力，同时还必须体察其软实力，懂得如何将两种实力结合起来以维护国家和全球的利益。

第二，在这个基础上，国家的战略选择变得更加复杂，而远非追随与制衡两种所能概括。事实上，在东亚地区已经出现了中美之间权力转移和其余中小国家实践两面下注政策的一系列后果，这些后果不仅涉及作为威慑力量的军事力量和同盟的构建，更重要的是引发了一系列更持续的、更加精细的外交博弈。长期来看，地区体系变得更加多元和复杂化，无论是相互竞争的大国还是各类中小国家，通过多层次的防务联系、深入的经济往来以及政治交流，统统被包含在这个体系之中并发挥着无法替代的作用。在这样的一个体系内，中美的权力转移和各国的两面下注最终形成了针对不同地区事务的一系列的政策，避免了一种为了争夺霸权而战的无秩序的大国关系。总之，中美之间的权力转移目前仍然是现存国际体系内的权力分配变化过程，尚未引起国际体系的根本性改变。这个过程及其所引发的东亚国家的两面下注政策的后果与其说是世界性的，不如说具有更强的地区意义。

第二章　东亚地区合作与东南亚次区域秩序

21 世纪初，随着世界政治和经济的重心日益向东亚转移，这一地区的经济融合、安全关切以及蕴涵一体化特征的地区主义的发展越来越引起外界的关注。自 2001 年东亚展望小组（EAVG）在其报告中首次呼吁东亚向一个"和平、安全、繁荣和进步"的地区共同体迈进后，①东亚合作取得了很大进展，建立了诸多致力于促进地区和平与稳定的多边制度安排和国际倡议性组织，②如亚太经合组织（APEC）、东盟 +3（"10 +3"，APT）、东亚峰会（EAS）等。东亚区域合作的蓬勃发展既得益于中国经济力量的持续、快速增长，也凸显出美国在东亚地区秩序构建中利益的认知演化过程以及随之而产生的政策选择。本章通过解读中美两国在塑造东亚区域合作中的政策行为，分析两国在促进区域合作、构建与东南亚次地区关系的过程中的共同点与主要分歧，旨在以发展的眼光探求构建东亚共同体的新动力及其政治经济要义。

第一节　东亚地区合作：动因、成果与问题

从地区合作来讲，东亚起步较晚。东亚地区合作始于 1967 年东南亚国家联盟（ASEAN，以下简称东盟）的建立。这虽然不是东亚整个地区的合作进程，但在东南亚次区域的范围内带来了几十年的和平与富足，并且为冷战

---

① East Asia Vision Group, *Towards an East Asian Community: Region of Peace, Prosperity and Progress*, 2001.

② Richard A. Bitzinger and Barry Desker, "Why East Asian War is Unlikely?" *Survival*, Vol. 50, No. 6, pp. 105 – 106.

后东亚地区合作的机制建设奠定了基础。该组织在20世纪80年代和90年代进一步发展,囊括了所有的东南亚国家。现在,东盟已经发展成为一个有着5亿6千万人口、450万平方公里面积、GDP总量超过11000亿美元的大型地区组织。虽然这种合作主要体现在经济层面,却为东亚地区合作的正式出现奠定了物质基础,使得各国在经济上的相互依赖程度逐渐加深。1997~1998年的亚洲金融危机给东亚地区带来沉重打击的同时也为东亚合作带来契机——各国都感受到了地区合作的必要性和迫切性。因此,继中国于20世纪90年代中期率先加入"东盟+1"合作进程之后,日本、韩国也相继加入,"10+3"制度安排得以创建。可以说,金融危机的爆发直接导致了"东盟+中日韩"模式的出现,其框架的深远意义是将东北亚国家包括在内,真正意义上的东亚合作因此而出现了。"10+3"机制自建立以来发展迅速,如今已经涵盖了18个领域,建立了50多个机制性安排,成为"横跨文化、经济、功能、政治、安全和社会领域的合作网络",①为东亚地区的多领域合作提供了制度性基础。随后,EAS在此基础上形成。

一、冷战后东亚地区合作动因分析

冷战结束后,东亚发生了巨大的战略和经济变化,出现了越来越多的相互交织在一起的地区制度或组织。这些制度安排既扩大了地区内国家合作的范围,也增加了它们之间的战略不确定性。探究过去20年间东亚何以能建立为数众多的地区制度安排,三个因素的作用尤其重要,即冷战的结束、中国崛起、美国的战略作用仍被地区国家所重视。这些因素构成了东亚合作的主要推动力。

首先,冷战结束后,东亚保持了两个重要的冷战时代形成的地区制度建构。一是美国的"轴-辐体系"(hub and spokes system)军事联盟。为了冷战的需要,美国自"二战"结束后就与亚太地区主要非共产主义国家——如澳大利亚、日本、韩国、菲律宾、泰国——结成安全伙伴。这种"轴-辐体系"今天仍然是东亚地区主要安全结构的基石,它推动东亚国家毫无顾虑地发展与中国的关系,从而可能在东亚地区一体化进程中容纳中国的影响,并促使

① 秦亚青,魏玲:"结构、进程与大国的社会化——东亚共同体建设与中国崛起",载朱锋、[美]罗伯特·罗斯主编:《中国崛起:理论与政策的视角》,第223页。

美国必须参与“任何重要的东亚或亚太地区制度安排”,得到美国的东亚盟国以及新加坡和印度尼西亚的最强有力的支持。① 二是东盟的建立与发展。东盟成立于冷战进行得最激烈的1967年。直到20世纪90年代中期,通过提高地区自治能力、保护国家的自主权,以达到不受任何外部大国控制仍然是东盟追求的根本目标。冷战的结束以及全球意识形态对立的缓解为东亚地区构建注入了四种动力:各国的关注点转到加强出口导向的经济;消除了冷战在东亚造成的分歧及其对地区合作的限制,东盟的扩大纳入了以前被排除在外的东南亚陆地国家;加深了美国可能不会建设性地介入而是要撤出东亚这样的担心;促使美国不仅愿意与其盟国、甚至考虑与其冷战时的敌人进行地区安全合作安排,作为对“轴-辐体系”的补充。②

其次,中国的崛起及其地区影响。一方面,中国力量的上升以及随之而来的国际声望的提高对后冷战时代美国单极霸权形成了最大冲击,对这个一直以来被称为“最有影响力的国家”的地位构成了挑战;另一方面,地区国家开始怀疑美国的全球注意力过于分散可能会导致其对亚洲的关注不足,进而危及地区国家的安全与经济利益。这些新的战略不确定性导致中美两国决策者相互产生担忧:美国担心中国意图把美国彻底赶出东亚地区,从而主导地区的未来;中国则担心美国利用传统的军事同盟体系在东亚地区对中国形成战略遏制。

这种担心客观上加强了两大国对一种包容性地区秩序构建的重视。2000年中国提出建立中国-东盟自由贸易区计划,承诺到2010年建成中国-东盟自由贸易区。中国主导了对APT范围内的最惠贸易协定和东亚自由贸易协定的研究,被视为APT进程以及东亚地区合作的一个主导力量。中国支持各种地区制度安排,包括倡导召开EAS,成为第一个提出承办EAS的非东盟国家。美国从地理位置上来说不是东亚国家,但在东亚具有重要的战略和经济利益,确保该地区不出现一个可能与之竞争的国家或国家集团是美国东亚政策的传统基石。鉴于此,美国坚决反对东亚形成封闭的、排

① Denny Roy, “Southeast Asia and China: Balancing or Bandwagoning?” *Contemporary Southeast Asia*, Vol. 27, No. 2, 2005, pp. 305-321.

② Dennis C. Blair and John T. Hanley Jr., “From Wheels to Webs: Reconstructing Asia-Pacific Security Arrangements,” *The Washington Quarterly*, Vol. 24, No. 1, 2001, pp. 7-17; Evelyn Goh, “The ASEAN Regional Forum in United States East Asia Strategy,” *The Pacific Review*, Vol. 17, No. 1, March 2004, pp. 47-69.

他性的地区贸易集团,希望继续利用 APEC 这样的地区制度为其利益服务。[1]简言之,中美两大国都不愿过于依赖对方而宁愿选择让地区中小国家(或国家集团)在地区秩序的谋划与发展中发挥更大的作用。

最后,作为东亚最早的地区组织,东盟一直对东亚地区的一体化进程极为重视。东盟国家大多敏感又脆弱,希望尽可能避免作出任何利益选择,因为这样的选择意味着未知的风险,而这种风险往往是它们无法承担的。所以,它们更愿意在强调共同利益的基础上与美国开展安全合作。虽然它们将美国看做是其安全的重要保障,但却不满美国过于专注于反恐问题以及在人权、治理等国内问题上的指手画脚。与此同时,中国经济的高速发展为所有东亚国家提供了广阔的商品市场和日益强大的投资源泉,客观上为东亚小国进行地区制度安排建设提供了强大驱动力。可以说,东盟国家对于中国崛起如何影响地区形势看法各异,态度相当矛盾。一方面,它们希望搭乘中国的"经济顺风车",将中国视为能够为东亚提供发展、共同利益以及持久稳定的源泉,[2]倾向于将国家的稳定和繁荣与中国的前途联系在一起;另一方面,不少国家又将中国视为潜在的安全威胁。一位泰国高级外交官说:"中国现在居高临下,我们所有人的问题就是要保证这是一个福音,而不是祸根。"[3]鉴此,东盟国家总体上对中国采取了一种综合的接触政策。它们不愿被迫在美国与中国之间做出战略选择,成为美国遏制中国影响的代理人,而是希望中美能够在东亚地区实现利益共存,其方法就是以一系列的地区制度安排将两国捆绑在一起,进行本区域联合管理。冷战结束后,东盟内部关于东亚地区构建的考虑更进一步。为了保持对东亚地区的持续相关性以及继续成为东亚一体化进程的驱动力,东盟力促东亚地区制度安排纳入所有地区外大国,从而达到没有任何一个大国在东南亚乃至东亚地区取得霸

---

① 陈志敏:"北约、亚太经合组织和亚欧会议:地区间主义和全球秩序",载庞中英主编:《中国学者看世界》(全球治理卷),北京:新世界出版社 2007 年版,第 255 页。

② Wang Gungwu, "China and Southeast Asia: The Context of a New Beginning," in *Power Shift: China and Asia's New Dynamics*, pp. 187 – 199.

③ David B. H. Denoon and Wendy Frieman, "China's Security Strategy: The View from Beijing, ASEAN, and Washington," *Asian Survey*, Vol. 36, No. 4, 1996, p. XXXVI.

权地位的战略目标。①

二、东亚地区现存制度安排

近年来,东亚国家在稳定的双边关系与共同规范的基础上协同努力,逐渐在本地区发展出一种多边框架,直至提出建设东亚共同体的构想。自20世纪90年代起,解除了冷战束缚的东亚地区迎来了地区制度安排构建和发展的春天,如APEC的快速扩大、东盟扩展到覆盖整个东南亚、亚欧峰会(ASEM)的创设、东盟地区论坛(ARF)的召开、APT的发展等。如今,以东亚国家为主要成员的地区多边合作制度安排多达250个,分别处理经济、安全、政治等事务。其中,东盟、APEC、ARF、APT以及EAS作为主要的首脑会议制度安排得到了大多数东亚国家的支持和全球关注,反映了目前东亚地区制度安排的现状特点。

在所有地区制度安排中,东盟存在时间最长,是迄今为止东亚地区一体化进程的核心。作为一个地缘政治及经济共同体,东盟致力于以和平方式在经济、社会和文化领域实现发展,并推动地区和平与稳定。东盟设有秘书长,有着发展成熟的制度安排进程体系。同时,它也是一个内向性的组织,重视地理范围,并不想把成员扩大到东南亚10国以外。东盟的关注点涉及几乎所有的地区活动,也在有限的程度上处理成员国之间一定的安全关系,但总地来说其成员国保留了解释或忽视东盟集体决定的权力。在长期的实践过程中,东盟发展出了一种特殊的"东盟方式"以实施冲突管理,即避免具有法律效力的协定,注重组织结构的非正式性、磋商和协商一致的原则;主张在参与者中间创造友好包容的氛围;重视第二轨道或称学界和思想库之间对话与协商制度安排的作用。亚太地区的其他多边制度安排,如APEC,随后也仿效了这种风格来处理多重轨道上的政治事务。②值得肯定的是,东盟并不排除区域外大国对地区事务的介入,反而把这些国家与东盟的关系作为它们介入地区事务的前提条件。例如,只有在签署《东南亚友好合作条

① Amitav Acharya and See Seng Tan, "Betwixt Balance and Community: America, ASEAN and the Security of Southeast Asia," *International Relations of the Asia - Pacific*, Vol. 6, No. 1, 2006, pp. 37 - 59.

② [美]彼得·卡赞斯坦著,秦亚青,魏玲译:《地区构成的世界——美国帝权中的亚洲和欧洲》,北京:北京大学出版社2007年版,第146页。

约》(TAC)之后才能参加EAS,这样既可以让东盟持续地作为地区其他机制发源的平台,又能够向外部大国打开处理地区事务之门。①

20世纪80年代末,随着冷战在全球范围内趋于缓和,美国在亚洲的政治与军事存在很可能即将变得师出无名。作为美国亚洲同盟体系的“南北之锚”,澳大利亚和日本最担心美国从亚洲撤出,新加坡、印度尼西亚和韩国也有同样顾虑。因此,澳大利亚总理霍克(Bob Hawke)1989年1月提出建立一个亚太地区贸易机构的想法,日本政府随即积极推动这一设想,最终形成了制度化的亚太经合组织。起初,APEC是一个外交部部长、贸易部部长专注于亚洲出口导向的经济动力的会议。1993年,APEC得到加强,建立了一年一度的首脑会谈制度安排。中国和俄罗斯分别于1991年和1998年加入APEC。APEC的成员国身份有着广泛的跨太平洋的战略维度,严格意义上说其成员国是以经济联系为基础的,但其议程不断扩大,涉及贸易之外的议题,如采取地区共同行动发表反恐宣言。

ARF的建立源于东亚政治结构的变化。冷战结束后,东盟国家意识到,如果东盟还想保持在后冷战时代安全环境中的重要性,它就应该确保在程序上主导亚太地区的安全语境,于是,ARF于1994年在东盟外长会议后得以建立。ARF把东亚的两个次区域——东南亚和东北亚与欧洲、北美、澳大利亚和新西兰等国家结合在一起,形成了世界上最大的安全论坛。这个制度安排没有秘书处,由东盟轮值主席国主持,通过每年一度的外长会议,关注综合安全事务。ARF只是一个为了对话而建立的论坛,不是一个集体安全组织,也不旨在解决特定的地区争端。

如果说ARF是东盟向亚太地区和安全领域的扩展,那么APT就是一个将东北亚大国与东南亚小国联盟联系在一起的、以处理经济事务为目的的制度安排。这种更紧密的东亚合作形式既来自于对美国在1997金融危机时不愿援助东南亚的失望情绪,也来自于欧洲经济一体化的启示。近年来,APT进程取得了重要成果。1998年APT成员国同意举行定期峰会以及外长和财政部长会议。2000年APT在泰国峰会上达成《清迈倡议》(*Chiang Mai Initiative*),实现各国中央银行之间的货币交换安排,建立了巨大的金融储

---

① David Martin Jones and Michael L. R. Smith, “ASEAN's Imitation Community,” *Orbis*, Vol. 46, No. 1, 2002, pp. 93–109.

备,成员国凭此可以抵抗未来投机行为对其货币的打击,也使东盟国家有了除西方控制的国际货币基金组织(IMF)之外的另一个选择。不过,虽然 APT 成员国更接近于狭义上的东亚身份认定,但由于没有核心机构和集体权威性,并且关注点也较狭隘,因此被称为“进程”而不是严格意义上的国际/地区组织。2004 年,中国建议由 APT 发起 EAS,把 APT 合作进程扩展到包含安全在内的更广泛的领域。

EAS 是迄今为止最新的东亚合作制度安排。从其成员国身份来看,它包括 APT 和印度、澳大利亚、新西兰、美国和俄罗斯(也称“10 + 8”),是一个介于东亚地区制度安排 APT 和亚太地区组织 APEC 之间的制度安排。EAS 于 2005 年召开首次会议,最初的目的是从相对狭窄的经济议题慢慢转向处理“安全、民主、善治、法治,以及人权的各个方面”,讨论包括从提升全球安全规范到应对贫困再到建立东亚各国社会之间、人与人之间联系的广泛议题。目前,EAS 还算不上是一个正式的制度安排,只是一个囊括了东亚和太平洋国家的非正式的战略论坛。它没有秘书处,没有组织制度安排也没有权威性,其成员国、目标和制度安排规则甚至也未固定下来。相比东盟作为东亚共同体建设的“驱动力”、APT 进程作为“主要轮子”,EAS 在东亚共同体建立过程中只起到第三的作用。[①] 它始终面临着亚太地区概念和东亚地区概念的分歧。中国则继续强调它的补充地位。[②]

东亚地区日益加深的经济相互依赖和一体化进程导致了东亚共同体概念的产生,但由于该地区现有制度安排内部及这些制度之间的关系十分复杂,对于哪一个制度安排应成为东亚共同体的雏形并没有共识。这种地区合作制度安排发展的现状决定了东亚地区一体化或东亚共同体的建设要考虑以下事实:

第一,东亚合作始于实际需要,而没有一个预先设计好的政治目标,在某种程度上甚至没有共识建设。经济合作和一体化为东亚地区主义提供了基本的利益基础。东亚地区一体化的发展需要是显而易见的,共同体概念

① “Kuala Lumpur Declaration on the ASEAN Plus Three Summit,” December 12, 2005, http://www.aseansec.org/18036.htm; “Kuala Lumpur Declaration on the East Asia Summit,” December 14, 2005, http://www.aseansec.org/18098.htm.

② Thomas J. Christensen, “Fostering Stability or Creating a Monster? The Rise of China and U.S. Policy towards East Asia,” *International Security*, Vol. 31, No. 1, 2006, pp. 81 – 126.

就是被“1997 年金融危机及其后一系列地区危机所强调——自 2002 年 10 月以来，巴厘岛以及东亚地区其他地方发生的恐怖袭击、2003 年“非典”的爆发以及 2004 年印度洋海啸的发生都说明，地区共同的脆弱性加强了跨国灾难的复杂度，这种灾难对传统的国家边界是无所顾忌的。”①跨国威胁需要国际合作来应对，而合作必然需要制度来维系。共同体将各国对问题的反应集中起来，通过集体行动解决地区事务，导致了“合作的习惯”的产生，这种习惯正是繁荣、稳定和和平的核心，也是建立规范和行动准则的初始方式。

第二，东亚地区小国林立的现实一方面使这些国家意识到相互依赖的重要性，加强了一种共识，即本地区联合起来应对外部力量；另一方面在推进地区内部合作和一体化的同时，单个成员国或次区域集团也同外部国家发展双边或次地区合作关系。换言之，东亚共同体建设允许存在多层次框架，也认同现有的双边联盟和其他协定。双边接触显然仍是地区合作的重要组成部分，如东盟峰会就是以一系列双边协议而引人注目的，②但此类接触无法产生更大的集合以达成更具约束性的协议，或通过强化对现有制度安排的构建来应对新的问题。由此看来，东亚区域合作的进程很难以一个排他的或内向、封闭的地区认同为基础。

第三，由于东亚地区的文化多样性、历史经验差异性以及现实需要的不同，地区国家间利益的相互矛盾使得任何共同体建设努力都非易事。这种差异性的普遍存在，决定了东亚地区众多制度安排相互重叠、相应而生，不可能为一个制度安排或组织所统筹，只能以多种方式、多个目的加以整合。东亚地区合作的过程应该在包容东亚内部极大的多样性，尊重各国政治体系、社会结构以及文化属性的差异性的原则下进行，这注定是一个多种制度安排相应出现、共同发展和生长的动态过程。至于哪一个制度安排可以在其中脱颖而出，最终成为东亚共同体的领导机构或足以勾画出具有代表性的东亚共同体蓝图，则尚无定论。

① Amitav Acharya, “The United States and East Asian Community,” *Future World Affairs*, February 3, 2008, http://futureworldaffairs. blogspot. com/2008/02/united - states - and - east - asian - community. html.

② Michael Vatikiotis, “US and China Tug at ASEAN Unity,” *Asia Times Online*, May 8, 2007.

三、东亚地区合作的问题与未来

东亚是一个充斥着多样性和复杂性的地区,各国从发展程度到地理位置、从自然条件到人种分布、从宗教信仰到文化传统都有着极大的差异。在地区国家的共同努力下,东亚合作取得了不错的进展,但对于寻求建立更高层次的共同体的目标,这种合作努力还是远远不够的,东亚区域合作在其组成、目的、效能等方面面临着诸多问题和挑战。

1. 东亚还是亚太

长期以来,东亚有两个相互重叠的地区构建在同时发展。一个是包括美国等太平洋国家在内的亚太构建,以 APEC 为其最重要的地区制度安排;另一个是狭义上的东亚构建,以 APT 进程为其主要代表。这两个制度安排在成员国身份上的差异性在 2005 年首届东亚峰会上表现得一览无余。中国和马来西亚坚持狭义的东亚概念,不打算把美国纳入 EAS,但其他东盟国家以及日本担心中国的主导作用,主张扩大成员国身份,最终 EAS 形成了未包括美国却纳入其亚太盟国和友邦的“10 +3 +3”论坛。[①]对成员国身份的不同认知必然影响到东亚一体化进程的发展由此可见一斑。其中的核心问题是美国对东亚一体化的作用到底如何,以及东亚国家对此种作用如何评估。从美国外交的风格来看,它往往对进程和对话缺乏耐心而一心想快速得到结果。美国之所以对东亚共同体建设表现不积极,一是因为它对亚洲蓬勃发展的多边主义心存疑虑,认为东亚合作在解决地区迫切的政治、经济和安全挑战时反应迟缓;二是它仍希望通过 APEC 和 ARF 来处理亚太地区的经济和安全事务,或选择意愿多边制度安排来解决特定地区的问题,如以六方会谈解决朝鲜核问题。[②]当然,即使美国全心全意地支持东亚共同体建设并希望成为其中的一员,东亚国家也不一定都对此表示欢迎。马来西亚一度是狭义东亚地区概念的强有力的倡导者,相反,印度尼西亚和新加坡是东盟内部对广义的亚太地区主义的最有影响力的支持者。

不过,即使美国从不参加东亚峰会,亚洲国家仍然会把它看做是一个对

---

① Jim Rolfe, “A Complex of Structures: Functional Diversity, Regional Consolidation, and Community Development in the Asia – Pacific,” *Asian Affairs: An American Review*, Vol. 33, 2007, p. 224.

② The Stanley Foundation, “Building an Open and Inclusive Regional Architecture for Asia,” *Policy Dialogue Brief*, November 2006, p. 5.

话伙伴国。任何关于如何应对全球挑战的讨论,从能源安全、环境恶化、跨国犯罪到反恐战争,从贸易、投资到金融,都必须把美国包括在内。对大多数东亚国家来说,美国的军事存在、经济介入仍是无法替代的,“美国不需要成为东亚地区制度安排建设的方方面面的参与者,但它不能也不应该被排除出东亚”。①总之,亚太地区的核心是东亚,东亚共同体建设短期内应集中于东盟,长期内应集中于 APT,最终则不可避免地涉及美国、澳大利亚、俄罗斯、蒙古等一些外围国家。

2. 从地区合作到渐进式一体化

共同体建设要求超越一般性的技术和功能性合作,构建基于共同利益和目标的身份认同与价值观。这正是合作和一体化的区别所在。前者是指国家间的行为和安排,为采取集体行动而在政策层面进行协调,例如信息共享、宏观经济政策的联合等;后者是指一个将不同的国家利益整合在一起的过程。前者由国家或机构主导,而后者则包括市场、社会、国家等方方面面的努力。合作的目的是导致一体化,尽管这并不是必然的。东亚共同体建设就是使一些传统的地区合作制度安排逐步向一体化迈进。

繁杂的制度安排虽然反映了东亚地区合作的现状,但也导致目前没有一个制度安排或进程能在东亚共同体建设过程中居于主导性地位。如果要发挥这样的作用,就不得不对制度安排的成员国身份、文化和程序进程等进行大规模调整。这种调整可以通过两个办法予以实施:一是增进所有主要制度安排之间的关系,以渐进的方式或现有的联系将现存地区制度安排建成为东亚共同体的基础;二是发展出一个新的构建来承担确保地区安全和繁荣的责任。如果现存制度安排无法催生更多、更深入的合作,那么东亚新的地区构建就显得尤其必要且意义重大。在全球层面上,这样的地区制度安排会将一个新的行为体引入国际政治,从而对世界格局形成冲击。在地区层次,一些诸如权威性、法律性的问题必须得到解决。在国家层面,这样的超国家的地区构建会限制和削弱国家主权。

---

① Goh Chok Tong, “Towards an East Asian Renaissance,” *Radio Singapore International's Perspective*, February 11, 2006, http://www.iseas.edu.sg/viewpoint/rsi11feb06.pdf.

3. 东盟主导还能走多远

东盟以其地区合作的先行经历，在把东亚地区凝聚到一起以及确定其走向方面，发挥了关键作用。东盟提供了一种独特方式，将所有国家逐步整合进东南亚地区合作框架，并通过基于功能性合作的渐进过程实现地区和解。东盟方式对于建设东亚共同体的路径和方式的影响尤其重要。[①]首先，东盟利用自己在东亚地区制度安排建设中的先发优势，制定一系列规定确保在以后的地区制度安排建设中处于主导地位。以东亚峰会为例，东盟为其设置了三个条件：签署《东南亚友好合作条约》，成为东盟对话伙伴国，与东盟建立“丰富”的关系。东盟规范和实践很有影响力，其方式的非正式性、自愿行动性、缺少制度安排化约束的特点均渗透于 APEC。其次，东盟国家利用各大国之间客观上存在的利益矛盾，采取平衡战略，既欢迎美国的军事存在并提供基地，但拒绝新的正式的军事同盟；又与中国、日本保持良好关系，搭乘两国经济发展的“便车”，由此保证了自己在大国博弈中的主体性。

东盟的分而治之战略目前取得了一定的成效。可以说，在地区一体化的早期，大国为影响力的竞争确实让东盟中小国家发挥了重要的地区作用。但是，随着一体化进程的深入，大国对东亚共同体发展的作用日益凸显。毕竟东盟总体上缺乏重要性。东盟 10 国的经济只比韩国或澳大利亚的大一点，这使得东盟是否具备足够的信心和能力继续领导东亚迈向一个更大的地区构建成为疑问。例如，《清迈倡议》目前建立的 1200 亿美元稳定基金中，中、日、韩三国的份额达 80%，东盟国家的出资只有 20%。东盟在东亚制度化建设过程中的身份和作用诚然应该得到尊重，但是，东盟本身也必须适应东亚地区的新发展。

4. “民主国家同盟”还是开放的地区多边主义

在东亚地区秩序的构建中，中国和日本的作用日显重要。随着中国力量的上升以及积极的地区战略的实施，日本感到危机和脆弱。自安倍政府起，日本采取了一种“双轨政策”，一方面加强与美国的同盟关系；一方面发展地区主义加强与地区国家的双边关系。2007 年 3 月，日本与澳大利亚签署《安全宣言》，这是日本自 1960 年以来与美日同盟之外的国家首次缔结双边安全协定，标志着日本从绝对的双边主义转向相对的多边主义，即结成所

---

① 张蕴岭：“东亚合作和共同体建设：路径及方式”，载《东南亚纵横》2008 年第 11 期，第 4 页。

谓的日本－澳大利亚－美国－印度“民主同盟”。这种做法不仅与美国的利益不谋而合，也对地区安全秩序产生了显著的影响。[①]宣言中多次提到日澳之间“共同的价值观”、“共同的安全利益”以及“在应对地区和全球安全挑战中正在进行互利的合作”等感性词句，[②]体现了日本为确保其在东亚地区独大的地位，与其他亚太地区国家一起组成遏制同盟、平衡中国崛起的意图。

但日澳接近并没有维持太长时间。不仅是日澳国内的政治倾向随着政府更替而改变，也不仅仅是因为这四个国家中的任何一个都不愿被看做是在亚洲反对中国的遏制同盟的领导者，更重要的是，这是一种在美日同盟基础上放大了的小多边主义（minilateralism）而不是真正意义上的多边主义，它寻求建立一种新的排他性组织而不是包容性组织。[③]由于地理因素、历史上的敌意、政治上的不信任，以及面临两难选择的境地，其他国家如韩国、加拿大、新西兰十分怀疑这种将它们排除在外的战略同盟。实际上，保持开放性和包容性是东亚共同体建设的关键。东亚共同体在寻求和谐的同时必须尊重彼此间的差异，这意味着不应该设立一些要求所有成员都遵守的共同价值或原则。

5. 不干涉原则还是普世价值观

自20世纪中期殖民主义撤出东亚后，东亚各国新政府特别注重国家主权和不干涉原则，视之为立国的基石。在冷战时期，面对两个阵营的争夺，这些政府更是牢牢坚持其自主性，在国家主权和不干涉原则的名义下，拒绝一切正式的和强制性的决策过程或由于不遵守条约而受到处罚的规定。[④]东盟的统一哲学基础和最基本的组织原则就是保护国家主权。因此，东盟不可能将民主治理作为对制度成员资格的关键要求。相反，东盟对非民主政体予以通融。它抵制了针对缅甸军政权的国际压力，赞成建设

---

① Aurelia George Mulgan, “Breaking the Mould: Japan’s Subtle Shift from Exclusive Bilateralism to Modest Minilateralism,” *Contemporary Southeast Asia*, Vol. 30, No. 1, 2008, pp. 52－72.

② Ministry of Foreign Affairs of Japan, “Japan－Australia Joint Declaration on Security Cooperation,” http://www.mofa.go.jp/region/asia－paci/australia/joint0703.html.

③ Christopher W. Hughes, “Japan’s Doctoring of the Yoshida Doctrine,” *Asia Policy*, No. 4, July 2007, p. 203.

④ Ellen L. Frost, *Asia’s New Regionalism*, Singapore: NUS Press, 2008, p. 219.

性接触。[①]

然而，随着东盟的扩大和时局的发展，不干涉原则面临着越来越大的挑战。1997～1999年，越南、老挝、柬埔寨以及随后缅甸加入后，出于新成员国的内部条件不致损害东盟国际声望的考虑，东盟国家在国内良治与地区稳定和安全之间、在地区共同发展与成员国主权保护之间的矛盾开始显现并逐渐突出。在21世纪应对恐怖主义也构成了对不干涉原则的侵害。泰国、菲律宾建议修改东盟不干涉成员国内部事务的原则规定，引起了东盟内部的争论。此外，日本多次声称，东亚共同体的建设应该是建立一种"原则性的多边主义"以通过加强民主、法治和善治来弥合亚洲多样化的政治体系之间的差异。[②]面对这种状况，东盟最新的反恐条款于2007年1月开始生效，要求成员国共享情报和训练、切断恐怖主义组织的资金以及不给恐怖分子提供庇护所。2007年11月《东盟宪章》达成，首次要求其成员国走向民主、良治和保护人权。但宪章同时确保东盟人权处于东盟的基石性原则——不干涉原则的统辖之下，任何制裁成员国的行动必须得到一致同意。[③]

其实，任何有效的一体化制度安排都不可避免地对国家主权产生影响，但主权的共享和让渡是在民族国家行为体达成共识和一致的基础上发生的。问题的关键是确保制度安排能够有效地处理地区事务。世界上本不存在什么普世的价值观和认同感，只有以地区为依托，根据地区的不同情况探讨主权的让渡，而不是逼迫各国采纳某一种价值理念，才可能促成国家将对其行为的某种限制作为地区共同体发展的一种必然结果予以接受。

6. 一个完全意义上的地区共同体

东亚合作的现存制度安排由于在外溢到政治和安全领域时遇到不小的阻力而集中关注经济和贸易问题，从而导致东亚一体化的经济支柱正变得日益强大，政治支柱的发展却相对落后。但东亚共同体建设是一个综合全面的过程，包括经济、政治以及社会诸领域的制度安排建设，最终要如《东盟

---

① ［美］彼得·卡赞斯坦著，秦亚青，魏玲译：《地区构成的世界——美国帝权中的亚洲和欧洲》，第146页。

② Michael J. Green and Daniel Twining, "Democracy and American Grand Strategy in Asia: the realist principles behind an enduring idealism," *Contemporary Southeast Asia*, Vol. 30, No. 1, 2008, pp. 6,16.

③ Association of Southeast Asian Nations, *The ASEAN Charter*, http://www.aseansec.org/ASEAN－Charter.pdf.

宪章》所宣示建成东亚经济共同体、安全保障共同体和社会文化共同体，通过三个共同体的统一实现完全意义上的东亚共同体。经济共同体是东亚各国经济起飞后进一步发展的客观要求。其中心任务应以自由贸易为核心，通过双边和多边安排逐步加深地区的经济合作。APT 将是该地区经济和功能性合作的主要制度安排，它应注重实效并对与此计划相关的制度安排成员国开放。关于安全保障共同体，虽然对东亚来说目前建立具备抑制力的统一军事机能还不现实，但可以考虑以 ARF 和六方会谈制度安排为中心，通过对话开展预防性外交，应对跨国境的非传统和传统安全的共同威胁，以此为基础建立地区安全保障体系。社会文化共同体的构建居于东亚共同体建设的核心位置，关键是实现地区内所有人的安全和建立对东亚的归属意识。地区制度安排的主要作用不是进行超国家的干预，而应着眼于地区成员国间的团结、和解和合作，促进人与人之间的广泛交流，发展出一种共享的共同体精神和文化。

这些目标是相辅相成的。经济一体化的深入发展导致足够的相互信任和一定程度的安全合作；在应对非传统安全特别是与“人类的安全”密切相关的环境、传染病、毒品、人口买卖等跨国威胁时，遍及区域内部各个领域的网络的动员或许能提高人们对东亚共同体的归属感；在消除贫困和地区差异，实现共同发展、繁荣和稳定的过程中强化东亚的概念，有助于建立东亚或亚洲的价值观和地区认同。由此，一个完整的东亚共同体的轮廓就得以出现。

建立东亚共同体是一个长期的努力目标，东亚地区本身的差异性和地区合作发展的自身规律决定了这个过程是缓慢的、渐进的和功能性的，并将深入涉及域内外国家的战略选择和政策反应。对很多东亚国家来说，国家建设和政治稳定是当务之急，而一体化只是一个长期的战略；对另一些国家来说，加强东亚合作只是一个战术性、服务性的外交目标；更有一些国家甚至把它看做是应该加以适时阻止的。虽然存在很多困难和分歧，但不进行一体化的代价是巨大的，会动摇并可能将东亚中小国家推入地区大国的无休止的竞争之中。

美国在历史上、贸易上和观念上与亚洲有着无法割断的关系，它一直是这个地区安全、经济和社会组织的不可缺少的一部分。在遭遇伊拉克重建的挫败、阿富汗治安形势的恶化以及金融危机导致的经济萧条后，美国在全球的影响力有所下降,但长远来看美国在军事实力和经济潜力方面所占的优势地位不会发生变化。它在东亚地区联盟和安全伙伴关系的基础仍是牢固的,依然是东亚国家可以选择的唯一安全合作伙伴。美国需要理解东亚区域合作的发展来自于这个地区天然的建立一致认同的渴望以及亚洲地区主义正在成长的现实。如果美国继续对这个问题采取狭隘的视角,那么它注定会失去对东亚的影响力。[①] 它不一定要加入东亚峰会以及其他关于亚洲未来的对话和决定,但它一定要传递出更加积极的信号,并以一种建设性的姿态倾听亚洲的声音。[②]如果美国想要延续在亚洲的存在,那么它的政策无疑应该反映东亚共同体的现实,并对其盟友和伙伴不断变化的利益和关注点保持敏感,包括更大程度地参与该地区经济和安全制度安排并为之做出贡献。

中国位于亚洲中心地带,被大大小小 14 个国家包围着,中国的发展和安全取决于它的地区/周边战略。东亚对中国来说具有重大地理意义,与邻国的和睦关系为中国的发展和现代化创建了一个长期的和平环境。尽管中国把 APT 视为东亚共同体的核心路径,但对于接受和参与多层次体制架构如东亚峰会、APEC 等又持包容态度。就此而言,中国的地区主义是灵活而开放的。中国参与亚太地区建立的地区多边制度安排,同时中国自身的价值取向反过来也会对上述制度安排施加影响。东亚一体化快速发展正是得益于中国经济实力的提升。在目前全球金融危机形势下,中国由于有着独特的发展模式、雄厚的外汇储备、庞大的内需市场等优势,将会在各种区域合作中发挥更加重要的作用。问题在于,美中两国各自倡导的行为标准是否会形成冲突,以及能否对美中两国价值观进程兼容并蓄。而若要加强东亚地区多边制度安排的地位并使之为地区和平做出贡献,其方法可能是,使这些制度安排东西合璧,即从东西方传统精华中汲取行为标准、价值取向和惯例。这样的制度安排显然有助于建立共识并推动共同体建设的发展。[③]

目前,东亚各国的经济快速增长,区域内贸易的增速几乎是世界贸易增速的两倍,区域内对外直接投资的增速也相当可观,东亚已经成为国际经济

---

① The Asia Foundation, *America's Role in Asia: Asian and American Views*, 2008, p.3.

② Yoichi Funabashi, "Keeping Up With Asia: America and the New Balance of Power," *Foreign Affairs*, September/October 2008, p.120.

③ Richard A. Bitzinger and Barry Desker, "Why East Asian War is Unlikely?" pp.122 – 123.

的重要组分。作为一个经济上充满活力、战略上不确定的地区，东亚急需更加制度化的地区合作带来的好处。由于东亚长期增长的动力越来越多地来自于其内部，且由地区内国家组成的新的力量中心日益发挥作用，东亚合作正在回归其正常形态。亚洲现在既有能力也有意愿成为一个伙伴。在经济发展和增长、国家建设、反恐以及全球变暖方面，这个地区提供了有价值的意见和资源。[①]东亚乃至整个亚洲正在恢复其主体性。建立东亚共同体的努力既反映了这种趋势，也是这种趋势进一步发展的必要选择。

第二节　中美东南亚政策及其影响

新兴大国往往首先会采取战略行动将国家目标投射到国土之外，特别是周边某一特定的地区，目的是建构符合其战略目标的环境。因此，地区就成为崛起国与主导国进行较量的最初场所。东南亚作为“可能是中国影响力投放的最有成果、最被接受的地区”，[②]将成为中美在东亚地区利益竞合的引人注目的重要试验场。从地缘政治的角度来看，东南亚地扼大国利益交织的战略要冲地位，资源丰富，市场广阔、文化多元、人口众多，整体上不仅跃升为亚洲地区一支重要力量，同时也是全球经济稳定的增长点和国际投资的重点对象。而且，如上节所述，东亚地区主义或曰东亚秩序的未来目前仍然深受东盟态度的影响，因此，赢得东南亚无论是对于地区内的上升大国还是有着传统经济与安全利益的世界霸主美国都具有相当重要的战略意义。中国、美国以及东南亚国家三股力量之间的折冲樽俎和相互影响不仅决定了东南亚次区域的地缘政治格局，而且对整个东亚地区的未来发展产生着影响。

一、美国的利益与“选择性介入”政策

东南亚在经济上是美国的第五大贸易伙伴，在地缘上扼有对美国海军和亚洲能源运输至关重要的海上通道。美国着眼于战略安全和经济利益，

① Yoichi Funabashi, “Keeping Up With Asia: America and the New Balance of Power,” p. 125.

② Martin Stuart - Fox, “Southeast Asia and China: The Role of History and Culture in Shaping Future Relations,” *Contemporary Southeast Asia*, Vol. 26, No. 1, 2004, p. 116.

半个多世纪以来一直谋求将东南亚打造成其西太平洋安全岛链的重要一环。冷战期间，该地区一度曾是美国阻击“共产主义扩张”的主要战场。1975 年撤离越南后，美国总体上对东南亚地区保持一种不关注态度，只是时不时地卷入以回应政治危机和确保地区市场对美国开放，或阶段性地关注所感受到的安全威胁。冷战结束后，美国一度忽视与东南亚地区的关系。“9·11”事件的发生迫使美国重新规划全球战略，打击和遏制恐怖主义，维护和扩展地区主导地位被确立为其东南亚战略重点。① 综括而论，美国对其在东南亚地区战略利益的认识主要包括：①保持东南亚地区的力量均势，即防止该地区被任何一个竞争性大国所主导；②保持对地区事务发展的相关性；③确保航行自由以及海上通道的畅通；④保证美国在东南亚地区的贸易自由及投资利益以及对亚洲市场的持续可进入性；⑤支持美国的条约盟国和友邦，维持军事基地和设施以确保自由进入和使用；⑥支持民主、法治、人权以及宗教自由。②奥巴马入主白宫之后，凭借“重返亚太”的战略界定，美国更加重视在东南亚地区的战略营造。可以说，当前美国东南亚战略的重心在于，打击恐怖主义对美利益的威胁，应对中国在这一地区影响力的增强，并通过促进美国与特定东南亚国家的双边关系，致力于建立一种以反恐、遏制中国影响力和确保美国主导地位为核心目标的地区秩序。通过一种“选择性介入”政策，这种战略正在逐步得以实施。“选择性介入”政策主要表现在以下两个方面：

第一，美国对东南亚采取“二分化”政策，区别对待域内国家。东南亚起初并未占据华盛顿优先考虑的政策议程，布什政府自 2001 年上任以来甚至没有发布过有关东南亚战略的政策文件。但“9·11”事件发生之后，美国对东南亚的漠视现象马上得到改观，将该地区定义为反恐的“第二战场”，予以

---

① The White House, *The National Security Strategy Statement of the United States of America*, March 2006.

② 详见：Robert Kerrey, *The United States and Southeast Asia: A Policy Agenda for the New Administration*, Report of the Council on Foreign Relations, 2001; Michael McDevitt, “U. S. Strategy in the Asia Pacific Region: Southeast Asia,” in W. Lee, R. Hathaway and W. Wise, *U. S. Strategy in the Asia – Pacific Region*, Washington: Woodrow Wilson International Center for Scholars, 2003, p. 44. Michael McDevitt, “The 2006 Quadrennial Defense Review and National Security Strategy: Is there an American Strategic Vision for East Asia?” *Issues and Insights*, Pacific Forum CSIS, Vol. 7, No. 1, January 2007, pp. 1 – 3.

重点关注。[①]不过，由于地理位置和发展的不平衡，美国一向强调的要加强与特定东南亚国家的双边关系而且不是与东南亚整体的关系。[②]因此，美国的政策也是“有选择”的和“二分化”的：美国在安全方面将关注的重点集中于东南亚的海上国家，即印度尼西亚、马来西亚、菲律宾、新加坡和泰国——这些国家有着众多穆斯林人口（并因此更可能成为恐怖主义的高危目标），而对其他东南亚国家则不甚重视。[③]基于这种区别对待的认知和政策，尤其是在2002年巴厘岛和2003年亚加达恐怖主义爆炸之后，美国开始积极发展与海上东南亚国家的情报合作、双边军事关系以及对目标国的经济和军事援助。例如，加强了与新加坡、菲律宾和泰国的防务关系（后两个国家被美国视为具有“主要非北约盟国”的地位），与它们举行联合军事演习；提升了与菲律宾、印度尼西亚的反恐安全合作，并与马尼拉签署《后勤保障协议》；强化了与马来西亚的安全关系等。据估计，“9·11”之后“美国对菲律宾的援助，从几乎为零上升到目前在东亚和太平洋地区占最大的份额”。2007财年美国对该地区的军事投资为5300万美元，其中4000万美元投向了菲律宾，2008财年的4800万美元投资中的3000万美元给予了菲律宾，菲律宾同时还是国际军事教育和培训（International Military Education and Training，IMET）的最大的接受国。[④]

如果说反恐战争在很多研究东南亚的学者看来是“美国与东南亚双边（安全）关系的相当基础意义上的复苏”的话，[⑤]那么，应对中国地区影响力的上升则促使美国开始在东南亚地区寻找新的战略支点，包括历史伙伴泰国、菲律宾以及新加坡，也有印度尼西亚和越南，[⑥]后两个国家在中国力量日益

---

① John Gershman, “Is Southeast Asia the Second Front?” *Foreign Affairs*, July/August 2002, pp. 60 – 74.

② 详见：Bruce Vaughn, “US Strategic and Defense Arrangements in the Asia Pacific,” Washington, D. C.: Congressional Research Service Library of Congress Report RL33821, 22 January 2007.

③ Catharine E. Dalpino, “China's Emergence in Asia and Implications for U. S. Relations with Southeast Asia,” statement before the U. S. Senate Foreign Relations Committee, June 7, 2005, pp. 6, 9, http://foreign.senate.gov/testimony/2005/DalpinoTestimony050607.pdf.

④ “Miscellaneous Facts about the Armed Forces of the Philippines,” *Southeast Asia Bulletin* (CSIS), March 2009, p. 5.

⑤ Catherine Dalpino, “Group Think: The Challenge of US – ASEAN Relations,” *America's Role in Asia: Asian and American Views*, San Francisco, CA: The Asia Foundation, 2008, p. 231.

⑥ Al Pessin, “Rumsfeld Moves to Expand Military Relations with Vietnam,” *Voice of America*, 转引自：FedNews, 5 June 2006.

上升的背景下比起其他东南亚国家更能引起美国战略家的关注。

印度尼西亚和越南人口分列世界第4位和第11位，蓬勃发展的经济、规模不小的武装部队以及对中国历来的戒备，使这两个国家既有潜力又有意愿成为美国青睐有加的潜在战略伙伴，对中国在东南亚的影响自发地进行抵制。作为东南亚地区最大的国家，印度尼西亚常常将中国视为挑战最可能的来源；越南虽然大体上拥有儒家文化特性，但历史上它与中国的关系极为敌对。正如美国学者亨廷顿（Samuel P. Huntington）所言："印度尼西亚和越南是两个最倾向于用均势来平衡和遏制中国的国家。"①

随着印度尼西亚从亚洲金融危机、国内政治革命、东蒂汶脱离和民主转型引发的十年动荡中解脱出来，美国选择印度尼西亚作为其东南亚战略利益的一个重要的新兴代言人。2005年，布什政府排除国会的反对，解除了于1999年由于东蒂汶事件而对印度尼西亚施加的军事制裁，开始发展两国之间的全面军事关系，包括解除了对印度尼西亚的武器禁运，②协助建设印尼的军事和海上能力，提供用于警察训练等军事合作项目的资金援助等。美国政府向印度尼西亚提供1.3亿美元的双边援助，其中1000万美元用于印度尼西亚的警察训练。美国国会还特批40万美元用于印度尼西亚武装部队的军事培训。③美国和印度尼西亚海军定期在东南亚战略水域举行联合军事演习，向印度尼西亚军队出售军事装备和零部件，并对印尼的管理、教育和经济发展提供了大量援助。在经贸方面，美国进出口银行海外私人投资公司（US Export – Import Bank, Overseas Private Investment Corporation, OPIC）与美国贸易与发展委员会（US Trade and Development Agency）承诺向印度尼西亚石油与天然气行业注资4亿美元。美国与印度尼西亚关系友好进一步由于2008年11月奥巴马的当选而得到巩固。不仅是由于奥巴马总统的童年时代在印度尼西亚度过，而且"一个会选举一个来自非洲的穆斯林移民的儿

① ［美］塞缪尔·亨廷顿著，周琪等译：《文明的冲突与世界秩序的重建》，北京：新华出版社，1999年版，第262页。

② Tim Johnston, "US Eases Indonesia Arms Ban," BBC News, 26 May 2005 <http://news.bbc.co.uk/2/hi/asia – pacific/4581733.stm>.

③ Statistics taken from "US and Indonesia Pledge Cooperation: Joint Statement Between the United States of America and the Republic of Indonesia," Office of the Press Secretary, The White House, 19 September 2001 <http://www.whitehouse.gov/news/releases/2001/09/20010919 – 5.html>.

子做总统的美国是一个许多印度尼西亚人都会另眼相看的美国。"①在这个背景下,2010 年印度尼西亚解除了对于美国与印度尼西亚军事特种军队之间的军事联系的禁令。两国之间军事关系的完全正常化"送出了一个信号:美国将不受过去历史的局限,着眼于未来寻求一种与印度尼西亚发展伙伴关系"。五角大楼官员承认,除了帮助印度尼西亚扩大军事和经济能力外,"我们希望,通过帮助印度尼西亚建立民主制度安排,我们将巩固共同的价值体系,而这件事本身在更广泛的均势竞赛中将给我们带来战略利益"。印度尼西亚国防部部长也表示,印度尼西亚与美国的军事合作,"不言而喻的理由当然是要抗衡中国力量的崛起。" ②

反恐战争使得美国开始关注东南亚国家,尤其是受穆斯林极端势力影响的海上东南亚国家。而正是这种基于反恐需要而产生的关注,使得美国的其他战略利益受到损害,同时也因此加强了中国在这一地区的影响。中国影响力的上升让美国看到了陆地东南亚国家,如越南的战略价值。华盛顿 1995 年与河内实现外交关系正常化,在很大程度上是基于参议员麦凯恩(John McCain)关于一个强大而独立的越南对地区均势至关重要的观点。麦凯恩认为,中国的崛起是"我们的头号安全问题",因而采取"让经济上可望成功的越南强大到足以抵制……强大邻国中国的严厉战略,完全符合我们国家的安全利益"。2000 年,美越达成了双边贸易协定,如今美国已成为越南最大的贸易伙伴。同时,美国开始改善与越南的军事关系。自 1997 年以来,美国太平洋部队指挥官和军舰多次访问越南。美越还签署了让越南军官去美国接受培训的协议,标志着两国军事关系的发展达到了最高潮。一位美国计划制订者说,鉴于越南经济的高速发展,美国希望协助开发越南管辖亚洲海上航线的能力,使越南在亚洲安全中发挥更大的作用。2003 年,越南当局做出了大力加强与美国国防合作的战略决定。越南官员私下承认,美国通过其安全承诺和领导作用在确保地区稳定方面发挥了"绝对必要的"作用,这使美越两国利益趋于一致。随着越南通过在与美中两国的关系上谋求平衡来加强其自主地位,美国将继续支持越南的发展和独立性,以阻止

① Anne Marie Murphy, "US Rapprochement with Indonesia: From Problem State to Partner," *Contemporary Southeast Asia*, Vol. 32, No. 3, 2010, p.376.

② Anne Marie Murphy, "US Rapprochement with Indonesia: From Problem State to Partner," pp. 376 – 377.

中国势力渗透到整个东南亚。①

第二，对以东盟为中心的地区多边主义的态度出现变化，"选择性"支持某些地区合作努力。双边主义一直是华盛顿在东亚地区秩序安排中所倚重和信任的方式。②双边的、一对一的安排使得美国成为很多东亚国家的强大伙伴，利用这种"轴 - 辐体系"，美国在东亚事务中的中心地位得到了保证和强化，同时还确保了美国与地区国家的关系"好于国家彼此之间的关系"，地区国家之间的各种分歧同样促使美国成为政治与安全事务中"不可或缺"的国家。③即使是在所谓多边主义占据重要外交地位的克林顿时期，美国官员也只是在言辞上和原则上对多边主义承担责任，本质上讲，他们想要的是一种"被丰富了的多边主义"，是对于双边贸易安排的支持和补充。换言之，克林顿政府支持地区多边合作进程，但只是把这种多边安排看做是对美国现存的双边安排的支持或丰富。④时任美国国防部部长科恩(William S. Cohen)强调了这一观点："我们相信，只有当建立基础是牢固的双边关系以及持久的美国在这一地区的未来存在时，多边机制将成功。"⑤华盛顿的双边同盟仍然是美国政策及其在这一地区影响力的"基石"。⑥

美国一贯害怕被排除在这一地区事务之外，不愿接受一个"自我决定"的东亚联合，即使这是一种没有政治企图的纯经济型安排。对于冷战后蓬勃发展的以东盟为中心的地区多边主义，美国采取了两种应对方法：一是对于显然把美国排除在外的地区多边合作构想，如马来西亚总理马哈帝尔

① 上述有关内容详见：Daniel Twining, "America's Grant Design in Asia," *The Washington Quarterly*, Vol. 30, No. 3, 2007, pp. 84 - 86.

② 参见：Michael J. Montesano and Quek Ser Hwee, "The United States in Southeast Asia: Deepening the Rut?" *Orbis* 48, No. 2, Spring 2004, pp. 321 - 334; Tommy Koh, "The United States and Southeast Asia," in *America's Role in Asia: Asian and American Views*, San Francisco, CA: The Asia Foundation, 2008, p. 38; John Gershman, "Is Southeast Asia the Second Front?" p. 60.

③ Montesano and Quek, "The United States in Southeast Asia," pp. 321 - 34; Koh, "The United States and Southeast Asia," p. 323.

④ Dennis C. Blair and John T. Hanley, Jr., "From Wheels to Webs: Reconstructing Asia Pacific Security Arrangements," *The Washington Quarterly*, Vol. 23, No. 1, 2000, pp. 7 - 17.

⑤ Chin Kin Wah and Pang Eng Fong, "Relating the US - Korea and US - Japan Alliances to Emerging Asia Pacific Multilateral Processes: An ASEAN Perspective," Asia/Pacific Research Center, Stanford University, March 2000, p. 16.

⑥ Chong Guan Kwa and See Seng Tan, "The Keystone of World Order," *The Washington Quarterly*, Vole. 24, No. 3, 2001, pp. 95 - 103.

1990年提出建立东亚经济集团(EAEG)的建议以及在亚洲金融危机的最严重时提出的“亚洲货币基金组织”(AMF),进行公开施压,利用美国在地区内的关键盟国的作用让其无法成功。[①]二是利用机制的相互竞争性,削弱已经建立或不得不建立起来的那些更加独立的、非美国中心的地区合作机制安排。例如,努力扩充美国在其中有着较大影响和手段的机制,如APEC,的议题安排,淡化美国无法发挥主导性作用的机制,如ARF,的重要性。

东亚峰会起初作为一个不包括美国在内的地区多边机制得以成立。东亚峰会本身就是中国与东南亚国家一起有感于APT功能性合作的成功经验而试图深化地区多边合作的努力,对此美国并没有大张旗鼓地进行反对,而是默默地通过对日本等美国东亚盟国施加影响,扩大了东亚峰会的成员国,例如让澳大利亚加入。2009年7月美国国务卿希拉里在泰国发表讲话强调,“代表我们的国家和奥巴马政府,我想传达一个清晰的信号:美国回来了,我们将全面接触东南亚国家,并确保我们与东南亚国家的关系承诺”。同年,美国签署TAC,满足了参加东亚峰会的制度性要求。[②]

上述事例证明了美国卷入地区合作进程的特点,即倾向于强调或是保卫美国的中心性。不少东亚国家批评美国只是把APEC和ARF当做发表美国声音的平台而已,即使美国总统和官员参加了地区会议,“美国对于亚洲的关切也是充耳不闻”。[③]同时,美国政府谋求通过在地区合作中注入新思想和行动来确保其中心性,若干存在相互竞争关系的一体化合作组织不断出现,其背后的动因绝非多边主义或地区主义考虑,而是相互牵制的结果。正如美国贸易代表佐利克(Robert Zeolick)认识到美国的“分而治之”(Divide and Rule)战略的好处,“我喜欢在美国处于网络的中心时的‘自由化内的竞

---

① 参见:Richard Higgott, “The International Politics of Resentment: Some Longer Term Implications of the Economic Crisis in East Asia,” *New Political Economy*, No. 3, 1998, pp. 333 – 356; David Rapkin, “The United States, Japan, and the Power to Block: The APEC and AMF Cases,” *Pacific Review*, No. 3, 2001, pp. 373 – 410. Alice Ba, *(Re)Negotiating East and Southeast Asia: Region, Regionalism, and the Association of Southeast Asian Nations*, Stanford, CA: Stanford University Press, 2009.

② Mark E. Manyin, Michael John Garcia, and Wayne M. Morrison, “US Accession to ASEAN's Treaty of Amity and Cooperation (TAC),” *CRS Report for Congress*, R40583, 5 May 2009 <http://fpc.state.gov/documents/organization/124064.pdf>.

③ Percival, “Countering Terrorism in East Asia,” *America's Role in Asia*, pp. 243 – 244.

争’”。①

美国选择性介入东南亚的政策的重心在于，防范恐怖主义和伊斯兰极端主义对美利益的威胁；防止东南亚出现挑战美国利益的大国；推广民主，营造价值观同盟；控制战略通道、战略资源和新兴市场。该政策通过促进美国与相关国家的双边关系，的确遏止了东南亚地区恐怖主义的蔓延。但这种以两分式逻辑为出发点、过于偏重安全和反恐的政策，也引起了东盟国家的警惕和不安。

首先，在对恐怖主义的看法上东南亚国家与美国有着质的不同。在一些东盟国家的穆斯林与非穆斯林精英看来，美国偏袒以色列的中东政策才是造成恐怖主义的真正原因。布什政府以是否支持美国的反恐战争和伊拉克战争作为对这些国家进行经济奖励的标准，而对在东南亚开展公共外交很少关注，更不用说外交、文化和经济手段的综合运用了。美国把反恐作为战略重点，而东盟及其各成员国关注的焦点，却是国内与地区内部问题，诸如经济发展、政治转型、地区一体化等。因此，在战略重点以及解决问题的方法等一系列重大议题上，东盟与美国的立场均有差别。正如有学者指出的，东南亚国家虽然有反恐的要求，但反恐不是该地区的全部，甚至不是首要的安全关注。美国不顾东盟各国的实际情况，一味地要求该地区各国服从其反恐战略的需要，造成其政策与东南亚国家实际利益的脱节，反而不利于反恐战略得到东南亚国家的长远支持。②

其次，虽然被称为反恐的“第二战场”，东南亚国家却强烈反对不顾主权、领土和不干涉内政原则而发动伊拉克战争的行为，这些原则都被东南亚国家珍视为立国的根基。亚洲国家通常将人权和选举监督之类的事务视为对其内政的干涉而不予接受。东南亚的后殖民国家是主权的坚定维护者。在这些国家成立的早期，很多政权的合法性都面临着来自共产党游击队、少数民族和分离主义或民族统一主义运动的严重威胁。因此，它们强烈坚持不干涉内政的规范，当然也不可能将民主治理作为对制度成员资格的基本

① Bernard Gordon, “A High Risk Trade Policy,” *Foreign Affairs*, July/August 2003, pp. 105 – 118.

② Catharine E. Dalpino, “Bush in Southeast Asia: Widening Gyres,” in Robert M. Hathaway and Wilson Lee, eds., *George W. Bush and East Asia: A First Term Assessment*, Woodrow Wilson International Center for Scholars, Washington, D. C., 2005, pp. 171 – 182.

要求。相反,东盟对“软式独裁主义”予以通融。它抵制了针对缅甸军事政权的国际压力,赞成建设性接触。①

再次,与东南亚国家推崇多边主义不同的是,华盛顿出于反恐的需要,总是将双边关系的发展凌驾于多边制度安排之上。总体上美国对 EAS、ARF 等多边制度安排不感兴趣。华盛顿把 ARF 视为一个规模庞大、没有效率的“清谈会”,但它却是唯一一个包括美国在内的亚太地区安全机制。可以说美国政府唯一感兴趣的多边组织就是 APEC,称为“迄今为止亚洲最强大的多边集团”,试图为这个组织加上安全方面的目标。但是,亚洲国家领导人却倾向于赋予现有的东亚多边制度安排以更大的重要性。2006 年,马来西亚总理要求 APEC 回归其最初的促进经济增长的目标,而把安全关切留给 ARF。②

最后,囿于东南亚复杂的社会政治现实,“选择性介入”政策在追求美国式自由、民主价值观上存在着无法克服的悖论。东南亚是一个意识形态和政治制度多元化的地区。美国一面宣称与所谓民主国家的价值观同盟是其政策的基石,一面却与不那么民主的国家加强战略关系的做法,与它谋求同亚洲民主国家进行安全合作的潮流是背道而驰的。这将大大制约选择性介入政策的实施。

选择性介入政策凸显了美国以自己的优先考虑为重,而对东南亚的需求漠然置之的本质。这种狭隘、自私的政策思路使东盟国家在地区战略选择上陷入了困境。虽然东南亚国家已将美国视为其内部与外部安全的重要保障,但它们不满美国专注于反恐问题,反对美国在人权、治理等国内问题上指手画脚,大多更不愿成为美国遏制中国影响的代理人。显然,选择性介入政策给宗教、民族、社会问题复杂的东南亚国家造成了政治紧张,最终难免影响美国在该地区战略的推行。在这种短视的政策框架下,美国在东南亚的影响力趋于减弱。

---

① [美]彼得·卡赞斯坦著,秦亚青,魏玲译:《地区构成的世界——美国帝权中的亚洲和欧洲》,北京:北京大学出版社. 2007 年版,第 146 页。

② Diane K. Mauzy and Brian L. Job, “U. S. Policy in Southeast Asia,” *Asian Survey*, Vol. XLVII, No. 4, 2007, pp. 631 – 632.

二、中国崛起对东南亚的含义

任何国家的全球影响力都发源于并首先施展于其周边地区。中国在东南亚的地区目标显然与中国的整体战略态势连在一起，中国的崛起对于东南亚以及东南亚对于中国的继续发展有着密切的互动关系。自 20 世纪 90 年代中期起，中国就通过更多的合作的方式积极地寻求与东南亚发展关系。1997 ~ 1998 年金融危机时中国避免人民币贬值的做法让东南亚国家普遍对中国赞扬有加，中国作为广阔的商品市场和日益强大的投资者对其邻国的意义越来越不同凡响。但是，东南亚国家对于中国崛起如何影响地区形势仍然心存疑虑，它们希望并努力将中国限制在区域制度与对话内部，以使中国的崛起更具可预测性。①中国显然也意识到自身实力的快速增长可能使东南亚国家产生不安。为此，中国精心设计了一揽子政策，包括经济刺激、外交努力等举措，旨在打消东南亚国家的担忧，促进双方贸易关系和互信制度安排的建立。二十几年来，中国这种相对务实的做法获得了东南亚国家的认可，取得了较好的效果。

第一，支持、帮助东南亚国家建设一个繁荣、稳定的东南亚。一方面，中国加大对东南亚地区多边制度安排建设的努力，在地区制度安排构建中日益发挥着积极作用。② 1997 年中国共产党第十五次代表大会后，中国突出多边外交，对地区制度安排更加开放。与此同时，金融危机后的东南亚国家意识到有必要加快地区一体化进程以及重视中国在其中的作用。中国 - 东盟对话进程自此变得制度安排化，东盟 +3 发展成为促进亚洲经济合作的最重要的地区组织，并在金融合作领域取得了最大成就。中国在地区外交中注重承认东盟传统的经济和政治作用，借此更深地融入了地区多边主义。亚洲金融危机爆发后，中国负责任的做法与美国的消极无为形成对比，大大提高了中国领导权的可信度。③中国被认为是东盟 +3 进程以及东亚地区主义的中坚力量。

---

① Gerald Segal, "Tying China into the International System," *Survival*, Vol. 37, No. 2, 1995, pp. 60 - 73.

② Thomas J. Christensen, "Fostering Stability or Creating a Monster? The Rise of China and U. S. Policy towards East Asia," *International Security*, Vol. 31, No. 1, 2006, pp. 81 - 125.

③ A. Milner, "Asia - Pacific Perceptions of the Financial Crisis: Lessons and Affirmations," *Contemporary Southeast Asia*, Vol. 25, No. 2, 2003, pp. 284 - 305.

另一方面，中国提供额外帮助，以应对东南亚的贫困问题。多年来，中国坚持向一些国家提供无条件贷款，免除了较贫困的东南亚大陆国家缅甸、老挝、柬埔寨的债务，并对这些国家出口中国的产品提供免税特权。中国加大了对这些国家基础设施建设的力度。规划已久的交通纽带迅速成为现实，老挝3号公路把云南省与泰国及其海滨连接在一起。中国还承诺出资新建一座跨湄公河大桥。该地区基础设施的发展吸引了越来越多的外国投资。中国、东盟各国还与亚洲开发银行共同批准了一项宏伟的九点计划，加强交通、电信和能源方面的交流，在应对疾病、贩毒、不断恶化的环境威胁等方面开展合作。随着中国主导的开发活动持续实施，其区域地位必然显得愈加重要。中国十多年来的外交活动赢得了回报——通过区域合作提高了人们的生活水平，同时与区域内的所有国家都大大加深了关系，达到了双赢的战略目的。

第二，通过积极的经济融入和提供安全保证显示作为一个和平地区大国的姿态，消除邻国的疑虑。20 世纪 90 年代以来，中国与东盟的经济迅速发展，双边贸易额以年均约 20% 的速度递增。亚洲金融危机爆发后，中国在面对危机时的负责任做法与美国的消极无为形成对比，大大提高了中国领导权的可信度。[①] 金融危机后的东南亚国家意识到有必要加快地区一体化进程以及重视中国在其中的作用。中国 - 东盟对话进程自此变得机制化，APT 发展成为促进亚洲经济合作的最重要的地区组织，并在金融合作领域取得了最大成就。中国支持建立由东盟 +3 发起的亚洲货币基金来确保经济安全。在中国积极倡导下，2005 年年底在马来西亚举办首届东亚峰会，让地区各国看到了东亚地区加深融合、共谋发展的新希望。2010 年中国与东盟建成世界上最大的自由贸易区（CAFTA）——涵盖 19 亿人口、6 万亿美元国内生产总值、4.5 万亿美元贸易额，为成员国提供更加广阔的市场与丰富的资源，据估计，中国从东盟进口将增长 53.3%，对东盟出口将增长 23.1%，双方对第三方市场——美欧日的出口依存度均将有所下降。[②]

---

① A. Milner, "Asia - Pacific Perceptions of the Financial Crisis: Lessons and Affirmations," *Contemporary Southeast Asia*, Vol. 25, No. 2, 2003, pp. 284 - 305.

② Suthiphand Chirathivat, "China's rise and its effect on ASEAN - China trade relations," in Evelyn Goh and Sheldon W. Simon eds., *China, the United States, and Southeast Asia: Contending Perspectives on Politics, Security, and Economics*, USA and Canada: Routledge, 2008, p. 50.

中国－东盟自由贸易区的构建明显包含政治与战略因素，符合中国和东盟的长远战略利益。有学者指出，中国－东盟自贸区有助于缓和东南亚国家对中国市场竞争的不满和化解“中国威胁论”；有利于为中国的改革开放继续营造一个睦邻友好的周边环境，以及为更大范围的区域经济合作做好准备。①东盟国家则认为通过与中国建立自由贸易区，可以搭乘中国的“经济快车”，减小中国经济增长带来的竞争压力，同时避免过分依赖美国经济。因此，中国－东盟自贸区的重要意义并不在于其本身的结果如何，而在于“中国有史以来第一次与东南亚国家之间发现了一致的利益，……这可以被看做是双边政治信任的构建。”②

在某种程度上，中国崛起对东南亚的安全含义更加引人注目。有人担心，随着中国经济力量的增强，它会将之转化成威胁性的军事力量来单方面确保其安全和利益。③鉴于历史原因以及现实存在的领土或领海纠纷，中国军费持续多年的两位数增长及其国防现代化的快速发展的确使东南亚国家产生了一定的疑惧。为了消除这种猜忌，中国在解决与东南亚国家的南中国海争端和开展国防合作方面进行了长期的努力。1997 年中国外长钱其琛首次在东盟新加坡会议上提出“新安全观”，提倡在合作安全、对话和协商基础上的相互保障。此后，中国在处理与邻国的边界事务上表现出更大的灵活性。2002 年 11 月，中国与越南、菲律宾、马来西亚、印度尼西亚、文莱等有关国家初步达成一致，签署《南海各方行为宣言》，承诺促进南海地区和平、友好与和谐，希望为和平永久解决有关国家间的分歧和争议创造有利条件。2003 年加入《东南亚友好合作条约》，成为 1976 年以来第一个签署该条约的东盟以外国家。2009 年 2 月，中越两国历经 8 年终于圆满解决了中越陆地边界划界问题。在防务关系上，中国采取了一些积极的举措，例如，与邻国举行联合军事演习、支持建立东南亚无核地带、积极加入 ARF 这样的地区多边安全论坛，目的是与东南亚国家建立更加广泛的互信安排。

---

① 曹云华：“前景光明 道路曲折：评中国－东盟自由贸易区构想”，载《东南亚研究》2002 年第 4 期，第 9 页。

② Sheng Lijun, “China – ASEAN Free Trade Area: Origins, Developments and Strategic Motivations,” ISEAS working papers: International Politics & Security Issues, 2003, p. 1. 转引自曹云华等：“东南亚：新世纪中国外交的前沿”，载《暨南学报》（哲学社会科学版）2006 年第 2 期，第 39 页。

③ Jane Perlez, “Chinese Are Eroding Influence of the U. S.” *International Herald Tribune*, October 18, 2003.

第三，增加行为规范的吸引力和话语的说服力，实施“软权力”战略，增加对东南亚国家的吸引力。中国长期以来务实稳妥的睦邻外交以及持续强劲的经济增长正逐渐形成一种软实力，使得中国对东南亚的影响力不断扩大。亚洲金融危机后，中国对东南亚的经济援助超过了美国，并且因为尊重所在国的主权而受到民众的普通支持。中国提倡的和平共处五项原则与东南亚国家普遍认同的协商一致的行为模式，有着诸多相似之处。中国一直主张“互信、互利、平等、合作”的新安全观，突出负责任大国的形象。文化理念的相似性成为东盟接受中国影响力的基础。在外交风格上，中国认可和尊重所谓的“东盟方式”，即强调非正式性、协商一致、不干涉内政以及以一种所有各方都觉得舒适的步调前进。中国的经济发展模式在东南亚相当有吸引力。中国文化在东南亚越来越流行。中国于2004年在亚洲开办首所孔子学院，如今在亚洲已建立了70所。在中国就读的海外学生中，绝大多数来自韩国、日本和东南亚。根据东盟的数据，2001～2005年，中国是东盟的第三大旅游来源，中国游客占东盟接待游客总数的6.2%。[①]中国对东南亚的软权力外交与美国在东南亚专注于反恐形成了鲜明的对比。与美国狭隘的反恐不同，中国对东南亚的积极卷入有着广泛的基础，充分展现了中国软权力的各个方面。美国国会研究报告称，从来没有一个时期像现在这样，美国对东南亚“如此漫不经心而中国如此专注”。[②]中国对东南亚的软权力外交使双方关系有了巨大的转变。20世纪90年代，大多数东南亚国家还对中国充满恐惧和疑虑，而当下的关系却反映了不断增长的合作和信任。中国在把日益壮大的经济力量变成威慑性军事能力的同时，也成功地将其转化为道德上的吸引力和说服力。

中国不计较短期利益得失的战略性谋划和务实双赢策略使东南亚国家普遍将中国的崛起视为重大机遇，而非严重威胁，从而大大提升了中国在地区内的影响力。总地来说，中国在十多年的时间内成功地将自己的形象从威胁转变成伙伴，这源于中国通过政策调整更好地适应了东南亚国家的需

① Thomas Lum, Wayne M. Morrison, and Bruce Vaughn, “China's ‘Soft Power’ in Southeast Asia,” *CRS Report for Congress*, January 4, 2008, p.13.

② Bruce Vaughn and Wayne W. Morrison, “China－Southeast Asia Relations: Trends, Issues, and Implications for the United States,” *CRS Report for Congress* RL 32688, Washington, D.C., April 4, 2006, p.2.

求，同时将东南亚的经济整合进以中国为中心的地区贸易网络之中，从而获得了东南亚邻国的好感。[①]但是，不可否认的是，由于历史原因以及地缘上的接近性，中国与东南亚国家之间存在着种种难以在短期内化解的矛盾，从而导致了双方关系中仍然不乏不信任因素。鉴于此，大多数东南亚国家选择采行一种“两面下注”的策略，以期最大限度地争取独立性和战略空间。这种思维赋予了美国重新影响东南亚的机会。

三、美国对中国地区合作努力的反应

中国－东盟关系是近年来为数不多的发生巨大和快速变化的国际关系。很多分析者认为这种关系已经从一种由于最开始的意识形态和后来的领土纷争导致的怀疑和害怕变成了越来越多合作，尤其是在贸易领域。[②]中国－东盟关系的良性发展被认为是中国在亚洲地区战略上相对于美国正在取得优势的佐证。[③]一种温和的分析认为，中国正在营造一种中国成功的现代化所需要的稳定的、和平的和繁荣的地区环境。一种更具怀疑眼光的分析则认为，中国采取的是一种长期战略，目的是要限制美国的影响力，建立以中国为中心的、密集的经济和安全网络。[④]

美国在这一地区有着强大的经济、政治和战略利益。冷战后美国对东亚地区合作的态度经历了由冷淡、漠不关心转为重新关注的变化过程。20世纪90年代初，美国坚决反对马来西亚提出的“东亚经济集团”建议，正式表达出对将其排除在外的任何东亚地区组织的反对，这种态度同样表现在

① Bronson Percival, “China's Activities in Southeast Asia and Implications for U. S. Interests,” testimony before the U. S. – China Economic & Security Review Commission, CNA Strategic Studies, February 4, 2010.

② Alice Ba, “China and ASEAN: Renavigating Relations for a 21st Century,” *Asian Survey*, Vol. 43, No. 4, July/August 2003.

③ Robert Sutter, “China's rise, Southeast Asia, and the United States: is a China – centered order marginalizing the United States,” in *China, the United States, and Southeast Asia: Contending Perspectives on Politics, Security, and Economics*, p. 94.

④ Catharin Dalpino and David Steinberg, *Georgetown Southeast Asia Survey*, 2003 – 2004, Washington: Georgetown University, 2003, p. 15.

对建立 AMF 的计划的反对中。[①]金融危机后,美国一直“谨慎观望”10+3 的发展,同时对 ARF 解决安全问题的效用显得颇不信任。“9·11 事件”之后,布什政府因致力于反恐而对东亚国家加强地区合作的行为有所容忍,对东亚“10+1”、“10+3”,甚至东亚峰会等地区合作机制实际上都没有进行有效的反对,采取了一种所谓“仁慈的忽视”(benign neglect)的态度。[②] 虽然默许或“仁慈的忽视”并不等于赞同,但却是这些机制能够得以建立的重要前提。

面对中国在地区多边主义中日渐上升的影响作用以及中国与东南亚国家在地区合作方面所取得的突出成就,美国一方面投入更多资源发展与东盟关系;另一方面以主动行为谋划地区多边机制,利用机制的相互竞争性,通过牵制和先发制人式的安排而不是直接的反对来抵消那些更加独立的、非美国中心的机制安排的作用已经成为一种模式。其目的是强调或是保卫美国在东亚地区合作的中心性,淡化中国加强地区机制作用的努力,牵制中国-东盟战略关系的进一步加深。

布什总统执政时期,由于政府要员多次缺席东盟主导的地区组织会议而被批评为“轻视亚洲”。其实,即使是在这一时期,面对中国-东盟经贸关系的快速发展,美国对于与东南亚发展贸易和经济关系仍然给予了关注。其中引人注目的是 2002 年底布什提出的东盟开创企业(Enterprise for ASEAN Initiative,EAI),EAI 意在成为中国-东盟自由贸易区的竞争者,起到分散和牵制的作用。[③]但由于 EAI 条件对于东盟较弱的经济体太过严苛,很多国家无法达到,因此排除了它们参加的可能。事实上,在东盟内部,只有新加坡可以成功与美国达成贸易协定(FTA)。而且,尽管表面上是多边的,EAI 实际上是以美国单边界定的条款为基础的一系列双边自由贸易协定的集合。正如马来西亚时任总理巴达维(Abdullah Badawi)所说,美国“好像只

① 参见:Richard Higgott, “The International Politics of Resentment: Some Longer Term Implications of the Economic Crisis in East Asia,” *New Political Economy*, No. 3, 1998, pp. 333-536; David Rapkin, “The United States, Japan, and the Power to Block: The APEC and AMF Cases,” *Pacific Review*, No. 3, 2001, pp. 373-410.

② Ellen L. Frost: “U. S. Policy Responses to East Asia Regionalism,” in Zhang Yunling ed., *Emerging East Asia Regionalism: Trend and Response*, Beijing: World Affairs Press, 2005. pp. 339-341.

③ Alice Ba, “Political Implications of an ASEAN-China Free Trade Zone,” in T. J. Cheng, Jacques deLisle, and Deborah Brown ed., *China Under Hu Jintao*, Singapore: World Scientific Publishing, 2005, pp. 311-348.

是满足于达成类似双边 FTA 协定，而不是与东盟作为一个集体进行接触”。① 而且，EAI 分散了东亚地区国家的经济关注点以及资源、资金和技术等生产要素，目的是要以美国而不是东盟为领导安排地区合作。

美国意识到在与东南亚发展关系方面滞后于中国，近年来明显加快了改善与发展与东盟关系的步伐。美国与东盟在经过四个月的磋商后，2005 年 11 月发表联合意愿声明，强调一致的合作立场。这份意愿声明表明，美国与东盟双方未来将在政治、安全、经济、社会及发展等领域建立起全面的合作关系。2006 年东盟与美国签署《贸易与投资框架协协》（TIFA）。2006 年 5 月 2 日美国主管东亚事务的助理国务卿希尔（Christopher Hill）在新加坡国立大学李光耀公共政策学院发表演讲时强调，美国的东南亚政策不变，美国会继续积极参与东南亚事务，在经济、政治和军事层面上，同东南亚国家维持长期的紧密关系。他说，美国和东南亚国家的关系是“非常特别的”。2006 年 7 月 27 日，在经过七个月的秘密磋商后，由东盟成员国外交部部长与美国国务卿赖斯签署了《落实东盟——美国增进伙伴关系行动方案框架文件》（*Framework Document for the Plan of Action to Implement the ASEAN—U. S. Enhanced Partnership*），这是一份全面增进东盟与美国政治、经济及社会关系的合作框架文件，其重要目标之一是为了推动东盟国家与美国达成自由贸易协定。华盛顿 2007 年首次向东盟派驻了大使。这些努力都得到了东南亚国家的欢迎，但是，时机和模式也表明它们是与对中国在东南亚地区的得分的忧虑联系在一起的。事实上，即使美国在 2004 年印度洋海啸中对印度尼西亚的援助也有着中国因素的考虑②——不仅表达了美国对东南亚地区事务的关注，而且表明相对于中国，美国有着更大的军事和经济力量提供援助。③

奥巴马上台后，在“世界战略与经济重心正在东移”和“21 世纪将是太

---

① Abdullah Ahmad Badawi, “Creating a Better Understanding of ASEAN – United States Relations,” Speech to Asia Society, September 15, 2005, http://asiasociety.org/policy/strategic – challenges/us – asia/creating – better – understanding – asean – united – states – relations.

② Michael Vatikiotis, “The International Politics of Tsunami Aid,” *Jakarta Post*, 20 January 2005.

③ “Bush says tsunami aid boosts US image,” *Agence France Press*, 13 January, 2005; Victor Cha, “Winning Asia: An Untold American Foreign Policy Success,” *Foreign Affairs*, November/December, 2007, pp. 98 – 113; Joshua Kurlantzick, *Charm Offensive*, New Haven, CT: Yale University Press, 2007, p. 227.

平洋世纪"的战略判断下，出于"重返亚洲，平衡中国在东亚影响力"的战略需求，美国对东亚地区合作机制表现出积极的态度。2009 年 7 月，美国国务卿希拉里率领高规格的代表团参加 ARF 部长会议并签署了《东南亚友好合作条约》，成为 TAC 的第 16 个区域外成员国。美国国务院称："美国与东盟国家共同努力，如此迅速地加入 TAC 说明我们重新焕发活力融入东南亚地区。美国和东盟都在追求密切的相互关系。美国加入 TAC 是一个信号：美国渴望更加深入、更加有效地与东盟在地区和全球事务上进行接触。"[①]随后，继 2009 年新加坡峰会之后，2010 年 9 月、2011 年 11 月，分别在纽约和新加坡举行美国 - 东盟领导人峰会，大有将美国与东盟对话平台机制化、常态化之势。美国也对参与东亚峰会表现出浓厚兴趣。美国认为，东亚峰会的召开可以理解为中国地缘政治比重增大的一种表现，中国想利用东亚共同体构想制约美国在亚洲的作用。如果不及时加以应对，将来会出现排除美国在外并能发挥有效作用的贸易甚至安全地区组织，完成以中国为中心的东亚共同体建设，从而导致美国主导的亚 APEC 的作用被削弱，美国的存在和力量将会被削弱，中国的地区影响力会得到加强，甚至对美菲、美泰同盟关系造成损害，等于把东南亚拱手让给中国。[②]有别于布什政府对东亚峰会的冷淡态度，奥巴马在东京的演讲中首次表示"作为一个亚太国家，美国期待着参与事关本地区前途的讨论，并全力参与有关组织的建立和发展。随着东亚峰会在应对当代挑战的过程中发挥作用，美国期待着以更正式的方式与之接触"。美国加入 EAS 体现出奥巴马政府对亚洲的重视及与东盟建立亲密关系的愿望，被视为是奥巴马政府实现"重返亚洲"战略的重要步骤，同时也是为了凭借与东盟关系的加深平衡中国在东南亚地区不断增长的经济与军事影响力。

美国不仅通过加强与东盟的关系，表现出对东南亚国家在地区合作中的作用的重视，而且意欲创立新的机制稀释中国在东亚地区的机制性努力。在第二任期内，布什政府增强了对东亚经济事务的关注，试图将在东亚内部

---

① "United States Accedes to the Treaty of Amity and Cooperation in Southeast Asia," Bureau of Public Affairs, U. S. Department of State, 22 July 2009 <http://www.state.gov/r/pa/prs/ps/2009/july/126294.htm>.

② 参见：Bruce Vaughn, *East Asia Summit: Issues for Congress*, December9, 2005; Joshua Kurlantzick, "Pax Asia - Pacifica? East Asian Integration and Its Implications for the United States," *The Washington Quarterly*, Vol. 30, No. 3, 2007, p.74.

合作道路上越行越远的东亚地区主义纳入美国主导的亚太区域合作的框架之内。2005 年在河内 APEC 峰会上,美国总统明确表示支持并呼吁成立“亚太自由贸易区”(FTAAP)并于 2006 年 11 月正式提出构想,意欲以此介入东亚经济合作,打造以美国为中心的亚太地区新秩序,被视为美国对东亚地区整合所发起的一次“较为全面的综合回应”。① FTAAP 迅速成为 APEC 新的工作议程。但由于所涉及经济问题的高度复杂性,以及 APEC 不同成员在贸易自由化目标的“高”与“低”以及其进程的“急”与“缓”之间的认知和战略差异,FTAAP 在政治上“既不可能也不需要”,因而在被热议几年之后陷入了停顿。

2009 年 11 月,奥巴马总统宣布美国将加入“跨太平洋战略经济伙伴协定”(TPP)谈判,使这一由智利、新西兰、新加坡和文莱四个中小国家于 2006 年发起,最初并没有受到太多关注的贸易合作机制知名度大增。2010 年 3 月,美国正式与成员国启动了相关谈判并密集进行。作为第一个加入该协定的大国,美国的举动可以被视为奥巴马政府应对日益发展的东亚地区主义的又一举措,也可以说是 FTAAP 构想的延续。除美国外,澳大利亚、秘鲁、越南和马来西亚也正在谋求加入该协定。不仅如此,美国正在加速 TPP 扩容的进程,近期频频向菲律宾抛出橄榄枝,表示愿与菲进行必要的合作,以助其尽快加入 TPP 谈判,美国现在还在加紧外交努力,怂恿泰国加入这一框架。如此一来,一个最初由四个小国签署的经济协定,将演变成重塑整个亚太贸易格局的新框架。美国通过针对性地吸收成员国并对成员国进行政治和军事上的整合,最终将 TPP 打造成一个由其主导的综合性经济和政治联盟。这对中国在亚太地区的战略发展空间是一个重大威胁。

首先,美国凭借 TPP 在经济上“重返亚洲”。面对东亚地区经济整合的进一步深化,尤其是中国 – 东盟自贸区的启动、“10 + 3”区域内贸易已占各国外贸的 58% 等事实让美国倍感不安。为了扭转在亚太经贸领域逐渐被边缘化的被动局面,美国高调加入 TPP 谈判。一是为了分享亚洲经济繁荣的成果。正如美国贸易代表罗恩 · 科克所言,至少在 2015 年前,亚太地区经济增速将高于世界经济平均增速,而“建立伙伴关系”将确保美国在这个富有

---

① 张振江:“亚太自由贸易区:美国战略与中国应对”,载《世界经济与政治》2009 年第 4 期,第 51 页。

活力的市场中占据一席之地。二是为了遏制中国在东南亚不断增强的影响力。由于其主导的 APEC 至今未能在亚太自贸区建设上取得实质性突破,美国希望通过加入 TPP,利用自身的绝对经济优势影响谈判议程,确立美国主导的经济规则,进而逐渐增加在亚太地区的经济影响力。不仅如此,美国会努力通过 TPP 这一框架,将更多的东南亚国家纳入以美国为核心的贸易体系中来,从而在经济上影响东南亚国家贸易、资本等要素的流向,强化这些国家对美国市场的依赖。这无疑给中国为主导的、以“10 + 3”为主轴的东亚区域经济一体化进程带来了重大挑战,至少会形成两个途径并存推动地区贸易一体化的局面。甚至不排除未来美国将从 TPP 入手,以推动区域自由贸易为名,编织一个样板性的、以美国为中心的区域经济制度网络,从而对以中国为中心的地区经贸关系产生负面影响。

其次,经济上确立更加密切的关系,极易成为政治、军事关系的催化剂。美国隐藏在这一框架背后的政治意图不言自明,即为将来从政治、军事上对 TPP 成员国家进行深度整合打下了基础。2010 年,彼得森国际经济研究所向美国贸易代表处提交了一份提议,强烈建议美国积极参与 TPP 谈判。希望以此全面架空、取代“10 + 3”、“EAS”,甚至是 APEC 和拟议中的亚太自由贸易区,进而主导亚太经济合作的未来,塑造以美国为中心的亚太地区新秩序,制衡中国的全面崛起。可见,TPP 的政治任务就是进一步介入东南亚事务,牵制东南亚国家与中国的关系,从而构成离间中国 - 东盟关系之实。

地区内国家之间的猜疑曾经使美国成为东南亚安全中不可或缺的力量。冷战后,地区关系的整体改善以及中国与东盟建立起来的协商型区域安排让这种假设逐渐失去可信度。在对美国责任不确定的环境中,中国作为一个正在上升的政治和军事力量为地区秩序的发展提供了新动力。东南亚国家选择和自由度因此而扩大,美国“主导”地区事务的能力在下降。[①]“许多亚洲人喜欢拥有对于中国的独立的政治选择,而不是只是反映美国的立场。”[②]美国中心论在东南亚地区变得越来越像令人无法接受的陈词滥调。但是这些变化并不意味着美国的安全和经济承诺已经失去价值,在东南亚

① Barry Desker, “Priorities for the Obama Administration,” *PacNet*, 27, Pacific Forum CSIS, January 2009.

② Simon Tay, “East Asian Community and the United States,” *Issues and Insights*, August 2005, pp. 13 - 28.

国家中,对于美国的地区作用仍然普遍存在着较高的接受度甚至期许。追求全球霸权的外交思维使美国绝不会放弃在亚洲的主导权,这一点在当前奥巴马政府推行“重返亚洲”的战略之下显得格外引人注目,从而使美国成为影响中国－东盟政治关系和东亚/亚太地区区域合作进程的重要因素。正如伯格斯坦(Fred Bergstan)所称,“东亚合作的体系性问题是一个由中国领导的亚洲和一个由美国领导的西方在争夺全球经济领导权的一场潜在冲突”。无论是美国对东盟的示好,对东亚峰会表现出的兴趣,还是积极推动TPP谈判,其真正动机都是对东亚地区合作领导权的争夺,是美国针对东亚合作的战略延续与政策更新,更具有直接针对中国崛起的意图。从这个角度看,东南亚国家在中美之间进行“两面下注”的战略空间将出现新的特征——如果地区国家认为美国不愿意或是不能够在东南亚地区的经济、外交和安全领域发挥积极作用,它们会更加靠近中国;如果东盟国家认为中国的地区合作和多边主义政策有可能出现它们所不希望的转变时,它们将转向美国寻求进一步的安全保障。

第三节　东亚地区主义的困境

面对中美两国加大对东亚地区合作机制的战略投入的事实,“没有地区主义的地区合作”将会走向何方着实令人担忧。本节将着重讨论包括美国和其他亚太国家在内的地区机制与不包括或试图排除美国及其他非东亚地理意义上的国家在外的地区机制的发展困境,并得出结论:无论是排他性的还是包容性的地区主义,由于自身的结构性缺陷,均不能实现一种整体性的地区主义和一个地区共同体。以地区为基础的(无论是地理意义上还是政治意义上)有意义的共同体概念既来自于由国家政治精英驱动的地区主义,也根植于公众的政治和社会共识。为了弥合不断增加的巨大期望和极少成果之间的巨大落差,淡化抽象的诉求、将功能性机制作为东亚地区主义的最终目标、加大对非精英地区合作努力的支持,或许可以在更大程度上赋予地区机制应有的可信性和吸引力。

一、东亚地区与地区主义

地区是政治权力和目标的发源地。强大的国家往往会通过战略行动和自身影响力的结合将国家目标投射在国土之外，试图建构熟悉且符合其目标的环境。[①]地区并不是一个自然的、客观的、本体论上给定的空间，相反，它是一个由时间和空间建构的偶然之物，涉及各种各样的利益和具体事件。定义一个地区所涉及的复杂性可以与如何组织一个地区——是包容性建构还是排他性建构——所遇到的挑战相提并论。更棘手的是，地区主义的目标，在东亚的语境下，这被认为是正式和非正式地追求一种整体性的、全面的地区主义，常常意味着一种地区共同体的概念。

关于东亚地区是什么及由什么组成的问题绝非一个常识性的事实。卡赞斯坦认为，地区可以通过以下三种理论加以界定：一是物质主义的传统地缘政治理论的定义；二是理念主义的批判地缘理论的定义；三是行为主义理论的定义。[②]第一种定义强调土地、海洋的边界这样的地理标志，第二种定义则认为地区是由政治、经济和文化利益所构成的社会结构，第三种定义强调由人类政治和经济实践塑造一个地区。

东亚地区在地缘上具有明显的特性：南北布局的分散性、海陆相兼的两元性、地域广阔的跨区域性、大洋两岸的联系性、政治经济文化的多样性。[③]因此，东亚地区主义一直涉及是以“亚太”还是“东亚”为线划分这个特地区的问题。可以用物质主义限定“东亚”概念，地理上包括东北亚和东南亚国家，将美国排除在外因为它本质上并不是该地区领土形式上的国家。而理念主义和行为主义要素表现在“亚太”的概念中比较容易识别，即贸易和资本主义提供了可能一致和相互依赖的基础。例如，东亚峰会所包含的东亚概念是人种上的、政治上的和文化上的界定，超过了界定 APT 进程所用的排他性标准。如何界定地区的问题带来了对认同以及在东亚地区主义这个语境下的各种疑问，为地区主义的进程增加了许多层次或复杂性。如果界定“亚洲”具有不确定性，那么它如何才能被称为是一个地区呢？卡赞斯坦以国际视角看待当代的地区并认为它们是混合和多孔的，而不是一个封闭的区域。地区受全球力量的影响并由其所塑造，与其他国家和地区、民族国家

---

① ［美］阿诺德·沃尔弗斯著，于铁军译：《纷争与协作——国际政治论文集》，第 64 – 66 页。

② ［美］彼得·卡赞斯坦著，秦亚青，魏玲译：《地区构成的世界：美国帝权中的亚洲和欧洲》，第 6 页。

③ 苏浩：“胡桃模型：‘10 + 3’与东亚峰会双层区域合作结构分析”，载《世界经济与政治》2008 年第 10 期，第 32 页。

体系以及美国的权力紧密相关。[①]

由于对东亚地区具有不同的界定,政学界在地区主义过程到底是包容性的还是排他性机制的问题上争论不休、莫衷一是。关于这个议题的分歧使得每一次多边的地区行动都不得不在其承诺的深度和其成员国的广度之间寻求平衡。更关键的是,在多边机制的规模和其承诺的深度之间出现了一种逆向关系。在亚洲,包容性的地区机制如 APEC 和 ARF 有着大量的成员国,但往往被认为议程过于肤浅、没有着重于争端解决以及应对重大挑战。而排他性的机制如 APT 却被批评未能反映纷繁复杂的现实,即地区外行为体在地区管理方面的重要作用。试图平衡深度和广度的努力因之成为地区主义进程中的一个紧张来源。

所谓主义,就是指足以构成塑造一种政治行动或学术风尚的基础的一系列相关观点或意识。地区主义指的是"在地缘意义上接近的、彼此间有着复杂关系的民族国家之间的一种交往、自愿的联合与合作进而一体化的过程,是国家之间通过合作(建立国际制度或建立国家间的安排)实现调节国际关系的一种组织控制形式"。[②]地区主义不仅是对于功能性目标(如加强国家间的友好、拉动贸易和与投资)的追求,它也是一种规范性的实践。至少地区多边努力是由"国家间合作和共同的地区视角能够带来好处"这样的信念所支持的。这种规范性的期望可以正式公布于地区精英们的话语中,也可以隐含或秘而不宣地体现在各种多边合作的行为之中,代表了对一个地区共同体的追求。而东亚地区主义传统上主要是指以一定的观点或规划为基础自上而下的、相配合的政府行为,本质上是政治上的,是由政府驱动以及来自于有着政治权威的行动。介入对话的东亚知识分子、政策专家以及一些政府领导人为东亚地区主义提供了理念和智力基础。他们中的许多人将地区一体化作为核心价值,并不追求更大的目标,如全球自由贸易或全球机制。[③]

地区主义已经成为一种规范东亚政治的有影响的范式,反映了冷战的结束对一个前途未卜、正在变化着的地区结构以及该结构对国际政治的深

① [美]彼得·卡赞斯坦著,秦亚青,魏玲译:《地区构成的世界:美国帝权中的亚洲和欧洲》,第 1、45 页。

② 肖欢容著:《地区主义:理论的历史演进》,北京:北京广播学院出版社 2003 年版,第 9 页。

③ Ellen L. Frost, *Asia's New Regionalism*, Singapore: NUS Press, 2008, p. 15.

刻影响。自20世纪60年代以来，东亚地区主义的最显著的先行者是东盟的建立，反映了一种次地区水平的地区主义。20世纪90年代左右，新的多边努力在一个更广泛的亚洲地区内开始出现，这个过程被贴上具有不同内涵和特征的"新地区主义"标签。①正如许多文献所指出，目前东亚的地区建设过程不仅被正式的国家领导的努力所驱动，即"地区主义"，而且被更多非正式的自下而上的"地区化"过程所激励——这一过程是来自于全球化和复杂的贸易和生产网络的。在过去20年中，草根阶层涌动的地区化既被国家所领导的机制和框架所加强，也给予了这些机制和框架合理性基础。

东亚有着许多不同的地区机制，这些机制发端于不同的地区愿景。一个是广泛的、包容性的"亚太"概念，以亚太经合组织即APEC为代表；另一个是在亚洲金融危机后凸显的狭窄的、排他性的"东亚"概念，以10+3为代表；以及后来试图弥合这两种地区主义局限性的最新努力，以东亚峰会为代表。这三个组织代表了亚洲地区近20年地区主义经验的三种不同图谱的三个里程碑。值得注意的是，它们是在短短十几年内发展起来的，而且作为同时的和可供不同选择的东亚地区概念共存着，相互之间还有所重叠。显然，这并不是一种和谐的共存。②

即使本节是对东亚地区主义的一种批判式考察，它也不否定地区机制规范性的重要性及其作用。APT在平缓国际金融震荡方面的作用就是这样一个例子，而ARF在成员国之间建立安全行为规范方面也取得了一定的成就。但是，在地区机制宣称要达到的目标和它已经取得的成果之间的差距实在太大，并且还在不断扩大。③这不能不促使人们对地区主义所取得了的合作成果进行细致的考察。

二、亚太地区主义：包容性地区主义的不足

亚太地区主义是包容性地区主义的代表，但却无法提供东亚共同体的机制性基础，因而显示出其局限性。可以通过两个途径来论证这个观点：一

① 此处所谓的"新"是指对于不同于欧洲或世界其他地区如拉丁美洲、北美洲的地区主义经济的一种研究。地区主义的非制度形式、非国家行为体的作用以及全球化和认同的影响是这些研究中的主要议题。

② Kuala Lumpur Declaration of the 1st EAS, Point 3, http://www.aseansec.org/18098.htm.

③ 下文中部分内容详见：Deepak Nair, "Regionalism in the Asia-Pacific/East Asia: A Frustrated Regionalism," *Contemporary Southeast Asia*, Vol. 31, No. 1, 2008, pp. 110-142.

是考察现在宣称是开放的地区机制；二是探讨美国直接参加地区合作机制对于取得丰厚的地区合作和推动共同体建设的目标是否是必需的。

首先，考察包容性地区机制。亚洲通向地区主义之路始于亚太地区主义，以 APEC 为起点的经济地区主义和以 ARF 为发端的安全地区主义是其具体的两个方面，体现了一种地区的包容性愿景。前者认识到跨地区的经济相互依赖，后者反映出东亚安全依赖于广大范围的行为者和利益相关者，尤其是美国。但是，包容性地区主义的热情在不到 10 年内遭到严重挫伤。

在 1989 年成立之初，APEC 只是一个各国外交部部长和贸易部部长聚在一起商讨如何进一步为亚洲出口导向经济增添动力的经济类组织。1993 年，APEC 建立了一年一度的首脑会谈机制，其重要性得到加强。APEC 的成员国身份有着广泛的跨太平洋维度，严格意义上说其成员国是以经济联系为基础的，但其议程不断扩大，涉及贸易之外的议题，如采取地区共同行动发表反恐宣言。与其初衷相比，APEC 取得的成绩差强人意。一个重要的原因就是其成员国过多，涉及的地域过于广袤、利益过于繁杂，反而削弱了组织的集中权威性。APEC 所追求的贸易自由化遭到东亚国家重商主义偏好的挑战，使其很难就地区贸易自由化问题达成任何有意义的共识。①

ARF 有着广泛的成员国身份，是东盟向亚太地区和安全领域的扩展。然而，ARF 只是一个为了对话而建立的论坛，无法组织起任何集体安全性行动，也不解决特定的地区争端，在 ARF 中不会讨论像我国台湾问题、朝鲜半岛的未来等敏感的安全问题。ARF 的目的是在各成员国之间分享信息、降低不确定性、建立信任，从而在长远意义上影响国家目标和实现持久和平。② ARF 反映了东盟喜好一致的外交战略，这种战略是为了控制问题而非解决问题。尽管 ARF 在成员国之间提高了透明度并推动了精英的社会化，但它在完成其所设立的目标——从建立互信到预防性外交再到冲突解决三个层次的进展——方面取得的成绩微乎其微。而且，在应对复杂的国家间安全

① John Ravenhill, “APEC Adrift: Implications for Economic Regionalism in Asia and the Pacific,” *The Pacific Review*, Vol. 13, No. 2, 2000, pp. 319 – 333.

② ［美］彼得·卡赞斯坦著，秦亚青，魏玲译：《地区构成的世界——美国帝权中的亚洲和欧洲》，第 152 页。

问题时也没有效用,[①]主要的争端缓和与解决都是在其他框架和安排主导下取得的:如六方会谈处理朝核问题……东盟－中国框架下就南中国海问题取得了进展。[②]由于缺乏权威性以及做出决定并采取行动的能力,许多人称之为“清谈会”。[③]

APEC 和 ARF 的无力性,不仅印证了一个在国际组织理论研究中早已得出的经验性结论,即一个组织成员的广泛性与其权威性和效用性成反比;而且亚太地区主义的过程和方式也反映出两种文化的差异。在长期的实践过程中,东盟发展出了一种特殊的“东盟方式”以实施冲突管理,即避免具有法律效力的协定,注重组织结构的非正式性、磋商和协商一致的原则,主张在参与者之间创造友好包容的氛围,重视第二轨道或学界和思想库之间对话与协商机制的作用。这种偏好过程的模式部分地导致 APEC 和 ARF 的不行动,也与美国外交注重结果的习惯方式相冲突。事实证明,亚太地区机制如 APEC、ARF 无法实现其贸易自由化和预防性外交的目标。

其次,包容性地区主义的基础,即美国是地区机制有效性所不可或缺的组成部分,将受到霸权国家的偏好和利益制约机制成效的挑战。美国对于东亚地区主义过程是一个关键因素,但是,一个涵盖美国的包容性模式是否就是推动更加有意义的地区主义发展的决定性因素却并没有得到肯定的答案。

美国的利益及其霸权的偏好建构了其在东亚地区权力的复杂本质。一方面,美国的力量以其轴－辐同盟体系为核心,通过处理大国竞争、缓解安全困境、减轻较小亚洲国家的安全担忧和管理地区冲突来对地区秩序作出贡献。另一方面,美国对于双边同盟的传统偏好却与地区主义的过程相抵触。美国霸权在处理地区冲突中可能是有效的,但对于寻求冲突完全的、可

---

① Simon W. Sheldon, “Whither Security Regionalism? ASEAN and the ARF in the Face of New Security Challenges,” in Amitav Acharya and Evelyn Goh eds., *Reassessing Security Cooperation in the Asia – Pacific: Competition, Congruence and Transformation*, Cambridge, Mass.: MIT Press 2007, pp. 121 – 125.

② Rosemary Foot, “Modes of Regional Conflict management: Comparing Security Cooperation in the Korea Peninsula, China – Taiwan, and the South China Sea,” in *Reassessing Security Cooperation*, pp. 93 – 112.

③ Barry Desker, “The Future of the ASEAN Regional Forum,” *PacNet*, Newsletter 36, September 7, 2001.

持续的解决并不是足够的和必需的。[①]这在东南亚和东北亚完全不同的发展轨迹中得到证明。在东南亚,美国军事力量撤出后,通过多边主义努力建立了某种地区秩序;在东北亚,尽管美国大规模地卷入,地区争端仍然深化。

美国的力量带来了一个两难局面:其霸权性结构对于地区秩序来说远不是一个理想的基础,甚至无法成为地区秩序和稳定的可行的、重要的基础。包括美国在内的包容性地区主义反映了地区政治和经济现实的复杂性,但却并不能因此得出将美国纳入在内的地区主义就会有着“明确的、可持续的未来”这样的结论。[②]所谓亚洲“开放的地区主义”侧重于主张在东亚共同体建构中,将主要利益相关方美国以及印度、澳大利亚和新西兰等关切方纳入进来。这种观点考虑到了美国在亚洲的军事存在和其他利益以及东亚周边国家对东亚一体化的关注,具有合理的一面,原则上并没有错,但同时也是片面的。东亚共同体的建设无论在概念内涵上,还是在集体认同以及现实的文化身份和物质利益考量上,都具有特定的地区内涵。也就是说,东亚共同体建设不可能遵循“开放的地区主义”,而应该是地地道道的“东亚地区主义”。[③]

三、东亚地区主义:排他性地区主义的局限

在论证了包容性地区主义组织差强人意的表现以及美国力量在亚洲的有限性之后,人们不禁对一种排他性的地区主义机制寄予厚望。1997 年亚洲金融危机后,一种排他性的“东亚”地区主义的势头勃然兴起,认为亚洲是亚洲人的亚洲,理应由亚洲人建设、为亚洲人服务,即要排除美国和其他太平洋国家的参与。事实上,这种地区主义的信条早于危机。首次正式表达排他性的东亚概念可以追溯到 1991 年马来西亚关于东亚经济集团的提议。虽然该提议由于美国的警惕和东盟的冷淡而未能付诸实施,但在随后的几年中,一系列的外交、经济和政治思想因素——包括亚欧会议打下的外交基

---

① Michael Mastanduno, “Incomplete Hegemony: The United States and Security Order in Asia,” in Muthiah Alagappa ed., *Asian Security Order: Instrumental and Normative Features*, Stanford: Stanford University Press, 2003, pp. 153 – 157.

② Malcolm Cook, “The United States and the East Asia Summit: Finding the Proper Home,” *Contemporary Southeast Asia*, Vol. 30, No. 4, 2008, pp. 293 – 312.

③ 刘贞晔:“‘东亚共同体’不可能是‘开放的地区主义’”,载《世界经济与政治》2008 年第 10 期,第 39 页。

础以及伴随而来的外交精英中产生的新意识——加强了东亚概念的势头，直至在金融危机的背景下导致1997年APT进程的形成。

APT在具体行动上的成功及结果带来了它的快速成长和制度化：1998年会晤被常规化，1999年国家领导人同意开启一个全面的地区合作范围，包括政治安全和跨国问题。2000年，APT又有了新的更大的进展，表示要将APT变成一个范围更广的东亚峰会。2001年，东亚展望小组(EAVG)在其报告中首次呼吁，东亚从一个多国家的地区向一个真正面对共同挑战、拥有共同愿望和命运的地区共同体迈进，以促进地区和全球和平、安全、进步和繁荣。①在该报告所提出的57个建议中，有两个尤其引人注目：一是号召将一年一度的APT峰会变成东亚峰会；二是建立东亚自由贸易区(EAFTA)。②在2003年巴厘岛峰会上，地区领导人号召建立一个东亚共同体，2004年万象峰会上APT成员同意2005年在马尼拉召开第一届东亚峰会。③

EAS的匆忙成行根本上是由要将APT变成一个更广泛、整体性更强的地区机制的渴望所驱动的。但是，这个转变的蓝图在EAS召开前一年发生了很大的变化。建立共同体的崇高愿景退居第二位，一个更为现实的成员国身份问题成了最具争议性的话题。日本、印度尼西亚和新加坡要求将澳大利亚、新西兰和印度纳入峰会，而中国和马来西亚则强烈反对"区域外国家"的加入，认为这会稀释东亚身份认同和APT的目的。这种争执背后的政治和安全的不同考虑显而易见，对中国日益上升的影响的疑虑以及在APT的领导地位成为日本和其他主张EAS区域外身份国家的主要动机。

最终，2005年第一届东亚峰会不仅包括APT成员，而且也包括印、澳、新三个国家。这样，东亚的概念就从严格地理意义上的东北亚和东南亚变成了包括南亚和太平洋国家。它既没有成为APT的替代物，也没有与其分离而自成一体。EAS是一个可以讨论政治和安全事务的对话机制。它作为一个APT和ARF之间的变形出现，也作为一个应对经济和安全地区主义的努力出现，还作为一个在亚洲包容性地区主义和排他性地区主义的平衡点而

① East Asia Vision Group (EAVG) Report, Towards an East Asian Community – Region of Peace, Prosperity and Progress, 2001, pp. 14 – 17, http://www.aseansec.org/4918.htm.

② Ibid., pp. 11 – 13.

③ "Strengthening ASEAN + 3 Cooperation," Chairman's Statement of the 8th ASEAN + 3 Summit, Vientiane, 29 November 2004, Point 10, http://www.aseansec.org/16847.htm.

出现。东亚峰会的召开似乎使东亚国家对推动东亚区域合作一体化进程的方向陷入迷失的状态。东亚国家对东亚区域合作的方向和东亚共同体建设的框架出现了认识上的分歧。东亚区域整合的进程因而出现了不确定性：①是否需要强调东北亚和东南亚结合的东亚区域，还是应该加上南亚和南太平洋，从而形成一个"泛东亚"或西太平洋；②东亚共同体建构的平台是"10+3"还是泛东亚的"10+6"；③东亚区域合作的进程是建立东亚自由贸易区，还是推动泛东亚的紧密经济伙伴关系。这三个实质性的问题将决定未来东亚区域整合的成功与否及其发展方向。[①]

从最初对EAS的设想及热衷到后来EAS的笼统及折中证明，APT无法变成一个更加广泛的东亚机制，一种排他性的亚洲原则在实现地区目标方面只能走这么远。两种相关的因素可以用来解释这个过程内含的局限性：

其一，安全地区主义不会由于经济地区主义的繁荣而自动获得。显然，APT是经济和金融地区主义的形式。鉴于金融危机的形成背景，APT可归结为急迫的经济需要，它随后几年的稳步巩固和成功也源于缓解全球化经济的负面作用，并且为地区国家提供必要的经济协调机制。APT过程的合法性和正当性来自于一系列的金融和经济行动而不是安全地区主义的条款。随着经济地区主义的发展，APT没有明确寻求安全地区主义。在少量的处理安全合作的方法中，APT选择将其努力局限于跨国非传统安全问题上，如恐怖主义、海盗、人口贩卖、武器走私以及成员国之间的互联网犯罪。[②]跨国安全合作有其自身优点和意义，尤其是它开启了新的合作领域，将经济和安全的合理性基础结合在一起，但是，它在塑造国家政策方面的作用有限，因而也被称为"软安全"。

与明确应对安全地区主义相反，APT诉诸一项模糊的战略，冀望从地区主义及其机制带来的相互依赖中得到安全好处。这种战略的核心是假定经济和安全领域可以分离并被分别加以追求，通过加深经济合作可以产生信任机制和互信，激励国家进行"软安全"领域的功能性合作，以在"硬安全"问

---

① 苏浩："胡桃模型：'10+3'与东亚峰会双层区域合作结构分析"，第32页。

② 详见："ASEAN Plus Three cooperation," Point 5, http://www.aseansec.org/16580.htm; Also, see Chairman's Statement of the 9th ASEAN + 3 Summit 2005, Point 12, http://www.aseansec.org/18042.htm; and Chairman's Statement from the 11th APT Summit 2007, Point 6, http://www.aseansec.org/21096.htm.

题上的合作取得进展，最终实现对于一个地区共同体的一致认同。这个概念深深根植于官方的言辞中。例如东亚展望小组在2001年报告中，呼吁东亚国家以贸易、金融和投资作为"凝聚力"，向着成为"一个善意的地区共同体"目标前进。[①]

将经济从安全中剥离出来是地区合作的一个必要的起点，但在避繁就简、先易后难的同时，它忽视了一种更加复杂的构成：即地区主义的经济和安全范畴之间的联系及相互影响。功能性经济地区主义肯定会产生某种意义上的安全收益，但是这种安全收益的程度和性质难以确定。通过考察ARF近20年的发展轨迹可以发现，当专注于金融合作的地区机制成功地转向"软安全"议题时，鲜有证明类似的进展会发生在"硬安全"议题上。实际上，一种线性的对经济目标自然导向共同体信条的运动的追寻有着其复杂性和代价。第一，经济地区主义相对于地区棘手的安全政治问题是脆弱的。这种脆弱性在亚洲货币单位（ACU）的构建上表现得就很明显。日本和中国在亚洲货币单位应占比例问题上的分歧就曾阻碍了2007年ACU的进展，[②]这反映了日本和中国脆弱的安全关系已成为东亚地区主义的一大制约。同样，东盟－中国自由贸易区的建议，尽管存在着经济可能性，但却引起了东南亚国家的安全关切，它们担心过于依赖中国强大的经济，从而导致在战略上被"紧紧包围"。[③]尤其需要强调的是，地区主义被主要大国利益所绑架，以致地区机制变成国家推进其安排的工具的危害。"竞争性的机制主义"或"机制竞赛"在东亚是一个经验性事实：美国重回APEC，中国回归到将APT发展成一个地区机制的努力上，而日本正努力投资EAS和ARF，致力于将EAS发展成不仅仅是一个简单的论坛。EAS扩大纳入了澳大利亚、新西兰和印度是与传统大国日本和新兴大国中国在东亚的外交竞争分不开的。第二，与第一点相关联，安全政治的持续影响决定了地区精英所采取的手段，即经济合作导致地区共同体，将是复杂的和不完全的。虽然各国在软安全议题上容易找到共同点，但还不足以应对更加困难的问题，即缓解地区内国

---

① East Asia Vision Group (EAVG) Report, Towards an East Asian Community, 2001, p. 17, http://www.aseansec.org/4918.htm.

② Christopher M. Dent, *East Asian Regionalism*, New York and London: Routledge, 2008, p. 165.

③ Bates Gill, Michael Green, Kiyoto Tsuji and William Watts, *Strategic Views on Asian Regionalism, Survey Results and Analysis*, the Center for Strategic and International Studies, CSIS, 2009, pp. 4–7.

家间的不信任。因此，尽管经济地区主义可能提供新的路径来处理国际政治，但它不一定会改变国际政治的本质特性。而在期望将地区合作机制的安全功效加以强化方面，EAS 似乎并没有起到显著作用。虽然 EAS 宣称其目的是作为一个“战略对话的论坛”，①但它却把安全事务的边界划定得很清楚，只围绕诸如气候、能源和环境这样的“软安全”主题进行协调。② EAS 虽然也处理成员国之间的非传统安全问题，如传染病防控、自然灾害危机管理等，③但在表达对朝核问题的关注时，它只是重复多年来 APT 的一贯反应，宣布支持六方会谈。在应对地区内国家，如缅甸的国内动荡时，EAS 也无法比 APT 或其之前的地区安全机制发挥更大作用。简言之，追寻功能性的和以合作为基础的议题对于地区和平和稳定会产生有益的作用，但它不足以实现地区共同体的整体愿景。纵观东亚地区合作的发展过程，东亚国家的经济合作并未在其他领域引起应有的连锁反应。相对于地区经济一体化而言，东亚国家在安全领域的合作明显滞后。可以说，东亚地区合作只是展现了经济合作“一枝独秀”的景观，并没有实现整体发展的目标。④

其二，排他性地区主义无视东亚地区对于美国主导的安全结构和全球资本主义的持续性依赖。排他性地区主义完全没有考虑到东亚复杂的安全结构，以及地区对于地区外行为体的深度依赖性，尤其忽视了美国的持续重要性，以及它在这一地区长期经营的双边同盟的轴辐安排。华盛顿现在与东亚主要国家都有强大且非常密切的关系。对美国而言，亚洲地区主义的兴起尽管是挑战，但同时也是一次机遇：将美国与崛起大国之间的新的合作形式加以制度化，建立网络，使美国处于核心地位，进而使各国继续承认美国的领导地位。

APT 就是一个明显的缺乏美国作用的排他性地区主义安排。美国曾经

---

① “Chairman's Statement of the 3rd EAS,” Singapore, 2007, Point 12, http://www.aseansec.org/21127.htm.

② “Chairman's Statement of the 2nd EAS,” Cebu, 2007, Point 4, 5 and 6, http://www.aseansec.org/19302.htm; “Chairman's Statement of the 3rd EAS,” Singapore, 2007, Point 5 and 6, http://www.aseansec.org/21127.htm.

③ “Chairman's Statement of the 3rd EAS,” Singapore, 2007, Point 8 and 9, http://www.aseansec.org/21127.htm.

④ 秦治来：“准确理解地区主义的‘开放性’——以东亚地区合作为例”，载《世界经济与政治》2008 年第 12 期，第 74 页。

采取强硬的立场,阻止内向型亚洲机制的建立。美国虽未正式宣布反对APT,但这并不表明它在东亚安全安排中形成的强大的结构性制约不再起作用。东亚地区政治经济制度化根植于市场运作中的社会网络,与世界其他地区高度融合,特别是与美国经济的融合。这主要是由该地区各个国家与美国之间不对称的双边权力关系造成的。虽然东亚地区内贸易大幅度增加,但东亚经济在很大程度上仍然依赖于美国市场。东亚各国的一些关键原料需要进口,这也像以往一样需要美国海军保护海洋通道。军事和经济上对美国的依赖使得亚洲不可能建立一个内向型的地区。①这意味着,对于美国亚洲的许多盟友和非盟友来说,它们都在不同程度上依赖于美国的力量来加强其国家力量,或者至少希望在地区秩序中保持现状。

更重要的是,以美国为中心的安排产生的影响不仅是结构的产物,而且是东亚国家及其政府政策选择的结果,后者明显偏好强大的双边主义的组合,选择保持多边机制处于"弱小的、程序上的和非约束性的"的状态。②由此,出于对中国力量发展的不安,像日本和菲律宾这样的盟友以及像新加坡和印度尼西亚这样的非盟友在排他性的亚洲多边机制中扮演了制约中国力量的角色。亚洲国家近20年来关于地区主义的丰富经验在功能性合作方面收获颇丰,在规范建设方面也是如此,但这并未蚕食到以美国为中心的双边同盟体系。相反,这个体系被大大加强了。③当然,以美国为中心的双边同盟只是更广泛的亚洲安全结构中的一个组成部分,而且对于美国对其地区同盟的安全承诺的心存怀疑,以及急需在结构上接触和包容中国的诉求,也凸显出同盟政治的局限性,并为地区多边主义提供了动力。尽管如此,这种结构仍然是美国"深刻卷入"亚洲的基础,且其对于地区精英仍保有强大的影响力。

同样,在国际经济中,"亚洲是亚洲人的亚洲"的原则与东亚对于国际金融和全球资本主义的持续依赖之间产生了紧张。APT必须处理这样的悖

① [美]彼得·卡赞斯坦著,秦亚青,魏玲译:《地区构成的世界:美国帝权中的亚洲和欧洲》,第28页。

② Wesley, "The dog that didn't bark: The Bush Administration and East Asian regionalism," in Mark Beeson ed., *Bush and Asia: America's Evolving Relations with East Asia*, London & New York: Routledge, 2006, pp. 72–74.

③ Evelyn Goh, "Great Powers and Hierarchical Order in Southeast Asia," *International Security*, Vol. 32, No. 3, 2007/08, pp. 131–138.

论，并将其进程置于更广泛的全球化和地区主义语境下，而地区主义是为加强全球化和同时限制其（消极）作用服务的。这样，一方面APT的许多努力推动了东亚内部经济一体化和投资，缓解了如1997年那样的金融打击；另一方面它仍然是一个依赖于外界流入和行为体的过程，包括对于外界大规模产品需求的依赖以及对于技术和金融的依赖。

总之，对APT过程成功的兴奋，忽视了排他性地区主义诉求的局限性以及其作为一个正式金融地区主义机制的不足，并导致不现实的期望——APT会正好“演化”为一个更具整体性的东亚组织。这样转化APT的愿景最终遭到了挫败，因为东亚地区单凭经济和金融地区主义不能减轻源于现实主义理念的根深蒂固的不安和困境。在处理安全互信、危机预防、经济一体化等共同体的主要责任方面，东亚国家更倾向于使用国家力量而非地区多边主义。虽然亚洲国家都抱有将善治、透明度和法制等作为地区规范的热情，但对地区机制如何达到这个目标却有很大分歧。[①]这些因素反过来阻碍了更深的一体化努力。

排他性和开放性模式的局限性都明显存在于东亚地区主义的发展过程中，正是这种结构性因素导致了亚洲地区主义经验中的裂痕。以“体系性制约”为形式的美国轴辐安排产生的限制、大国之间的复杂平衡和利益考虑，导致在东亚衍生出渐进的、相互竞争的多层次秩序形态。

在后冷战时代，东亚合作过程中的两种的秩序构建模式之间的紧张日益增加。它们之间相互竞争和限制，从而使任何一种都无法得到完全的实现；但它们也为地区提供了一种体系，这种体系可以兼容大量行为体的利益和日程安排，反映了其实用主义的价值。因此，一方面美国可以规划其双边安全同盟的前景；一方面中国能够利用地区多边主义的工具缓解邻国的担忧，而东亚国家则通过将同盟和对地区主义建设的信念结合，来寻找一种“全包型”地区模式。[②]这在本质上意味着没有任何单一的秩序愿景可以成为地区合作的主导模式。这种模式的未来是为了追求一种相对狭隘的东亚共同体，它不急于将经济一体化的成功人为地外溢到安全和政治领域，也不像亚太地区主义那样试图从一开始就涵盖尽量多的相关国家和相关议题，从

---

① *Strategic Views on Asian Regionalism*, *Survey Results and Analysis*, pp. 8 – 11.

② Evelyn Goh, “Great Powers and Hierarchical Order in Southeast Asia,” pp. 131 – 138.

而更具可行性。关于美国在其中的作用，则可以采取一种相对的态度。“美国完全不需要成为正在出现的每一个东亚建构的一部分或存在于每个方面，但它不能也不应该被排除出东亚。”[①]毕竟，对于““二战””后出现的地区一体化运动，美国一直采取一种“谨慎的宽容”态度，只要这种一体化不是旨在颠覆美国是其成员的全球性和地区性组织，如WTO、IMF、APEC；不是意图取代美国与其盟国，如日本、韩国、泰国、菲律宾或澳大利亚的安全关系；不会由一个对美国不友好的国家所主导；与市场导向的贸易和投资政策一致；如果可以的话，对美国所损失的出口予以补偿。[②]总之，不急于寻求建立一个宽泛的泛亚太共同体，而是以东亚地区主义及其问题导向的机制为基础，通过提供框架来支持务实的地区合作行为并对其加以引导，从而向更加深入的一体化迈进。

小　结

冷战结束后，东亚地区地缘政治与经济图谱发生了重大变化，地区经济、政治与安全合作机制迅速发展起来。这些地区合作机制大多发源于小国林立的东南亚地区，因此，中美两国对于东亚地区合作的政策应对、两国在东南亚地区的主观战略投入以及东南亚各国对地区秩序构建的认知和努力都将成为影响东亚地区合作未来的关键性因素。

环顾东亚，区域合作组织的蓬勃发展与中国在东南亚的“魅力外交”和形象的改善密切相关，中国对东南亚的越来越积极的外交被看做是努力实现共同发展、共同富裕的经济理念以及合作安全、和平崛起的外交政策的一部分。许多分析家认为中国的历史和文化在塑造中国的对外关系方面发挥关键性作用，中国正在努力重新获得在东亚地区的“应有之地位”(rightful place)，其中重要的表现之一就是恢复和加强了在东南亚邻国中的传统影

① Goh Chok Tong, “Towards an East Asian Renaissance,” Speech presented at the opening session of the Fourth Asia - Pacific Roundtable, Singapore, February 6, 2006, p. 12, http://app. sprinter. gov. sg/data/pr/20060206999. htm.

② 详见 Ellen Frost, “Strategic Engagement or Benign Neglect? Current and Future U. S. Policy Responses to East Asian Regionalism,” paper presented to the Conference on East Asian regionalism and Its Impact, Beijing, China, October 21 - 22, 2004. p. 243.

响力。

在地区合作日程安排中，中国影响力的凸显使得美国在处理与东亚国家关系上开始有所顾虑。布什政府在第二任期对东南亚政策进行调整，不再将反恐作为唯一核心内容，转而加强与东盟的经贸合作，以回应中国在规范与吸引力方面的挑战。美国新政府继任后，将以更快、更具变革性的步伐跟上并调整同亚洲地区的关系。① 美国作为东南亚地区传统主导国家的地位仍然不可动摇。美国对于地区机制的态度直接影响到地区一体化发展的方向、速度、成效。

在美国、中国、东盟三方互动中，美国主导着东亚安全体系，而中国主导的东亚经济合作机制则取得了令人瞩目的成绩，东盟则一面与美国保持军事关系，一面强调与中国日益加深的经济和政治联系，②并以地区整合为依托在地区秩序构建中扮演着中心平台的角色。三方的相互影响、相互作用不仅决定着东南亚次区域关系的结构和走向，而且最终在很大程度上影响着整个东亚地区合作的未来。

到目前为止，在东亚地区的权力转移过程中，中美两大国和地区小国之间的关系相对缓和，形成了较为有利的构建新的地区秩序的机遇。任何有效的整合地区经济和安全合作行为的机制化努力都无法排除中美任何一个国家在外，从东亚地区过去丰富的地区主义经验中显现出的局限性可以看出，无论是包含了中国或美国，还是包含了中美两国在内的地区合作机制在某种程度上都还缺乏发展为“东亚共同体”的乐观前景。东亚地区的这种“令人失望的地区主义”现状是结构和议事日程因素相互交织产生的结果，不仅源于中美两国在地区合作努力中的相互制约，同时也是由议题的复杂性、国家利益的不相容等种种以现实主义政治思想对抗一种对全面的地区共同体的规范性期望所致。这种失望情绪认定了东亚的地区机制无法实现在国家文件中所宣称的地区目标的状态，而且，各种合作机制之间的重合不仅没有使得经济与安全地区主义合二为一，反而削弱了地区机制本身，或是

---

① Douglas H. Paal, “Asia – Shaping the Future,” *Policy Brief*, June 26, 2008. 关于对奥巴马政府亚洲政策的主要建议，也可参见 The Asia Foundation, *America' s Role in Asia: Asian and American Views*, 2008.

② Evelyn Goh, “Great Powers and Hierarchical Order in Southeast Asia: Analyzing Regional Security Strategy,” pp. 116, 118.

导致其被主要大国的议程所劫持。

如果“亚太地区主义”和“东亚地区主义”均不能概括东亚地区的一体化状态,那么毋宁引进“开放区域主义”的概念。关于这一概念,不妨这样表述:开放区域主义是指以特定区域为基础,并借助区域外影响力和作用力来推动一体化进程的一种区域合作理念和政策主张。具体地说,开放区域主义要求一定区域内的国家在相对较为明确的地理范围内开展合作与整合;同时在全球化背景下,一个区域或次区域不能也无法与区域外国家和其他区域相分离而单独实现区域整合,这就需要建构一种多维的跨区域合作以实现区域一体化。开放区域主义的特点首先是传统区域主义在某种程度上的回归,因为它注重地域性,主张区域合作需要特定的地理范围,而非区域的泛化。但这种以特定地域为基础的合作机制建设并不是封闭的,而是对区域外国家和组织开放的。东亚开放区域主义意味着,在相对明确而稳定的地域基础上,通过区域内国家间机制化的合作,与区域外大国进程协调,实现区域内的整合。简言之,即建构一种对内包容与对外开放并存的多层次的区域融合架构。①

---

① 苏浩:“胡桃模型:‘10+3’与东亚峰会双层区域合作结构分析”,第32页。

第三章　东北亚安全与中美安全合作

东北亚地区国家间社会制度和文化具有多样性特点，历史遗留的安全问题较多，国家间的相互信任程度比较低，急待解决的安全问题突出。与此同时，冷战后以"共同安全"、"综合安全"、"合作安全"等新安全观为基础，寻求合作以维持地区和平与稳定成为地区各国的共识。各国间纷纷建立了新型的双边合作伙伴关系，大国关系也呈现出合作多于对抗的特点。朝鲜半岛是中美合作前景或潜在矛盾最突出、最典型的地区之一。随着中国影响力的上升，美国在应对朝鲜核问题时对中国的倚重不断加大。自2002年新一轮的朝鲜核危机爆发以来，作为这一地区安全问题上的"利益攸关方"，中美两国在该问题上的利益逐渐明确，这并不表明两国具有完全重合的共同利益，而是从另一个侧面说明随着中国地区影响力的上升，中美之间在朝鲜半岛传统安全议题上的博弈空间应重新加以界定，两国以利益为基础的互动对于朝鲜核问题乃至未来东北亚安全格局的走向有着决定性的影响。本章通过对中美在朝核问题上复杂多元的利益进行比较分析，考察中美在这一问题上以六方会谈为外交平台进行的合作与互动。从而确认，在中国力量上升的前提下，美国在半岛的影响力并未有明显衰落，加之韩国和朝鲜不约而同地在中美之间施行"两面下注"策略，大国的"强大者的弱点"表现无疑。因此，中美"双引擎"驱动，通过强化六方会谈的作用来解决朝核问题乃至在更广意义上构建东北亚安全机制成为一种理性选择。

第一节　朝鲜核问题及其对地区安全的影响

冷战的结束与地区大环境的缓和趋势非但没有带来朝鲜半岛的和解，反而诱发了第一次朝鲜核危机。1993年3月朝鲜宣布退出《不扩散核武器条约》(简称《核不扩散条约》),引起国际社会对朝鲜谋求核武器意图的担心。随后,美朝双方经过谈判,终于1994年10月在日内瓦达成《美朝框架协议》,朝鲜同意冻结现有的核计划,停止了核弹基础原料钚的生产,并接受国际原子能机构(IEAE)对其所有核设施的检查。同时,美国负责在2003年年底前为朝鲜建造一座2000兆瓦或两座1000兆瓦的轻水反应堆。反应堆建成前,美国将同其他国家向朝鲜提供重油作为能源补偿。显然,该协议并未彻底解决朝鲜核问题,但却基本上解决了美国的核担忧,控制了局面的进一步恶化,并因此催生了美朝之间在军控问题上的互动。随着美朝双方在履行《框架协议》问题上相互指责和争论日渐激烈(朝鲜指责美国没有按协议规定在2003年前提供轻水反应堆,美国则一再要求对朝鲜的核设施进行"核查"),1998年朝鲜发射"大浦洞-I"型导弹,经过外交斡旋,次年9月达成美朝《暂停发射导弹的临时协定》,朝鲜允诺暂停试射任何远程弹道导弹,作为交换条件,克林顿政府取消了部分对朝制裁,美国主持下的朝鲜半岛能源开发(KEDO)也与朝鲜正式签署了总标的46亿美元的协议,并承诺此后8~10年内为朝鲜兴建两座轻水反应堆以补偿朝鲜停止核计划的能源损失。[①]尽管克林顿在总统任期行将结束之时力促朝鲜导弹问题的解决,但国内政治的掣肘使其作为空间大受局限。新任总统布什重新评估美国对朝鲜政策不仅没能促进朝鲜核-导弹问题的进一步解决,反而诱发了第二次核危机。

一、朝鲜核问题的由来及其影响

布什政府执政后美朝关系持续恶化,加之《美朝框架协议》本身制度安排不健全,能源合作等朝鲜所关注的"好处"未落到实处。2002年10月,平壤公开披露其铀浓缩计划,新一轮的朝鲜核危机由此揭开序幕。此后,平壤宣布1994年《美朝框架协议》失效,重新启动宁边核反应堆,驱逐国际原子能机构核查人员,退出《核不扩散条约》,恢复了钚生产。2005年2月,朝鲜公开宣称拥有核武器,3月表示将不再信守1999年的导弹停射承诺。

在危机一再升级的情况下,美国始终坚持朝鲜必须首先无条件地放弃核计划、开放国际核查、公布有关核设施与核材料的储藏信息,之后才能启

① 详见:朱锋:"导弹试射、六方会谈与多边谈判中的'安全困境'",载《现代国际关系》2006年第8期,第26页。

动有关其他问题的实质性谈判。[1] 由于美朝双方意见差距悬殊，加之布什政府拒绝与朝鲜进行双边谈判，中国主导下的六方会谈框架开始发挥主导性作用。2005 年 9 月，第四轮六方会谈终于发表了包括“朝鲜放弃核计划”内容在内的《共同声明》。但是，美国和朝鲜就所要采取的具体行动的先后顺序产生了严重分歧，同时，美国又以朝鲜涉嫌利用境外银行洗钱以及进行其他一些违法金融活动为由，要求中国澳门汇业银行（BDA）冻结朝鲜资产、停止与朝鲜的金融业务往来。朝鲜因此拒绝履行声明中涉及的任何承诺，随后终止了六方会谈。[2]危机解决陷入僵局。

2006 年 7 月 4 日，朝鲜试射了七枚短、中、远三种射程的导弹，其中一枚能够攻击到美国阿拉斯加的“大浦洞 - Ⅱ”型导弹虽然在发射后四十秒内失败，但试射本身已说明其设计有了根本的改进。[3] 7 月 15 日，联合国安理会通过了谴责朝鲜试射行为的第 1695 号决议。10 月 9 日，朝鲜在其境内东北部咸镜北道吉州郡附近进行了“基本成功”的首次核试验。这些举动不仅意味着 20 世纪 90 年代达成的朝鲜“导弹冻结”和“核冻结”协议相继瓦解，也将朝鲜核问题推入了又一次危机状态。之后，联合国安理会通过第 1718 号决议对其进行更加严厉的制裁。决议通过后，朝鲜核与导弹问题并未得到实质性的控制，朝鲜的行为非但未有改观，反而无视国际社会普遍反对，于 2009 年 5 月 25 日再次进行了核试验。联合国安理会当天对此明确表示反对和强烈谴责并决定立即展开磋商。2009 年 6 月 12 日，安理会一致通过关于朝鲜核实验问题的 1874 号决议。决议针对朝鲜的核及弹道导弹活动，从禁止武器出口、加强货物检查、控制国际资金流动等五个方面加强和扩大了对朝鲜的制裁。

素有“冷战活化石”之称的朝鲜半岛一直是冲突、紧张、不信任等种种不良情绪的发源地。经过 10 多年的发酵，朝鲜核问题不但远未解决反而有愈演愈复杂之势。朝鲜核问题的发展对东北亚各国现存关系、地区安全局势及未来的深刻影响表露无疑。

---

① Joseph Kahn, “U. S. Set to Take a Hard Line in Talks on Korea Arms,” *The New York Times*, August 7, 2003.

② International Crisis Group, “After North Korea's Missile Launch: Are the Nuclear Talks Dead?” *Asia Briefing*, No. 52, Seoul/Brussels, August 9, 2006

③ William Broad, “Failure Can Be Successful,” *The New York Times*, July 9, 2006.

首先,危机使某些国家关系更加敌对。美国是东北亚安全形势中最具影响力的区域外大国,几十年来处心积虑地在该地区编织着自己主导下的安全网络,朝鲜核-导弹问题可谓其心腹大患。朝鲜核试验后,美国国家安全顾问哈德利(Stephen Hadley)重申美国将继续采取一切手段保护自己和盟友,在坚持以外交和政治手段来解决危机的同时表明坚决不与朝进行双边会谈,也不会在金融制裁问题上有所松动,而是强调这次危机是对国际社会的共同挑战,"希望我们的友邦和参加六方会谈的国家为消除这一威胁共同行动。"与此同时,暗示除外交渠道外"其他多种选择"也在考虑之列。① 总之,布什政府时期美国在对朝政策上的战略走向明显趋于强硬,加大了通过全面缩小朝经济生存和大规模杀伤性武器发展与出口的空间,迫使朝鲜改变政策,或者加速其政权倒台的一贯性作法的力度。

其次,冷战时期军事结构得以强化。冷战后,美苏军事对抗结束,东亚安全环境大为改善。以条约、协定为基础建立的双边军事同盟已无存在下去的必要,但美国依然坚持冷战思维,借朝鲜核问题之机,加强在亚太军事力量部署。在美日、美韩军事同盟借机得到深化和加强的同时,东北亚地区出现军备竞赛的潜在威胁。

借口应对朝鲜的导弹"威胁",日本决定加强弹道导弹防御系统,提前在东京周边地区部署"爱国者-3"型拦截导弹,并争取在2007年内完成部署进入实战阶段。同时,引导更多的国内舆论支持政府中的强硬分子修改和平宪法和修订限制自卫队使用攻击性武器的法律,改变日本的自卫队制及作用,加速对朝和对华情报监察体系的建设(军事卫星)等。

为了加强美日军事同盟,美国增派了一艘配备"标准-3"型拦截导弹的宙斯盾级驱逐舰进驻横须贺驻日美军基地,协助日本防范导弹袭击,并准备在日本列岛周围增加部署宙斯盾级驱逐舰,确保日本的安全。美国今后还将实施"防扩散安全行动计划",加强导弹防御体系的演练。② 驻日、驻韩美军以及两国的部队都将保持高度警戒状态,朝鲜半岛可能重新成为重兵云集的潜在冲突策源地。

---

① "U. S. officials: North Korea tests long-range missile," http://www.cnn.com/2006/WORLD/asiapcf/07/04/korea.missile/index.html.

② "Pentagon Weighing Shooting Down N. Korea's Missile if Necessary," *The Washington Times*, June 20, 2006.

第三，核扩散危险加剧。朝鲜的举动还使得日本国内“持核论”开始抬头，日本拥核成为可谈论的问题。日本早已具备制造核武器的能力，现在缺乏的既不是技术，也不是原料，而是政策选择的理由。虽然在朝鲜核试验之后，首相安倍晋三在国会声明：“拥有核武器并非我们的选择，我们的无核原则不会改变。”但更多人借口“宪法没有任何条文规定不能议论”，为拥核主张鸣锣开道。10月15日，自民党政调会长中川昭一，在东京《朝日电视》政论节目中表示：“宪法并没有禁止日本拥有核武，何况拥核可以降低日本遭受攻击的可能性，因此，日本应认真讨论该不该拥核的问题。”10月18日，外相麻生太郎在国会众议院外交委员会上回应说：“邻国已经拥有（核武）时，我们不研讨、不交换意见，这当然是一种思考方式，但我认为就此展开讨论也是很重要的。”日本的主流媒体也纷纷作出反应，如《朝日新闻》评论道：“日本要拥有核武器，必须退出《核不扩散条约》，作为唯一遭受过核武攻击的国家而呼吁世界彻底废弃核武的立场将不复存在。”进一步将“持核论”热炒起来。

虽然目前日本仍然可能由于美日同盟的存在和继续发挥作用而不去发展核武器，[①]麻生在赖斯访日后也改口说：“政府绝对没有考虑需要用核武器来武装日本，有了日美双边同盟关系的正常运行，我们不需要获得核武器。”但日本这个有着特殊历史背景的国家，惯于采取所谓“模糊决策”战术，即基本方向确定后通过迂回疏通，逐渐形成一种氛围，最后以全民共识方式来推行政策。当未来“持核论”成为日本流行词语时，就会像修宪一样，一旦时机成熟就会有人把它列入议程，拥核就顺理成章了。[②]与此同时，美国国内一些人，尤其是主张对朝强硬的新保守派坚持认为，如果日本考虑拥有核武器，那么立竿见影的效果就是促使中国集中精力解除朝鲜的核武器。[③]日本一旦拥核，民族主义气焰必然高涨，韩国也会出现类似主张。韩国高丽大学教授南成旭在分析朝鲜核试验带来的后果时就指出，“以后无论哪个政府上台，都难以处理来自国内的‘我们也要拥有核武器’的压力。”从这个角度来

① 关于美国愿意对日本继续提供安全保障的承诺详见：Secretary Condoleezza Rice, “Remarks With Japanese Foreign Minister Taro Aso After Their Meeting,” Tokyo, Japan, October 18, 2006, http://www.state.gov/secretary/rm/2006/74669.htm

② James Brooke, “Atomic Agency Chief Criticize North Korea,” *The New York Times*, December 27, 2002.

③ Charles Krauthammer, “World War II is Over,” *The Washington Post*, Oct. 20, 2006.

看，朝鲜发展核武器带来的更长远的影响就是使《核不扩散条约》的约束力大大削弱，“核多米诺骨牌”效应会蔓延整个亚洲，半岛军备竞赛将损害整个地区的和平。

第四，东北亚各国间关系一方面面临进一步调整的契机，同时也在某种程度上因受到危机而埋下了分裂和紧张的祸根。朝鲜核危机暂时缩小了美日与中韩的差距，各国在安理会决议中异口同声地严厉谴责朝鲜表明它们能够搁置分歧，改善合作，优先在策略上共同应对地区安全威胁。同时也证明了地区各国在解决国际问题的过程中相互需要。从经济制裁上看，由于美朝贸易关系极少，任何此类举措在没有中国和韩国合作的情况下，效果都将是不尽如人意的；美日可能对朝采取军事行动的选择因敏感的地缘政治原因需要首先取得北京和首尔的认可。

与此同时，朝鲜核问题目前的发展不可避免地令各国关系中的变数有所增加。美国助理国务卿希尔呼吁中国重新考虑其对朝政策，敦促中国决定是继续保持对朝关系现状还是迫使朝鲜发生两国共同要求的变化。①但中国对朝鲜的影响力并不像美国政要和分析家想象的那样大。北京仍然重视中美关系，也不希望朝鲜行为失控，因而向平壤发出了“不要再拒绝国际社会的声音”的信号，但要北京遵循华盛顿的意图，采取对朝强硬制裁措施却会让中国付出重大代价，而且如果美国不同时给予朝鲜积极刺激，中国的影响也不大可能足以让朝鲜改变。② 目前这种情况使得美国国内一些人认为不应再对中国对朝鲜的容忍态度进行妥协，美国外交重点应当转向对中国施压而不仅仅是针对朝鲜，迫使中国做出抉择：是打算继续成为“无赖国家”的帮手，还是成为国际体系中“负责任的利益攸关方”。

同处朝鲜半岛的韩国也对美日加大对朝施压强度感到担忧。早在2006年6月，美国情报卫星探知朝鲜准备发射导弹，华盛顿和首尔的立场就表现出极大不同。克林顿政府的两个前高官要求对朝导弹设施发动先发制人打击，③而首尔却只对发射“谨慎地表示反对”。韩国统一部长官虽然警告发射

---

① Wonsan Ghetto, “Senior U. S. Diplomat Threatens ‘Further Measures’ Against North Korea,” http://www.nkzone.org/nkzone/category/chinank_relations.

② David M. Lampton, “The Faces of Chinese Power,” *Foreign Affairs*, January/February, 2007.

③ Ashton B. Carter and William J. Perry, “If necessary, strike and destroy: North Korea cannot be allowed to test this missile,” *The Washington Post*, June 22, 2006.

会使对朝人道主义援助处于危险之中，但援助的船只还是按原计划出发了。在韩国试图通过增加对朝经济援助来鼓励平壤放弃核－导弹计划的同时，美国却越发将朝鲜列为“重大威胁”，为此美国提高了对韩国的压力，要求首尔与华盛顿重新协调对朝政策，例如，公开表示朝鲜开城工业园区生产的商品不能被纳入美韩自由贸易协定谈判范围。①

中韩两国也都不认可日本的强硬姿态，认为日本在安理会提出的强制制裁提案“反应过度”。② 韩国总统发言人批评安倍的讲话暴露了日本政策“咄咄逼人”的性质。显然，导弹试射和核试验虽然使四国在某种程度上缓和了在六方会谈框架内“美日对中韩”的意见分歧局面，但也凸显出在东北亚脆弱的安全形势中，各国出于国家根本利益的深层次考虑而产生的政策不睦。

第五，现有安全机制难以解决东北亚的安全问题。冷战的结束并未带来朝鲜半岛的和平与安全，半岛南北双方在法理上仍处于战争状态，美、日迄今未承认朝鲜的合法国家地位，朝鲜半岛也是目前世界上军事集结程度最高的地区之一，这也是朝鲜坚持开发核武的根本原因所在。目前，朝鲜半岛停战机制已残缺不全，无法保障朝鲜的安全。朝鲜半岛局势动荡不安和朝核危机久拖不决都表明，在新形势下重构新的安全机制以保障半岛和平已成为一项紧迫课题。东北亚安全机制问题升温应该说是朝核危机升级的一个直接的副产品，也是对本地区严峻的安全现实的一种反应。

二、六方会谈的发展演变

正如矛与盾是相应而生的一样，六方会谈是伴随着朝鲜核问题的演变而产生和发展的。第二次核危机爆发后，虽然各方迅速从剑拔弩张的战争边缘回到了谈判桌前，于 2003 年 2 月开始了由中国主导，美国、日本、韩国、朝鲜、俄罗斯参加的旨在解决朝鲜核危机的六方会谈，但却一直由于美朝双方诉求差距过大而在前三轮中未能达成任何成果。2005 年 2 月 10 日朝鲜外交部宣布平壤已经拥有核武器并且将加强其核武库来回应美国的敌对政

---

① “U. S. : N. Korea Zone Can't Be in Trade Deal,” *ABC News*, July 24, 2006, http://www.wjla.com/news/stories/0706/346896.html

② Choe Sang－hun, “Japan and South Korea Wrangle over Response to North's Missiles,” *The New York Times*, July 12, 2006.

策,使会谈面临彻底失效的困境。在危机一再爆发的情况下,2005 年 7 月 25 日开始了第四轮六方会谈,经过两个阶段艰难努力,各方最终于 9 月 19 日签署了《共同声明》(又称"9·19 共同声明")。声明中包含:朝方承诺,放弃一切核武器及现有核计划,早日重返《不扩散核武器条约》,并回到国际原子能机构保障监督框架下;朝方和美方承诺,相互尊重主权,和平共存,根据各自政策采取步骤实现关系正常化;朝方和日方承诺,根据《日朝平壤宣言》,在清算不幸历史和妥善处理有关悬案基础上,采取步骤实现关系正常化;中、日、韩、俄、美表示,愿向朝鲜提供能源援助;各方还同意在适当时候讨论向朝鲜提供轻水反应堆问题。

《共同声明》是一个六方各自承担无核化过程中相关义务的协议,但由于它是一个经过反复妥协、调和下的产物,所以一些措辞含糊,没有从根本上限制和改变美朝的基本立场和它们原有的解决问题的策略。而且,美国和朝鲜就所要采取的具体行动的先后顺序产生了严重分歧,其中有关在朝鲜废除核项目后向其提供轻水核反应堆的承诺方面,美国在会后以各种借口拒绝执行这个条款。对关系正常化的承诺,美国也声称要等到朝鲜解决人权、导弹和非法经济活动后,才加以履行。同样,朝鲜也表示如果美国不向其提供轻水反应堆,它就不会推进"弃核"进程。

而更为严重的是,就在签署《共同声明》的前几天(9 月 15 日),美国按照《爱国者法案》第 311 款,对澳门汇业银行卷入朝鲜洗钱问题开始调查,澳特区政府封存了朝在该银行的 2400 万美元的账户。同时,美国还要求其他国家的银行关闭朝鲜的账户,并对朝鲜与各国的资金往来进行调查与监控。朝鲜通过转账的对外经贸活动受到了严重阻碍。其实自 20 世纪 90 年代美国就已经意识到朝鲜涉及制造伪钞和洗钱的活动,但它却在六方会谈取得重大成果和准备执行《共同声明》的关键时刻采取制裁行动,这使得无核化进程受到了极大的挫折。朝鲜因此拒绝履行声明中涉及的任何承诺,随后终止了六方会谈,[①]连续 13 个月拒绝返回六方会谈,《共同声明》形同虚设,最终刺激朝鲜在 2006 年接连进行了导弹试射和首次地下核试验。值得庆幸的是,与此同时,朝鲜也表示,仍然愿意坚持六方会谈和无核化的进程,导弹

① International Crisis Group, "After North Korea's Missile Launch: Are the Nuclear Talks Dead?" August 9, 2006.

发射是正常的军事训练的一部分，不是对其他国家的挑衅，而核试验则是以科学研究为目的进行的。[①]显然为重回谈判桌留有余地。

经过一年多的沉寂，第五轮六方会谈第二阶段会议终于2006年12月在北京召开，这无疑为暗淡的局势增添了一缕曙光。尽管对会谈期许很大，但由于各方所持目标相去甚远，会谈并未取得任何实质性进展。不过，正是借这次失败的会谈所带来的些许缓和气氛，2007年1月16日－18日美国代表希尔和朝鲜副外相金桂冠在德国柏林举行了双边会谈，双方均意识到了对方力图打破僵局、争取缓和的意图。为此，在回国向金正日请示后，朝方向美方提出继续双边会谈的要求，为次月的第三阶段会谈的成功奠定了实质性基础。

2007年2月13日，第五轮六方会谈第三阶段会议经过6天紧张艰难的磋商，终于迎来了超乎外界意料的结果——各方通过了一份《共同文件》（又称"2·13共同文件"），不仅确定并落实2005年9月19日《共同声明》起步阶段的具体行动，还就如何落实的机制达成了共识，这是六方会谈取得的一个重大突破。这份名为"落实共同声明起步行动"的文件载明：以最终废弃为目标，朝方关闭并封存宁边核设施，包括后处理设施，接受IAEA一切必要的监督和验证；朝方与美方将开始双边谈判，旨在解决悬而未决的双边问题并向全面外交关系迈进；美将启动不再把朝列为支恐国家的程序，并将推动终止对朝适用《敌国贸易法》的进程；各方同意合作向朝方提供经济、能源及人道主义援助，等等。共同文件达成不多日，朝鲜便邀请国际原子能机构总干事巴拉迪访朝，以及安排金桂冠副外相访美事宜。这是平壤自从2003年宣布退出《核不扩散条约》，赶走IAEA观察员之后，第一次邀请其返回朝鲜，也是美朝启动正式双边会谈的开始。因此，无论第二天各国政府和媒体分析有多少质疑和不信任，但主调都是赞扬这份共同文件为和平解决朝鲜核危机迈出了踏实的第一步。[②]

2007年10月3日，朝核问题第六轮六方会谈第二阶段会议通过《落实

---

① "DPRK Foreign Ministry Spokesman on Its Missile Launches," July 6, 2006, http://www.kcna.co.jp/index－e.html

② 六方会谈达成《共同文件》受到国际社会的一致赞赏。联合国秘书长潘基文、美国总统布什及国务卿赖斯、国际原子能机构总干事巴拉迪、欧盟负责安全与外交政策的高级代表索拉纳等均在当天发表声明和讲话，积极评价会谈成果。

共同声明第二阶段行动》共同文件，即“10·3共同文件”。朝鲜将在年底前完成宁边核设施的去功能化并全面申报核计划，美国将根据朝方行动履行其对朝承诺。2008年美朝、朝日之间进行了关于申报设施、核查、经济与能源援助等方面的若干接触，美国也将把朝鲜从“支恐”名单删除，并宣布朝鲜将不再受美国《敌国贸易法》制裁。朝鲜核问题取得了一些进展。

虽然至此为止六方会谈取得了一些成绩，让人们看到了解决，至少是控制朝鲜核问题的一丝希望，但其过程艰辛、复杂，仿佛预示着对六方会谈成果的维护将不会一帆风顺。这一点可以从会谈前的一些外交活动中略有所了解。美国早已明确表示，不会像对待印度、巴基斯坦那样，最终默认朝鲜的核地位。在第五轮六方会谈第二次会议举行前夕，2006年11月在越南河内举行的亚太经合组织第14次领导人非正式会议期间，韩、美、日三国团长就朝核问题进行了会晤，并决定在即将重启的六方会谈上向朝鲜提出5项要求：接受IAEA的核查、封锁2006年10月进行核试验的试验场、申报所有核相关设施、停止转移宁边核相关设施、在一定时间内落实“9·19共同声明”。虽然布什与卢武铉在APEC会谈中也谈到要给予朝鲜一些好处，包括建立外交关系和对朝经济援助直至签订和平友好条约。同月在北京举行的朝中美三方会晤中，希尔表示，如果朝鲜弃核，并且走中国式的改革开放的道路，美国就可以接受金政权的存继。他进一步向朝鲜提出弃核后美国将执行的经济和能源等具体援助议案：韩国、美国和日本的粮食支援、解除汇业银行的金融制裁、与朝鲜共同努力建立友好关系，等等。但这些好处都是以朝鲜最终“完全的、可验证的、不可逆的弃核”为代价的。面对美国及其盟国的立场，朝鲜重要官员在不同场合给出了非直接回应，显示出朝鲜满足这五点要求并最终按照美国要求弃核的可能性很小。朝鲜外务省第一副外相姜锡柱在北京表示：“怎么会为了弃核而制造核武器呢?”表明了朝鲜拥核的决心；另一副外相金桂冠也曾表示：“弃核要等到与美国和平共处后再说，这要很长时间。现在我们已经是拥核国了，可以有筹码与美国谈，谈判目标也是控制而不是弃核。”这正是朝鲜在六方会谈中所持的态度——更加认为美国应该先做出让步，因为现在朝鲜已经拥有了核武装。

2008年期间，举行过若干次关于朝鲜核问题六方会谈各方代表团团长会议，议题包括评价朝鲜提交的核申报文件、建立验证机制、监督机制、结束第二阶段（朝鲜核设施去功能化和申报）、开始第三阶段（朝鲜弃核）谈判。其中最核心的问题是如何验证朝鲜提交的核计划清单的真实性。美国威胁如果在8月11日之间还没有建立对朝鲜核计划清单的验证机制，美国可能撤销将朝鲜从支持恐怖主义国家名单中删除的决定。而朝鲜则认为，美国的"除名"措施至今还没有生效，解除对朝贸易制裁还"不完整"，各方能源及经济援助也跟不上其去功能化的进度，并且强烈要求美国必须从根本上完全放弃敌视朝鲜的政策，声称只有这样，朝鲜半岛无核化进程才能顺利发展。随着局面的僵化，2009年4、5月间，朝鲜宣布成功发射"光明星2号"试验通信卫星，并已开始对从试验核反应堆中取出的乏燃料棒进行再处理，宣布成功进行了第二次地下核试验，称这次核试验在爆炸当量和控制技术方面取得进展，进一步提高了核威慑能力，并宣布永远退出六方会谈。这些举动让国际社会几乎对六方会谈的前景完全失去信心。

目前，六方会谈前景黯淡的直接原因主要有两个方面：一是在对前期达成的各种声明与文件的实施过程中存在着分歧，执行细节和技术性问题影响了对会谈成果的履行。虽然朝美双方都不愿意使会谈破裂、局势持续恶化，但长期存在于双方的敌对情绪和不信任感并不会一下子得以消除。在今后的谈判过程中，假如众多环节中任何一个没有协调好，就会出现往日举步维艰、反反复复的情形，难以取得实质性进展。二是受制于韩朝关系不断恶化的局限。李明博政府上台以来彻底放弃了其前任的"阳光政策"，对朝政府日趋强硬，停止了多项对朝援助计划，引起朝鲜的强烈反感。尤其在天安舰事件、延坪岛炮击事件之后，韩国政府坚决要求将朝鲜对事件的道歉作为六方会谈重启的前提性条件，南北关系达到近乎破裂的边缘。金正日逝世后不久，其继任金正恩遂宣布"永远不与李明博政府接触"。可见，从冻结核设施到换取解除制裁、提供全面经援一直到实现美朝、韩朝关系正常化，六方会谈还有漫长而曲折的道路要走，指望一次会谈就打开所有问题的症结是不太可能的，有些问题甚至要留到各国的下任政府来面对，其中的变数之多当然可想而知。

虽然目前朝鲜已经通过各种方式表示愿意重新回到六方会谈，但各方对六方会谈的最终结果继续持审慎态度，尤其是美韩已经不愿为了达成共识而谈判，而是要在六方会谈启动之前就确定朝鲜在弃核道路上可以走多远。2012年2月底，经过数月的接触，美朝之间终于就朝鲜暂停发展核计划、允许 IAEA 入朝核查、美国对朝进行粮食援助达成协议，从而为重开六方会谈带来了一线希望。

总之，朝鲜核问题可谓东北亚安全问题趋于严峻的一个缩影。中美两国在应对危机时的姿态更加令人注目，而这种姿态在很大程度上是两国根据自身的利益判定而做出的。

第二节　中美在六方会谈中的作用与影响

朝鲜半岛作为唯一保留冷战结构的地区，有着复杂和特殊的政治生态和地缘环境，其局势的变化一直为国际社会所关注。朝鲜核问题的发展直接关系到朝鲜半岛，乃至整个东北亚地区的前途和未来。半岛及相关国家战略选择的任何变化将无法避免地对核问题产生着重大影响。中国和美国一直是这一问题的直接"利益相关方"，中美在朝鲜核问题上有着共同的安全利益考虑，例如，两国均寻求避免再一次卷入冲突；都希望能最终签署一项和平条约，从而彻底消除半个世纪以来一直存在的军事冲突的危险；两国都致力于朝鲜半岛无核化，等等。但这些利益对两国来说并不同样重要，更加复杂的是，除了这些共同利益，中美双方在安全上的需求也有不同、甚至相互矛盾之处。因此，虽然可以说，与 20 世纪 90 年代以来应对朝鲜第一次核危机最大的不同是，2006 年第二次朝鲜核危机发生后，中、美两国迅速做出反应，在某种程度上达成了共同谴责朝鲜的一致立场。但双方这种一致立场能否继续并转化为合作型政策尚不确定，在如何满足差异性利益优先考虑等涉及各自在半岛的国家利益排序方面更是远未达成共识。下文通过考察中美双方在朝鲜核问题上的重合利益和不同利益的等级差异，剖析中美两国在六方会谈框架内的合作与互动。

一、中美在朝鲜核问题上的利益分析

朝鲜半岛历来是大国政治、外交、军事博弈之必争之地，其局势变化一直为国际社会所关注。2002 年 10 月，朝鲜核危机又一次拉开序幕。平壤的一系列举措让各国意识到，核危机不仅会损害整个地区的和平，而且极有可

能牵动大国卷入冲突。[①] 大国为应对危机所付出的外交努力是以对利益的认识为前提的。国家利益分有形和无形两种,有形的利益指的是领土面积、人口和财富总量;无形的则涵盖国家威望、战略缓冲空间以及战略决策的自由度。中美两国在朝鲜核问题上的国家利益涉及以上两个方面,两国应对朝鲜核问题的外交方式也是基于对各自国家利益的认知和排序而选定的。

在解决朝核问题的过程中,中美两国各自需要维护的利益以重要性为基准降次排列(或可按核心利益、重要利益和一般利益来划分),中国方面是:确保中朝边界和朝鲜半岛的稳定、实现半岛无核化、确保朝鲜政权的存续(包括促其把战略重点转到经济发展与改革上来);保持在半岛的传统影响力(包括与朝韩同时保持平衡和良好的关系以及通过促进南北的经济和社会融合);积极参与朝核问题的解决,提高作为负责任大国的形象(包括支持朝鲜与美日韩缓和关系、约束朝鲜的行为并藉此加强中美关系)。[②]美国方面的利益考虑有:解除朝鲜的核项目及防止朝鲜大规模杀伤性武器扩散(包括维持美韩同盟并逐渐使其发挥地区安全保障作用、遏制朝鲜发动战争及削弱它的常规力量);参与所有重要的朝鲜问题解决进程,并以此加强在东北亚的主导地位(包括保持与韩国的经济联系、制约周边国家在半岛未来的安全安排中过分扩展力量);推动建立一个自由、民主、统一的朝鲜(包括鼓励朝鲜向开放和合作的国家体制演进、遏制平壤从事毒品、假币交易和与恐怖组织发展关系)。[③]

从以上利益对比来看,虽然中美两国在朝核问题,进而在朝鲜半岛均有重要的利益考虑,但由于在地理位置、历史渊源等方面的重大差别,双方的

---

① Nicholas Eerstadt and Richard J. Ellings, "Assessing Interests and Objectives of Major Actors in the Korean Drama," in Nicholas Eerstadt and Richard J. Ellings ed., *Korea's Future and the Great Power*, The National Bureau of Asia Research, 2001, p. 316.

② 关于中国利益考虑的分析,详见:Liu Ming, "China and the North Korean Crisis: Facing Test and Transition," *Pacific Affairs*, Fall 2003, p. 349; Liu Ming, "Opportunities and Challenges for Sino - American Cooperation on the Korean Peninsula," *The Korean Journal of Defense Analysis*, Spring 2004, p. 139; David Shambaugh, "China and the Korean Peninsula: Playing for the Long Term," *The Washington Quarterly*, Vol. 26, No. 2, 2003, pp. 44 ~ 45.

③ Nicholas Eerstadt and Richard J. Ellings, "Assessing Interests and Objectives of Major Actors in the Korean Drama," *Korea's Future and the Great Power*, p. 322; Liu Ming, "Opportunities and Challenges for Sino - American Cooperation on the Korean Peninsula," p. 139.

利益既有重合之处,也有对立的方面。

首先,中国最关注的是保持朝鲜及中国周边的稳定。①中朝之间有长达1416公里的共同边界,中国担心朝鲜的经济或政治不稳定对东北边境省份经济、社会等各方面可能带来的负面影响。此外,"9·11"事件后中亚局势的变化,预示了中国周边地区的政治混乱被美国利用来牵制中国的可能性。②如果在朝鲜半岛或东北亚地区也发生类似事件,将损害东北亚地区的力量平衡,进一步增加中国的军事、经济压力。因而对朝核问题,中国一直坚持朝鲜半岛无核化以及和平解决原则,不同意美国关于对朝进行威胁和制裁迫其弃核的建议。有学者指出,在半岛和平及无核化目标之间,中国更加重视"和平的价值"。③为了保持朝鲜政权的存续,中国对它提供了大量食品和能源援助,其比例为朝鲜食品进口量的1/3,能源进口量的70% ~90%。中朝贸易占朝鲜对外贸易的1/4。④中国的援助和贸易支撑着朝鲜,在防止其经济崩溃进而引发人道主义灾难中起着决定性作用。

但这并不意味着中国接受朝鲜的现状。目前半岛的局势和朝鲜国内状况无论是对于地区稳定还是中国的国家安全、经济增长及其他国家利益而言都不是建设性的,因此中国同时希望平壤进行改革。自20个世纪90年代以来,中国一直是在朝鲜实行广泛的经济和社会改革的倡导者。中国认为,改革是最好的选择。如果处理得当,改革不会导致共产主义政权的垮台,而只会加强执政党的基础,并可以使中国在其中发挥巨大的经济作用。2000年5月后,金正日曾三次访华,对中国日新月异的变化以及中国官员和经济学家的报告表示出很大的兴趣。2002年9月,朝鲜模仿中国宣布建立新义州经济特区。

朝核危机爆发后,美国不再满足于过去半岛的"被动稳定"。布什政府第一任期期间,美国最优先关注的重点是完全解除朝鲜制造核武器的能力,

---

① "外交部发言人姜瑜就朝鲜导弹等答记者问", http://news.sohu.com/20060620/n243840630.shtml

② 卢国学:"反恐背景下中国周边安全",载李慎明主编:《2003年全球政治与安全报告》,北京:社会科学文献出版社2003年版,第86-90页。

③ 徐纬地:"朝鲜半岛核危机的化解与半岛走出冷战",载《世界经济与政治》2003年第9期,第63页。

④ David Shambaugh, "China and the Korean Peninsula: Playing for the Long Term," p.46.

甚至考虑不惜通过“政权更迭”来确保半岛的无核化。[①]以副总统切尼、国防部长拉姆斯菲尔德和前任副国务卿博尔顿为首的布什政府外交政策鹰派要求朝鲜在核问题上做出单方面让步，反对与平壤谈判，主张“终结朝鲜”。[②]这一立场不仅反映了美国长期推行的不扩散政策，而且折射出冷战后尤其是“9·11”后安全重点的最新变化。布什政府认为，朝鲜拥有核武器既可能使其利用此类武器威胁美国的利益和将之输出给反美的恐怖组织，又会因此削弱核不扩散的规范并迫使那些感到威胁的国家或地区，如日本、韩国和台湾等也谋求拥有核武器。平壤公开拥核可能引发地区军备竞赛，加剧东亚国家间的紧张关系，导致整个地区不稳定。这是美国不愿看到的前景。[③]

在美国某些决策者看来，朝鲜保持稳定和金正日政权的存续是令人无法忍受的。他们认为美国的妥协和援助只会帮助金正日政权生存，而不利于朝鲜减少饥饿和暴政。[④] 2004 年 10 月，美国众议院通过《朝鲜人权法案》，将人权关注列入美国与朝鲜谈判的内容，这是美国对朝立场进一步强硬的重要标志。随即，美国邀请黄长烨[⑤]访美，开始探讨组织朝鲜流亡政府问题。在美国政界，反对或怀疑单纯的外交妥协已成为当前华盛顿对朝政策选择的主流。共和党众议员马克·科克在大选后表示，布什的连任是一个“警示”，在朝鲜问题上“绥靖政策不会发生”。[⑥]

布什第二任期的对朝政策目标，从短期看是要解决朝鲜核问题，从长期看是要对朝鲜实施政权更迭。[⑦]“9·11”事件后，反恐和防止大规模杀伤性武

---

① Liu Ming, “Opportunities and Challenges for Sino – American Cooperation on the Korean Peninsula,” p. 137.

② International Crisis Group Report: “North Korea: Where Next for the Nuclear Talk?” p. 14; Christopher Marquis, “Absent from the Korea Talks: Bush ' s Hard – Liner,” *The New York Times*, September 2, 2003.

③ Avery Goldstein, “The North Korean Nuclear Challenge And American Interests: Getting the Priorities Right,” November 6, 2003, http://www. nautilus. org/for a/security/0344 Goldstein. html

④ Adam Nagourney and Janet Elder, “Americans Show Clear Concerns on Bush Agenda,” *The New York Times*, November 23, 2004.

⑤ 黄长烨曾任朝鲜最高人民会议议长、朝鲜劳动党书记，1997 年进入韩国驻北京大使馆寻求政治避难，2003 年 10 月赴美访问，与美国负责东亚事务的助理国务卿凯利、负责军控事务的副国务卿博尔顿的首席顾问弗雷兹等官员和议会有关人士进行了会晤。

⑥ Miles A. Pomper, “The Politics of Arms Control in the Second Bush Term,” *Arms Control Today*, December 2004, p. 21.

⑦ Changsu Kim, “Korea – U. S. Relations in the Second Bush Administration,” *Korea and World Affairs*, Winter 2004, p. 364.

器扩散成为美国国家安全战略的首要议题,“拥有核武器”同时又在对外政策上具有“挑衅性”的朝鲜在美国的海外威胁评估中被列为最具威胁性的因素之一。[①]在这种情况下,弃核已不仅仅是美国对朝政策的一个目标,而是成为对重点威胁进行重点处理的一个步骤。在弃核要求之外,美国在朝鲜问题上的安全关注还包括在三八线附近的常规裁军、中止导弹发展计划、公开生物与化学武器项目以及促进开放、改善人权等一系列政治要求。布什政府的朝核战略越来越呈现出一种综合性安全关注的特征,把解决朝核危机视为一揽子解决朝鲜问题的开始。

在朝核问题上,与美国一样,中国也不得不考虑核扩散对东北亚地区以及自身安全的不利影响,[②]正因为有种种安全顾虑,中国领导人曾先后表示“不支持朝鲜退出《核不扩散条约》”,“朝鲜半岛不能有核武器”。[③]然而,中国宁愿通过对平壤保持外交压力,期望达成一项阻止其核计划的协议,而不赞成使用武力推翻金正日政权的建议。[④]对中国来说,朝鲜拥核肯定不利于东北亚的稳定,会加快日本成为军事大国,提高和扩大美日军事合作的深度和广度。从长期看,将提升中国与日本和美国在东北亚的战略竞争和安全上的摩擦。但是,在可预见的将来,在美国的核保护伞和基本核政策不变的情况下,日本和韩国不会成为核国家,朝鲜拥有核武器的确构成了明显的、但却非迫在眉睫的威胁,至少不会对中国的国家安全构成这种威胁。就像

---

① Assistant Secretary of State James A. Kelly's Testimony before the Senate Foreign Relations Committee on March 2, 2004, The Washington File, March 4, 2004.

② 这些威胁包括:(1)中国并非全无可能有朝一日在什么问题上遭到核讹诈,而这或许能使中国一时陷于进退两难的战略或政策境地;(2)如果朝鲜拥有规模可观的核武库,日本就难免被刺激走上核武化道路,或者说必定使日本右翼得到一个关键论据,来说服日本多数公众同意核武化,至少会使“有核论”变得越来越直言不讳;(3)只要朝鲜有核攻击能力,朝鲜半岛和东北亚就始终有因此被显著加剧了的、美国及其盟国与朝鲜爆发战争的可能,包括发生核冲突、核战争的可能;而如果爆发新的朝鲜战争,中国即使不被卷入其中,也必定遭遇某种战略决策困境,并且遭受种种相当严重甚至危险的间接损害;(4)朝鲜一旦拥有核武库,美国就几乎必然显著增强在东北亚和西太平洋的武装力量部署,它们除了会造成加强对华总体战略防范的“自然派生效果”外,还可以在未来有朝一日台海局势高度紧张的可想象情况下,增进美国“协防台湾”的能力与态势,同时使台独势力得到进一步鼓励。

③ Zhu Feng, "China's Policy on the North Korean Nuclear Issue," http://www.csis.org/isp/csn/040720.pdf

④ International Crisis Group Report: "North Korea: Where Next for the Nuclear Talk?" p. 20; Bonnie S. Glaser, "U.S.-China Relations and the Korean Peninsula: Managing the Current Crisis and Future Change," http://www.csis.org

印、巴拥有核武器并没有大大地削弱中国的安全一样，朝鲜可能只是坚持通过核威慑提高其安全感，而不会随便使用核武器，更不用说以中国为目标了。因此，中国不会牺牲自己的边境稳定这样的首要关切来确保实现朝鲜半岛的无核化。除非朝鲜先行挑起战争，中国坚持必须通过和平手段解决半岛的一切事务。

简言之，中美在朝鲜弃核这一共同利益上的分歧是，中国决心尽一切可能保持半岛的稳定，而美国则相对更愿意直接介入以改变现状。[①]中国希望以和平方式实现朝鲜半岛无核化的目标，这不仅是中朝传统关系的要求，也是中国作为邻国出于对边境安全的考虑而不得不做出的利弊权衡。相反，美国无论何时都没有这样的历史责任和利益考虑来支持朝鲜政权的生存，它把在半岛消除大规模杀伤性武器的威胁看得比维持朝鲜稳定重要得多。

其次，由于地理方面的因素，中国在朝鲜半岛的影响力对于中国的国家安全历来至关重要。朝鲜之于中国，正如拉丁美洲之于美国，中亚之于俄罗斯一样。[②]中国在半岛的战略着眼点是希望在该地区比日本、俄罗斯和美国发挥更大的作用。因此，中国在解决朝鲜核问题时不得不考虑的一个重要环节是要同时保证与朝鲜和韩国的良好关系，这既是为今天的利益着想，也是出于将来半岛统一后的考虑。

朝鲜作为中国的邻国，对中国有巨大的地缘政治战略价值。对中国来说，即使在今天，中朝之间“鲜血结成的友谊”仍然有着重要的历史意义和现实价值。以法律形式固定下来的《中朝友好互助条约》是目前中朝关系的基石，自 1961 年生效以来，经过两次自动续期，现在有效期至 2021 年。由此可见，无论中朝关系在不同的国际环境下如何变化，中朝同盟的基本框架被延续了下来，中国在未来十年与朝鲜的关系不会产生根本改变。在危机过程中，由于朝鲜的“不理智”行为，2006 年在中国的支持下联合国安理会通过了谴责并制裁朝鲜的第 1718 号决议，2009 年在朝鲜进行第二次核试验后，中国采用了史无前例的严厉措辞对朝鲜进行谴责。正当外界猜测中朝关系的转折点已经来到之时，2009 年 10 月，温家宝总理访朝。之后，中朝高层接触不断，两国领导人在多个场合强调双方在重大国际与地区问题上采取一致

① David Shambaugh, “China and the Korean Peninsula: Playing for the Long Term,” pp. 53 – 55.
② Ibid. , p. 51.

立场,深化各领域合作;中朝经贸关系得到进一步加强,两国商贸及人员往来频繁,两国关系迅速恢复。可见,中朝关系的牢固程度和相互依赖的惯性之强大。目前,中国仍然通过高层访问、援助、外交协作等形式继续维持着与朝鲜的全面战略伙伴关系。从地缘政治的角度来看,作为唇亡齿寒的中朝关系对中国的地区战略考虑有极为重要的价值,朝鲜作为战略缓冲区的意义并未完全消失。因此,考虑到在半岛保持影响力的利益,除非朝鲜行为极端不可控,否则中国是无法也不应该放弃与朝鲜的友好关系。

在与朝鲜保持持续友好关系的同时,发展与韩国的关系是中国应对冷战后国际形势的变化、保持自身在半岛的影响力的又一项战略选择。中韩建交20年来,中韩关系已成为目前东亚地区最强大的双边关系之一。中国是韩国最大的投资场所和出口市场,中韩贸易以每年20%的速度递增。2003年中国取代美国成为韩国的第一大贸易伙伴,韩国则是中国第三大贸易伙伴。①政治上,2000年中韩宣布建立"全面的、合作的伙伴关系"。两国在很多国际和地区问题上立场一致,双方都支持对朝鲜采取政治、经济和外交上的接触政策,倡导朝鲜改革,最终和平统一,反对对平壤实施制裁或其他惩罚性的做法。与朝、韩关系同时取得进展是中国在处理朝核问题上的重要考虑。中国认识到,与韩国保持良好、密切的关系,中国既可以保有在半岛问题最终结果上的发言权,也可以平衡美韩同盟及美国驻军的威胁,同时还可以限制日本在半岛问题上的作用。中韩双方在这一点上有共同利益。韩国也同样重视与中国的关系,正如有的韩国学者指出的,"中国在韩半岛的影响力日益上升是真实的,韩国的底线是不惹恼中国。"②

中国需要确保其在半岛的传统影响力以及防止敌对的外部势力在半岛扩大影响,而美国则要防止任何一个国家在未来的半岛安全安排中过度扩张其力量。在这一点上,中美两国的利益冲突大于利益协调。正如有些韩国学者所认识到那样,由于中韩之间经济和政治关系的不断深化,韩国与中国在国际事务中越来越采取同样的看法和立场,双方的青年对彼此国家的好感也在上升。美国对这些趋势表示不安,担心韩国会将其战略偏好转向

① James Brooke, "China 'Looming Large' in South Korea as Biggest Player, Replacing the U. S.," *The New York Times*, January 3, 2003.

② Jae Ho Chung, "South Korea between Eagle and Dragon: Perceptual Ambivalence and Strategic Dilemma," *Asian Survey*, September/October 2001, p. 795.

中国。[1]同样,如果美韩扩展其安全同盟的作用,通过更紧密的军事整合使之覆盖整个东北亚地区,也一定会使中国感到担忧。

第三,中国在朝核问题上的另一个利益考虑取决于能否说服朝鲜停止某些非法行为,其中最重要的是确保大规模杀伤性武器和常规武器不扩散。在这一点上,中美利益的共性大于差异。核危机的出现是朝鲜政府半个世纪以来以国内危机为代价和漠视邻国利益而一贯采取战争边缘政策的最新表现。[2]中国在朝核问题上的政策反映了这种看法,中国担心平壤在核和导弹问题上的战争边缘政策可能导致美日主导下的东亚地区双边或多边安全制度安排的加速建立。[3]此外,朝核危机的长期悬而不决也将损害中国在国际舞台上负责任的大国形象。[4]

美国希望中国在更好地控制朝鲜的挑衅行为方面起到一种平衡作用。事实上,中国的确可以起到了很大的促谈作用。但是,美国决策者认为,中国没有充分使用其政治影响和经济手段迫使朝鲜改变立场。华盛顿因之警告,如果在这个问题上不予合作,中国就会面临经济后果以及一个核武装的日本带来的安全挑战。[5] 在推进朝鲜缓和与美日韩的关系、遏制朝鲜核活动方面,中美两国的利益并没有大的冲突。美国希望遏制朝鲜输出大规模杀伤性武器的行为,中国理解美国在这方面的考虑,并会在某些场合下与美国进行合作。[6]

虽然中美都将半岛无核化或防止大规模杀伤性武器扩散置于相当高的利益关注层面,但稍加分析即可看出,此处两国利益的分歧点在于双方与朝鲜的不同关系及由此在朝核问题上所感受的威胁程度不同。总体上看,朝鲜核危机过程中,中国并未感到直接的威胁,只是关注朝鲜拥核可能会在邻国中造成溢出效应以及因此导致地区战略环境恶化、在半岛发生军事冲突、

---

① Jae Ho Chung, "How America Views China – South Korea Bilateralism," *CNAPS Working Paper*, The Brookings Institutions, July 2003.

② David Shambaugh, "China and the Korean Peninsula: Playing for the Long Term," p. 44.

③ Nicholas Eerstadt and Richard J. Ellings, "Assessing Interests and Objectives of Major Actors in the Korean Drama", *Korea's Future and the Great Power*, p. 333.

④ Henry A. Kissinger, "The Six – party Route to Resolution," *The Washington Post*, August 18, 2003.

⑤ Liu Ming, "China and the North Korean Crisis: Facing Test and Transition," p. 359.

⑥ Colin Powell, "Remarks Delivered at the Conference on China – U. S. Relations," November 5, 2003, http://usinfo. state. gov

美国对中国施加政治压力等等。[①]而美国与朝鲜没有外交关系而且也不愿意发展这样的关系。它在朝核问题上面临着严峻局面:朝鲜发展核武器和扩散导弹对美国本土及其海外驻军构成了直接的和现实的威胁,部分地抵消了美国对韩日提供的核保护伞的作用,损害了美国的不扩散政策及其在世界范围内的声誉。正如美国有学者所指出的,鉴于目前应对朝核危机的努力,匆忙签署任何不能首先确保朝鲜弃核的协议都是一种战略错误,因为没有这个目标就无法满足美国的重要利益。[②]

总之,中美两国在朝鲜半岛的利益有重合之处,但优先性不对等。朝鲜半岛的稳定和力量平衡一直是中美共同利益相互作用的结果。中国希望未来的半岛是稳定的、和平的、无核的、繁荣的,中国在半岛的影响最大化。达到这个目标的最安全的办法,不是威胁稳定,而是通过促进朝鲜进行经济改革开放并获得持续的经济增长,逐步缩小与韩国的差距,最终实现半岛的和平融合与统一。而布什政府一贯的对朝政策是,拒绝接受朝鲜的"核讹诈"及其进行双边对话的要求,通过威慑和压力迫使朝鲜单方面让步,以期全面解决朝鲜核、导弹及常规武器等问题。[③]

二、中国在六方会谈中的作用剖析

博弈的过程也是寻求利益妥协的过程,愈是危机频发愈是需要这种交流与妥协的平台。目前,美国在朝鲜核问题上的战略选择余地很有限,通过非和平的方式解决这一问题的可能性几乎没有。无论是在深陷伊拉克战争泥潭不能自拔、伊朗局势紧张恶化、单边外交政策到处碰壁的布什政府时期,还是在较为注重国际合作、不拒绝与朝鲜接触的奥巴马执政时期,经济危机的打击迟迟无法恢复,庞大军费使预算赤字累累,都使得美国政府没有精力在朝鲜半岛开辟新战场。多年来的事实证明,美国对朝鲜奉行的高压政策完全失效,拒绝与朝鲜谈判以及先发制人的武力威胁,这些都适得其反。为了保护美国的各种利益,除了和平谈判之外,没有其他途径可循。因

---

① 徐纬地:"朝鲜半岛核危机的化解与半岛走出冷战",第63页。

② Avery Goldstein, "The North Korean Nuclear Challenge And American Interests: Getting the Priorities Right," http://www.nautilus.org/for a/security/0344 Goldstein.html

③ James A. Kelly, "Testimony Before the Senate Foreign Relations Committee," Washington, D.C., March 12, 2003. http://www.globalsecurity.org/wmd/library/congress/2003_h/18661pf.htm

此，短期内美国要尽量遏止朝鲜加快发展导弹的步伐和进行核试验，以免分散美国在中东地区以及处理国内经济事务的注意力。为此它也不得不高举六方会谈的大旗，力劝朝鲜回归六方会谈，在外交上稳住平壤，同时通过六方会谈继续对中国施加影响，让中国对朝核问题，进而对整个东北亚地区的安全局势负起责任。六方会谈因此成为中美两国在解决朝鲜核问题过程中谋求利益交合与进行利益博弈的重要场所。

六方会谈的发展时刻牵动着中国朝鲜半岛外交的敏感神经。作为六方会谈的发起国和主办国，利益的牵扯决定了中国不可能对朝鲜核危机袖手旁观。在复杂的谈判过程中，中国从四个方面凸显出不可替代的建设性作用，力促这一机制成为和平解决朝鲜半岛核危机有效的途径，

首先，软化美朝关系。朝鲜寻求发展核武器的根本目的是视美国在东北亚地区的军事存在为其最根本的政权生存威胁。自 20 世纪 50 年代起，美韩军事关系的发展一直是朝鲜关注的重点。1957 年美国在韩国布置了战术核武器，朝鲜开始考虑发展自己的核项目。1991 年美国将战术核武器从韩国撤出，朝鲜便愿意就停止核开发开始谈判，直至 1994 年达成日内瓦《框架协议》。[①]而第二次核危机的爆发更是与布什政府敌视朝鲜政权的种种言行密切相关。自 2001 年上任以来，布什政府便将朝鲜认定为“邪恶轴心”之一，对朝采取以敌视和制裁为特征的挤压政策。这不仅是因为它要刻意显示与“克林顿式的妥协” 外交彻底决裂的决心（Anything But Clinton，ABC），更重要的是由于布什本人及其政府内主要决策者的意识形态好恶，使他们将朝鲜从自身安全利益出发迫切希望与美国进行直接双边谈判的要求贴上“讹诈”的标签。在这样的政策思想指导下，前助理国务卿凯利（James Kelly）2002 年 10 月访朝，指责朝鲜违反 1994 年《框架协议》秘密生产用于制造核武器的高浓缩铀，[②]朝鲜核危机再一次爆发。可见，美朝之间彼此的战略怀疑与恶性互动是促使朝鲜核问题日益危机化的导火索。

布什政府一贯的对朝政策是，拒绝接受朝鲜的“核讹诈”及其进行双边对话的要求，通过威慑和压力迫使朝鲜单方面让步，以期全面解决朝鲜核、

---

① Selig S. Harrison, “The Forgotten Bargain: Nonproliferation and Nuclear Disarmament,” *World Policy Journal*, Fall 2006, pp. 9 – 10.

② David S. Cloud and Jay Solomon, “North Korea Says It Is Developing Nuclear Weapons,” *The Wall Street Journal*, October 17, 2002.

导弹及常规武器等问题。[①]虽然朝鲜一再要求直接与美国谈判，要求美国对其作出安全承诺。但布什政府中将朝鲜这一要求视作“对邪恶政权的奖励”的人大有人在。朝美之间芥蒂之深使得双方很难直接沟通和协商，使朝美双方更加缺少互信。

中国作为朝鲜的友好邻邦，也与美国结成“建设性合作”伙伴，有着共同的战略互需。从外交资源和能力来看，中国都有资格协调朝美立场。截至2003年8月六方会谈开始前，中国就核危机与朝鲜领导人会晤达60余次，在美朝之间传递信息50多条。[②] 2004年布什刚刚赢得大选时，朝鲜还没有显示出任何愿意回到谈判桌前的迹象。但当中国向朝鲜表达不安后，平壤不久就重返六方会谈。朝鲜核试验后，在中国的极力斡旋下，美朝两国代表希尔与金桂冠于2006年11月在北京举行了7个小时的会谈。朝鲜与美国在六方会谈的框架内对取消金融制裁的问题进行讨论并予以解决，在这一前提下，朝鲜决定重返六方会谈。同年12月18－22日，第五轮六方会谈第二阶段会议艰难复会，虽然结局仍令人失望，但美朝双方均感到对方政策松动的迹象。会议结束的当晚，希尔通过其助手、国务院朝鲜事务办公室主任宋金表示，愿意与金桂冠在另外一个城市举行双边会谈，继续双方的对话。朝鲜方面意识到美国提议的新意所在，因此做出积极回应。2007年1月16－18日，美朝两国的首席谈判代表在柏林进行了直接谈判。双方在这次会谈中表现出一定的灵活性，协调了立场，达成了将被冻结的2500万美元归还平壤的谅解。更重要的是，双方在中止并最终取消朝鲜核计划的问题上也取得重要突破，并就“初期阶段措施”达成原则一致。1月17日，赖斯在听取了希尔的汇报后，绕过副总统切尼以及一贯对朝鲜持强硬立场的五角大楼，直接打电话给布什总统和国家安全顾问哈德利，促请他们批准希尔在与金桂冠的会谈中提出的路线，同时获得了再度与朝鲜对话的许可。

其次，抑制危机升级。如果将朝美核危机和伊拉克危机相比，会发现一个非常有趣的现象：虽然美国将伊拉克和朝鲜都定为“邪恶轴心”，但对两者却采取了不同的态度和政策。这其中中国的作用显然是有目共睹的。中国历来反对“政权更迭”，反对任何可能导致朝鲜政局不稳的举措。中国一方

---

① James A. Kelly, “Testimony Before the Senate Foreign Relations Committee,” Washington, D. C., March 12, 2003. http://www.globalsecurity.org/wmd/library/congress/2003_h/18661pf.htm

② John Pomfret, “China Urges N. Korea Dialogue,” *The Washington Post*, April 4, 2003.

面坚决坚持和平解决危机的立场,反对美国以任何武力的形式威胁朝鲜;另一方面也凭借与朝鲜"特殊"的渊源和关系遏制朝鲜将危机不断升级的行为,对冲突之车滑向战争的边缘起到了抑制作用。可以说,这种"双重抑制"作用只有中国能够起到。

2003年3月中旬,就在美伊战争打响前夕,美国向朝鲜半岛派遣航空母舰、隐形战斗机和宙斯盾级军舰,加强军事集结。朝鲜因此警告说,它将采取报复措施。朝鲜半岛剑拔弩张的局势引起了国际社会广泛的不安。4月4日,联合国特使毛里斯·斯特朗在伦敦发出警告说:美国与朝鲜之间"完全有可能"爆发战争。这种情况下,中国积极倡导和平解决,最终促成2003年4月的中美朝北京三方会谈。2006年,由于朝鲜接连试射了导弹、进行了地下核试验,朝鲜核危机达到了顶点。中国一方面希望有关各方保持冷静克制,由于担心朝鲜政局不稳将导致数以百万计的难民涌入中国和韩国,使整个地区产生动荡,中国并不赞成日本所提议的强硬反应,明确表示无意对朝鲜实施严厉的经济制裁,坚持继续举行六方会谈解决问题,重申维护朝鲜半岛和平稳定始终是中国处理半岛事务的根本出发点。从安理会制裁决议中坚持要求将常规武器排除在制裁名单外,以及坚决反对以武力相威胁的做法可以看出,中国把制裁视做解决危机的手段之一,而非目标。中国政府在10月19日派出以国务委员唐家璇为特使的代表团前往朝鲜,就是致力于通过对话协商及外交手段解决核问题方向的又一次努力。

另一方面,中国也采取了一些对朝鲜来说是前所未有的严厉举措。第一,发表在措辞严厉的外交声明,谴责朝鲜的举动,表达中国的立场;第二,立即派外交部副部长武大伟前往平壤,劝说朝鲜冻结导弹试射、重返六方会谈;第三,安理会在中国的合作下立即一致谴责这一行为,并对朝鲜一切与核和导弹相关的机构实行经济和政治制裁。朝鲜不仅依赖中国获得能源和粮食,而且仰仗中国的政治保护,中国的态度和举动在相当程度上为朝鲜的行为设置了界限。虽然朝鲜不惜以诋毁中国的方式强调发展与美国关系的必要性,认为只有美国才能提供朝鲜生存、发展所需要的各种援助,真正保障朝鲜安全,①但当前朝鲜尚不具备完全漠视中国的态度和反应而一意孤行的条件。

---

① [韩]朴胜俊:"金桂冠:美国不要对中国寄予期望",韩国《朝鲜日报》2007年3月9日。

缓解危机效应,时刻保持通过外交途径消除平壤核武器的大门继续敞开。的确,让艰难的谈判进行下去,不要因要求过高而造成谈判破裂的局面,[①]成为中国在解决朝鲜核问题时的一种指导性原则。

再次,推动各方形成共识。中国推动六方会谈的进行,有利于六国在共同利益上形成共识。2002 年 10 月朝鲜半岛核危机爆发,虽然各方迅速从剑拔弩张的战争边缘回到了谈判桌前,但从起初的四方会谈到现在的六方会谈,其过程充满了艰辛和不确定性。起初,六方会谈由于美朝双方诉求差距过大而在前三轮中未能达成任何成果。时至 2005 年 2 月 10 日,朝鲜外交部宣布平壤已经拥有核武器并且将加强其核武库来回应美国的敌对政策,这使会谈面临彻底失效的困境。在看似利益难以调和的情况下,2005 年 7 月 25 日开始了第四轮六方会谈,经过两个阶段艰难努力各方最终于 9 月 19 日签署了由中国起草的《共同声明》,重申实现朝鲜半岛非核化的目的,同时对朝进行能源援助和经济合作。随后,美朝就所要采取的具体行动的先后顺序之间的分歧、美对朝鲜金融制裁等“意外事件”不仅造成《共同声明》形同虚设,而且使六方会谈再一次陷入僵局,最终刺激朝鲜在 2006 年接连进行了导弹试射和首次地下核试验,使朝鲜核问题达到了新的危机顶峰。就在多数人都对六方会谈解决朝鲜核问题的前景表示担忧和质疑的时候,2007 年 2 月 13 日,第五轮六方会谈第三阶段会议经过 6 天紧张艰难的磋商,签署了《共同文件》,标志着朝鲜半岛无核化进程进入具有实际意义的初步阶段。

正是由于中国凭借特殊的身份和外交资源,以不懈的努力和诚意达成了解决核问题的一系列共识。与此同时,美国和朝鲜两个当事国的态度经过会谈有所变化。美国强调,和平解决核问题应该是可能的,美国无意威胁、入侵并攻击朝鲜,无意更迭朝鲜政权。朝鲜方面表示渴望和平,无核化是朝鲜的总目标,拥有核武器不是朝鲜的目的。无论是六方之间的共识,还是朝美之间态度的转变,如果没有六方会谈这样一个场所,是不会轻易形成和实现的。

最后,倡导建立和平解决争端的长期安排。中国一直主张和平解决国际争端,倡导和平共处五项基本原则。朝核问题事关东北亚地区整个安全

---

① Winston Lord and Leslie H. Gelb, “Yielding To N. Korea Too Often,” *The Washington Post*, April 26, 2008.

秩序，以解决朝鲜核问题为契机，进而解决朝鲜半岛历史遗留的安全问题，维护东北亚地区的和平与稳定，符合中国作为一个相邻的区域大国的身份、利益和责任。

由于朝核问题本身比较复杂，所涉及的问题不仅仅是核问题，还有其他外交、经济、安全等问题。目前，虽已达成了弃核的各阶段协议，但促使平壤遵守2005年做出的承诺、全面落实共同文件也不是很容易的事情。实践证明，解决朝核问题的六方会谈将是一个长期的过程。每一轮的六方会谈很可能只是进展一小步，但只要朝鲜和美国双方能坐下来谈，就可能在处于对立状态的朝美之间逐步建立一定的互信基础，让总体形势朝良性方向发展，并通过这种方式来维持国际社会的团结。即使将来朝核问题得到解决了，六方会谈的合作机制仍应继续发挥作用。朝核问题的出现暴露了东北亚地区安全存在的严重问题，包括冷战结构的残留、国家间关系改善的滞后、各国缺乏互信以及多边安全机制尚未建立等，而六方会谈的合作机制也许可从解决朝核问题开始，为今后进一步解决东北亚地区的其他安全问题，以及为未来东北亚地区安全合作机制的建立创造条件。

2002年《框架协议》的崩溃不仅引发了新的危机，而且从本质上改变了朝鲜核问题与美国、东北亚地区以及全球不扩散机制之间的关系，从而使其解决路径复杂化。2006年朝鲜核试验之后，随着朝鲜在成为一个羽翼丰满的核国家的道路上越行越远，要想建立一个无核化的朝鲜半岛不仅要求人们遏制朝鲜核武器发展的战略及扩散可能，而且要求“推回”(rolling back)其现存的核能力。因此，一种持久性的解决方案需要人们以更加深思熟虑的、更加具有远见的外交作为，在更广大的地区范围内发展出一种合作安全的氛围。

2006年和2009年朝鲜两次核试验后，中国的立场是鲜明和坚定的，反应是迅速、果断和严厉的，即朝鲜的行为是错误的，它破坏了朝鲜半岛的稳定，与无核化进程背道而驰。所以，在谴责朝鲜行为的同时，国际社会也要用法律举措进行反应，警告和控制朝鲜采取进一步的行动。

但是，中国也认为，反应和制裁应该是适度的、理性的和和平的。因为，中国仍然希望用外交的手段来达到无核化的目的；不希望整个东北亚出现核竞赛和使局势出现激烈的动荡；不希望朝鲜采取与所有国家对抗的态势和内部出现人道主义危机。为此，中国以“有利、有理、有节”为原则制定对策，既有谴责和压力，又有对话和劝说。对于同朝鲜的关系，中国外交部发言人所表示的原则是：坚决反对朝核试验、继续致力于发展中朝睦邻友好合作关系、充分考虑人道主义需要。对于进一步制裁的措施，中国的原则是：第一要有利于实现半岛无核化；第二要有利于朝鲜半岛和东北亚地区的和平和稳定；第三要有利于六方会谈能够尽早恢复，通过协商和对话解决朝鲜半岛核问题。

为此，在通过对朝鲜试射导弹的谴责声明后，特别是通过对朝进行制裁的相关决议后，中国表示将根据安理会第1718号决议，认真履行制裁义务。中国银行停止了对朝外汇业务；加强了对朝进出口货物的检查（按照安理会通过的制裁清单实施）；限制陆运货物的流量。对于敏感物品，中方将持严肃、谨慎、认真、负责任的态度和有关规定办事。但中方也表示，不能扩大安理会决议的适用范围，不接受美方提出的对所有进出的朝鲜船只进行登船检查的要求，特别是不准备采取措施在公海上对可疑的朝鲜船舶强制进行货物检查；中国也不会减少对朝粮食或能源的支援。

同时，中国的工作重点是控制危机的升级，把美朝拉回到谈判桌前。中国希望美国也对朝鲜作出适当的让步或姿态，以鼓励朝鲜重返六方会谈。中国在2006年10月中旬派出了国务委员唐家璇访问了美国、俄罗斯和朝鲜。在朝鲜，唐家璇对金正日说："核武器并非决定国家存亡的主要因素，苏联即使拥有比美国还多的核武器，它却灭亡了，没有核武的古巴却依然屹立不倒。"他还保证，只要朝鲜愿意重返六方会谈，中国将会给予全力协助。金正日对唐家璇表示，只要美国停止敌视朝鲜的策略，朝鲜就愿意和美国展开双边平等对话；只要美国解除对朝鲜的金融制裁，平壤就愿意重返六方会谈，同时也不会进行第二次核试。10月23日，中国照会美国驻华大使馆，提议与朝鲜一起举行三方会谈，商谈重启"六方会谈"事宜。10月31日，中国外交部副部长武大伟、美国助理国务卿希尔与朝鲜副外相金桂冠在北京进行了长达7个小时的秘密会谈。11月29-30日，三方在北京又举行第二次会晤。通过这两次私下接触，实际上为第五轮第二阶段的"六方会谈"铺平了道路，确立了基调。

三、美国态度对六方会谈的影响

六方会谈停停开开，勉强延续下去的现状与美国对待这一机制的态度直接相关。首先，从客观上讲，朝鲜接连发射导弹和进行核试验使六方会谈不断陷入僵局的直接原因，但美国在这个过程中也难辞其咎。美国对朝鲜的敌对态度，例如在全球范围内对朝实施金融制裁和断然回绝朝鲜要求进行对话与谈判的做法，在一定程度上导致了朝鲜采取危机升级的举措；美国在错误的时机采取的法律行动，也使得朝鲜陷入尴尬境地。联合国安理会通过 1695 号决议后，美国即表明要构建国际包围网，全面封锁朝鲜开发大规模杀伤性武器的渠道。为此，美国政府对朝鲜的 12 家企业和一些个人采取了资产冻结措施；还公布了 5 项对朝施压政策：追加制裁、举行五方会谈、要求中国对朝施压、正式讨论人权问题和追求改变朝鲜政权行为的政策。2006 年 9 月 30 日美国国会通过了一项旨在制裁朝鲜的法案，该法案允许美国总统有权下令对那些向朝鲜转让和运送大规模杀伤性武器相关技术和物资的美国企业进行制裁。为了显示不向朝"讹诈"低头，美国表明坚决不与朝进行双边会谈，重申将继续采取一切手段保护自己和盟友。而"比强硬更强硬"已经成为朝鲜回应美国和国际压力的基本思路。

其次，美国强调朝鲜发射导弹和进行核试验不仅仅构成了对美国的威胁，而是国际社会共同面临的安全问题，希望参加六方会谈的国家为消除这一威胁共同行动。同时，无论是布什政府还是奥巴马政府，美国一面强烈谴责朝鲜行为，一面不断强调对朝鲜采取的将是外交手段，不是军事手段，因为引发一场全面地区冲突的风险要远远超出空袭所能取得的成果。可见，美国也不得不承认，在目前阶段外交和经济施压是相对有效的方法。因此，一方面，美国仍需要高举六方会谈的大旗，通过提供更详尽、更灵活、更有吸引力的谈判建议，力劝朝鲜回归六方会谈，争取在六方会谈框架内外举行双边会谈，既在外交上尝试让朝放慢和最终停止核项目发展。另一方面，美国也感到六方会谈是可以被加以利用的，即获取国际法的根据来协调对朝的高压政策，迫使中国和韩国与它保持一致，配合其实施金融和经济制裁措施。美国期盼通过六方会谈这种模式继续对中国施加影响，让中国对朝核问题发挥作用，承担责任。

第三，美国开始更多地尝试美朝双边协商的方法来解决危机，美朝双边会谈在很多时候成为六方会谈开启和取得成果的前提条件。在这个过程中，随着美国政策趋向于灵活和谈判方案的具体化，朝鲜会倾向于认为美国有点谈判诚意了，所以，应该尝试再给美国一个机会。这就是为什么朝鲜在

2007年年初急于与美国在柏林进行双边会谈的原因。在会谈中金桂冠同意作为废除核武器的第一步，停止朝鲜主要核设施中的5兆瓦反应堆运作以及其他核活动，并允许国际原子能机构对其进行检查。同时，他同意金融问题与弃核问题可以分开进行讨论。作为交换，他要求美国提供经济及能源援助。① 文件发表后，美国助理国务卿希尔与朝鲜副外相金桂冠于2007年3月5日至6日在纽约举行首次正式双边会晤，就朝核危机及其相关问题以及两国关系正常化议题广泛交换意见并取得进展。2007年7月，朝鲜关闭宁边核设施，《共同文件》得到初步落实，美朝双方正式进入解决朝鲜核问题的"行动对行动"阶段，两国关系也开始有"融冰"迹象。

第四，美国对六方会谈的谨慎态度有增无减。奥巴马入主白宫之后，第六轮六方会谈将正式商讨朝鲜弃核的实际履行步骤，虽然目前看来总体形势朝着良性方向发展，但具体过程仍然充满了变数。美国认为第六轮六方会谈是对朝鲜履行共同文件协议诚意的首次测试机会。美国许多国内政要批评布什政府不应该向朝鲜妥协，朝鲜根本无意弃核，并预期六方会谈达成的协议很快就会破灭，可见美朝之间深刻的不信任感并未真正缓解。为了确保朝鲜不至于得到援助但拒绝履行承诺而使美国政府陷入尴尬境地，在今后的会谈中，美国将对所承诺向朝鲜提供的能源、粮食等援助加以进一步的说明和限制，以更加谨慎态度与朝鲜接触。2012年2月底，美朝达成粮食援助协议后不久朝鲜即决定发射卫星，美国也随即宣布不再履行所达成的协议，从而使得国际社会对"粮食外交"所带来的重启六方会谈的希望再一次破灭。

第五，与以往不同，美国的近期政策显得更务实，具有更大的时间紧迫感。由于金正日去世，金正恩的接班让美国看到了解决核问题的急迫性和机遇。对于奥巴马政府来说，六方会谈迟迟没有结果和朝鲜的核试验，已经多少证明了美国的强硬策略和不进行双边谈判政策的失败。与此同时，朝鲜有可能进行更多的核试验，改进核装置，扩大核武库。为此，美国现在的对朝政策要比之前灵活许多。只要朝鲜同意弃核并立即采取能够表明其弃核诚意的步骤，美国愿意满足朝鲜方面提出的多数条件（包括安全担保、把

---

① 韩国《朝鲜日报》2006年1月22日报道，"柏林会谈接近朝鲜废核换援共识"；韩国联合通讯社首尔1月22日电。

朝鲜从国务院的恐怖主义名单中去除、签订和平条约和可能最终同意由第三国为朝鲜建设轻水反应堆等)。[1] 总之,虽然目前国内外都有一些障碍,奥巴马仍然希望能够在其任内在解决朝核问题上有所突破。

可见,美国对待六方会谈的态度及其相应策略是复杂和不断变化的。总体来看,仍然将六方会谈看作是解决朝核问题的唯一有效的、可行的外交平台,对六方会谈的需要可谓有增无减。中国也把六方会谈的存在看作是可以对危机升级进行控制、有利于中美关系的加强、对日本发展核武器进行牵制的工具。与此同时,在核试验之后,朝鲜也急需寻找办法避免会与周边国家和美国发生磨擦和冲突,集中精力稳定和改善国内政治与经济局势,迫使美国取消金融制裁,等等。在这种情况下,六方会谈无疑是一个缓解矛盾、达成共识的平台和途径。各方都希冀通过六方会谈争取和创造时机寻找阶段性的解决办法,改善安全困境。

显然,以六方会谈为外交手段劝说朝鲜弃核将不会是一帆风顺的。即使这样,愈是这样,六方会谈作为唯一一个将与朝核问题相关的各方聚拢在一起交换意见和看法、进行利益博弈与认知的外交平台,愈有存在的意义和价值。对于六方会谈除朝鲜以外的其他五方来说,目前要坚持六方会谈的原则和框架,鼓励美朝进行双边谈判,通过细致、耐心的外交斡旋活动,创造谈判和协商的氛围。在具体操作上要把握分寸、谨慎从事,同时采取软、硬两手应对各种突发事件。例如,在制裁的同时,应该保持对话的畅通,只要朝鲜方面有迹象表明可能改变态度,就要抓住时机开启外交对话和沟通。在遏制朝鲜核发展的进程中,中美两国的分工合作尤为重要,协调两国不同的利益和所采取的手段是目前中美合力应对朝鲜核问题的关键。只有两国积极协调行动,利用各自的战略优势、经济资源和国际影响力对朝鲜进行劝说和施压,控制危机升级,推动六方会谈的继续进行,才能确保朝鲜半岛乃至整个东北亚地区的和平与稳定。

---

① Lee Chi - dong, "Seoul, and Washington can be more resilient on N. Korean Nuke: Foreign Minister," *Yonhap News Agency* (Seoul), January 7, 2007,

第三节 韩朝“两面下注”与中美安全合作

朝鲜半岛作为重要周边战略环境以及冷战后传统安全热点区域一直考验着中国的外交智慧。自中韩建交以来,中国在朝鲜半岛的综合战略影响力有所加强,但经济相互依赖并没有及时、完全地转化为战略上和政治上的亲密无间,经济依赖与政治影响力之间极大的不平衡性日益显现。中韩之间经济关系的发展的确对促进其双边政治关系有所帮助,但这种经济上的相互依存关系并没有对韩国战略选择产生太大影响,美韩安全与经济关系得到了加强而非弱化;朝鲜在经济上全面依赖中国的同时在政治上却有着自己的战略考量,从而不遵循甚至不顾及中国的战略偏好。同时,美国的朝鲜半岛政策陷入困境,“强大者的弱点”表露无疑,从而成为中美进一步合作解决朝鲜核问题乃至更广泛意义上的东亚安全问题带来客观可能。本节考察了冷战后中国与半岛上的两个国家——韩国与朝鲜的经济、政治关系的发展,试图说明,随着中国对半岛整体影响力的上升,韩朝两国在不同程度上在中美两国之间采取了“两面下注”的策略。与此同时,美国的对朝政策面临“两难”。一种囊括对半岛有着较强影响力的主要行为体的东北亚安全构建将是未来半岛和平与稳定的唯一出路。

一、中韩经济相互依存与韩国“两面下注”策略

20 世纪 80 年代起,韩国经济开始起飞,与台湾地区、香港地区和新加坡等新兴经济体被国际社会并称为亚洲“四小龙”。执政于冷战结束前后的韩国卢泰愚政府(1988 年 2 月 - 1993 年 2 月)根据国际形势的变化,明确提出要在任期内与中国、苏联、东欧等社会主义国家建交,并寻求与朝鲜的和解。与此同时,邓小平确立了中国“和平与发展”的外交战略以及改革开放政策,多次强调与韩国建交的意义,催促建交的步伐“可以比原来考虑的更快一些”。[①]发展经济成为中国的第一要务,但推动中韩建交的决策者们也看到了经济机会之外的政治与战略利益,包括增加台湾的外交孤立、加强中韩经济

① 钱其琛:《外交十记》,北京:世界知识出版社,2003 年版,第 151 页。

合作、减少平壤无休止的军事与经济援助要求、提高化解美国贸易压力的谈判能力。[①]经过四个月的秘密谈判，1992年8月24日，时任中国外长钱其琛与韩国外长李相玉正式签署了中韩建交公报。

在建交后的若干年中，经济机会是中国与韩国不断扩大双边关系的主要驱动因素，两国经济关系发展之快超乎想象。美国资深东北亚地区国际关系学者斯科特·施奈德（Scott A. Snyder）把1992年至2007年间中韩经济关系分为四个阶段：①1992～1997年，在冷战期间被压抑的经济关系由于中韩地理上的接近性、韩国的资金和技术、中国的低价土地与劳动力等经济上的互补性而得到开发，两国经济关系呈现双赢态势。电子产品生产、机械、石油化工产品和纺织品，占当时韩国在中国投资的40%。②1997～2000年，韩国应对金融危机的方法对中国起到了警示和借鉴作用，尤其是在与银行借贷有关的金融自由化方面，中国向韩国学习经济发展经验成为这一时期的重要特点。③2000～2004年，中国加入世界贸易组织，中国市场对韩国企业进一步开放。中国大规模降低关税使得韩国企业进入更多的中国经济领域，中韩双边贸易额从1999年的240亿美元增加到2005年的1000亿美元。2004年中国取代美国成为韩国最大的贸易伙伴，韩国也成为中国第四大贸易伙伴。同时，由于中国国内资本开始注入汽车、钢铁、信息技术等一些关键的经济发展部门，韩国企业开始感到来自中国公司的压力和竞争。这一时期中韩经济相互依赖达到顶峰。④2004～2007年，随着中国产品竞争力的提升，中韩经济关系开始出现结构性改变。韩国对中国的出口额从2003～2005年的30%下降到2006年前10个月的12%，在第三世界国家的市场上，韩国在半导体、电脑、液晶显示器、手机、钢铁、合成纤维等领域内的优势都面临着中国产品的挑战。尽管如此，至2006年9月，韩国对中国的直接投资总量达163亿美元，超过韩国在美国的投资。[②]

正是由于经济相互依赖的加深以及双边关系结构的变化——从中国学习和模仿韩国经济成功的经验到韩国面临来自中国后发优势的竞争压力，

---

① 详见：Samuel S. Kim, "The Making of China's Korea Policy in the Era of Reform," in David M. Lampton ed., *The Making of Chinese Foreign and Security Policy in the Era of Reform*, 1978－2000, Stanford: Stanford University Press, 2001, pp. 382－383.

② Scott Snyder, *China's Rise and the Two Koreas: Politics, Economics, Security*, Boulder, USA: Lynne Rienner Publishers, 2009, pp. 51－63.

韩国自2005年后对中韩关系的发展感到担忧。首先,韩国开始考虑对中国的经济依赖性。中国已经成为韩国最大的贸易伙伴、最大的对外直接投资目的地、最大的出口目标国,一言以蔽之,中国已成为韩国最重要的经济增长来源。① 因此,韩国担心中国利用韩对华经济依赖作为实现政治目标的威胁手段。其实,中国只占韩国对外贸易的20%,2006年后韩国在中国的投资也在减少,韩国对中国的依赖度远远小于冷战期间其对美国的依赖度。②其次,韩国担心中国取代自己成为国际市场的一个主要对手和供应者。两国均严重依赖出口维持经济增长,双方在经济上存在竞争关系。随着相互依赖的发展,中国公司在国际市场上有了一定的竞争力,中国开始在许多领域的全球竞争力方面赶上甚至超过韩国。韩国产业联合会(The Federation of Korean Industries)2010年6月公布的调查结果显示,韩国将在未来不到4年的时间内失去8种关键出口商品的技术优势,包括钢铁、半导体、造船和汽车,这些产品占2009年韩国出口的64%,总价值2320亿美元。③ 2010年8月市场报告显示,2010年上半年中国取代韩国国内成为现代汽车集团的最大市场,同时也取代韩国成为世界上最大的船舶制造国。④为了平衡对中国"过度的经济依赖",韩国寻求实现经济关系与投资纽带的多样化,谋求与美国达成自由贸易协议就是其一项重要的战略举措。然而,韩国的顾虑并未制约两国贸易与投资关系的持续稳定增长态势,中韩经济关系仍在以比较高的速度发展。2009年中韩双边贸易额达到1410亿美元,占韩国总贸易额的五分之一,41000家韩国公司与中国有贸易往来。⑤ 据中国商务部统计,2010年,中韩贸易总额达2071.7亿美元,同比增长32.6%。⑥ 2011年两国双

---

① "U.S. - China Trade Statistics and China's World Trade Statistics," U.S. - China Business Council (Data from China's Customs Statistics, PRC General Administration of Customs), http://www.uschina.org/statistics/tradetable.html

② Scott Snyder, *China's Rise and the Two Koreas: Politics, Economics, Security*, p. 78.

③ Scott Snyder and See - Won Byun, "China - Korea Relations: The Cheonan and China's 'Double Play'," *Comparative Connections*, Vol. 12, No. 2, July 2010, p. 6.

④ Scott Snyder and See - Won Byun, "China - ROK Trade Disputes and Implications for Managing Security Relations," *Academic Paper Series*, Vol. 5, No. 8, September 2010, p. 2.

⑤ Korea Internationa Trade Association, www.kita.org; Exprot - Import Bank of Korea, www.koreaexim.go.kr.

⑥ 中华人民共和国商务部:"中韩贸易简明统计(1992 - 2010)",2011年4月7日,http://www.mofcom.gov.cn/aarticle/tongjiziliao/fuwzn/ckqita/201002/20100206776027.html

边贸易额达到2206亿美元,同比增长17%以上。中韩FTA的谈判也随之被提上议事日程。可见,虽然中韩之间经济上存在着竞争关系,并且不时出现小的贸易问题,例如2000年的大蒜事件、2004年的泡菜纠纷、2008年的三聚氰氨问题,表现出两国在特定的经济部门和领域内的竞争日益显性化,但由于整体经济关系的扩大,整体贸易额的增长,两国都不愿意看到一种产品的小争端过于扩大化,从而对双方造成伤害。

中韩密切的经济相互依赖推动了两国政治关系的发展,两国于2008年建立了"战略合作伙伴关系",承诺"加强友好交往,深化政治互信;推进务实合作,实现互利双赢;扩大人文交流,巩固友好基础;密切多边合作,维护共同利益"。但是,中韩之间的政治关系中仍然存在着一些不确定因素,并未达到这种理想中的和谐与互信状态。2004年的高句丽问题是第一次对两国政治关系产生重大影响的事件。经过数月的争吵,两国达成五点"口头谅解",并同意共同努力防止这一历史争议演变为政治问题,但仍然无法彻底消除中韩之间因此事件而产生的彼此的猜疑:中国担心韩国对中朝边界领土存有野心,一旦有机会就会与朝鲜一起就这一问题向中国发难,如果半岛统一中国将面临更大的边界领土纷争的压力;韩国同样担心随着力量的强大,中国正试图重新清算历史问题,日后将会把包括朝鲜大部分地区在内的领土并入到其历史版图之中,作为将来对这片领土提出主权要求的理由。

此后,两国政治关系在以下几个方面的障碍逐渐显现。第一,中国对朝鲜的战略影响力。2004年后中国扩大了对朝鲜的贸易与投资,进入朝鲜许多关键产业领域,引起了韩国的注意。韩国担心中国对朝鲜施加强大的经济和政治影响,以威胁韩国最终的统一梦想,至少会把一个资源被掘空的朝鲜交给韩国。第二,"脱北者"问题。自1992年2月黄长烨事件后,这个问题就成为中韩之间持续的低层次磨擦的来源。尽管双方通过谈判达成秘密的口头协定来管理该问题,但却无法消除两国关于人权以及外国居民的合法行为范围的分歧。在中韩政治关系中,没有任何一个问题像"脱北者"问题一样有着这样大的力量或持续的民众影响力。韩国非政府组织和越来越多的人道主义网络积极参与帮助在中国的朝鲜"脱北者",已经取得韩国公民权的人则回到延边地区帮助其亲戚。这些事件如果处理不当,对韩国和中国政府都将形成很大的压力。第三,美国的作用。中国学界和政界有一种观点认为,美韩军事同盟是历史的遗迹,它不能解决后冷战时期的安全问题,反而构成中韩关系全面发展的最大障碍。关于美韩同盟机制的任务以及同盟政治合作等问题,美韩存在分歧。韩国国内对这个同盟的作用与未来的看法也不一致,但大部分韩国人仍将美韩同盟视为韩国安全战略的支柱。韩国在进行战略决策时,朝鲜核问题的影响力显然远远大于对于中韩密切经济关系的考虑,因此进一步加强了与美国的政治与军事合作。第四,台湾问题与西藏问题。韩国一直没有排除把考虑提升与我国台湾的非官方关系作为一种战术上的回应,如果中国对韩国的核心战略关切置之不理的话。[①]因此,中国时而表达对韩国与我国台湾关系的失望。西藏问题的隐忧则在于,韩国的佛教徒一直谋求韩国政府准许达赖访韩。总之,虽然中韩关系在 2008 年由于宣布建立战略合作伙伴关系以来取得了很大的进展,但双边的安全与政治关系仍然大大落后于其经济关系。

中韩之间既有着共同的经济与安全利益,也存在着对战略意图上的不信任。目前,这些政治问题虽然尚未影响到两国经济关系的主流,但强大的经济纽带也没有给两国带来和谐战略选择环境。韩国担心对中国的经济依赖会限制其在政治与战略上的选择,这使得与中国的经济关系在韩国越来越成为一个政治问题。虽然韩国不得不承认,中国利用自身对朝鲜半岛的影响力正在对地区稳定承担更大的责任,这是一种正面趋势,但韩国对中国战略意图以及不断增长的经济竞争力感到不安,认为中国渴望建立一个以自己为中心的多边安全框架对韩国的战略利益不利。[②]为此,韩国采取"两面下注"策略,加强了与美国的政治、安全甚至经济关系,以平衡中国影响,保持行动自由。

从 20 世纪 50 年代初朝鲜战争开始,美韩两国在国际事务中互为盟友,相互支持。然而,随着冷战的结束,中韩关系的复苏,尤其是在卢武铉总统执政期间,韩国政府追求"独立外交"和"自主国防",韩美在对朝政策、军事合作和双边贸易等问题上产生分歧,两国关系一度出现"感觉隔阂"。李明博在当选韩国总统后强调要与美国建立面向未来的战略同盟关系。2008 年 2 月末上任伊始,他便开始推行"有原则的实用外交",并将美国作为他上任后出访的第一个国家。具体来说,特别强调要恢复韩美互信,加强同美国的

---

① Scott Snyder, *China's Rise and the Two Koreas: Politics, Economics, Security*, pp. 98 – 104.

② Scott Snyder and See – Won Byun, "China – ROK Trade Disputes and Implications for Managing Security Relations," p. 7.

传统盟友关系，认为加强韩美关系是其外交政策的基石，并表示有意加入美国导弹防御系统和防止大规模杀伤性武器扩散计划。同时，加强与美国的战略经济联系，虽然美韩之间常常在农业等经济问题上争执不下，但仍然比较顺利地于2007年达成FTA协议，并在李明博政府时期对协议进行了完善和补充，获得了韩国国会的批准，完成了所有法律程序。相比之下，中韩虽然贸易体量宏大，但FTA谈判却拖了又拖，到2010年年底温家宝总理访韩期间才确定尽快启动谈判，不过直至2011年10月美国国会批准美韩FTA之前，韩国态度都不积极。①

2010年天安舰事件和延坪岛事件的地区后果是中韩关系面临考验、美韩军事关系进一步强化。5月20日在联合国有关天安舰事件的多边调查报告公布之后，6月4日，韩国将该问题提交联合国，希望得到国际社会的支持。中国从事件发生后一直要求各方在处理危机时保持"冷静与克制"，称"反对任何破坏地区和平与稳定的行为"，但中国最终没有认可多边调查的结果，没有支持韩国的立场。其后又接受了金正日的访华要求，中朝关系开始了积极的互动过程。毫无疑问，天安舰事件令中韩政治关系备受考验，借用韩国少数专家的话来说，中韩关系因天安舰事件降至两国建交以来的最低点（或最低点之一），中韩之间长达18年的"蜜月期"似乎即将终结。据美国皮尤研究中心2010年6月的一项全球调查显示，天安舰事件后，韩国国内对中国持正面印象的民众只占38%，远低于持负面印象的比例（56%），中韩关系由此坠入低谷。这个事件暴露了在对待朝鲜时中韩合作的有限性。天安舰事件的另一直接后果是韩美同盟的进一步巩固以及韩美军演的持续进行。之后韩美军演频繁举行并明显升级，美军航母进入毗邻中国的黄海海域，朝鲜半岛与东北亚地区时刻笼罩着战争的阴云。11月22日，发生在西海争议海域的延坪岛朝韩炮战事件使得美韩军演的步伐进一步加快、加大，演习时间也不断加长。延续、且不断加强的美韩同盟合作，成为韩国实施在中美之间"两面下注"策略、扩大自身利益、应对安全威胁的重要支柱。

二、中朝战略经济关系与中国政治影响力的局限性

中韩外交关系正常化在很大程度上是以中朝关系的裂痕和疏离为代价

---

① Scott Snyder and See - Woo Byun, "China - Korea Relations: The Cheonan and China's 'Double Play'", p.6.

的，虽然中国极力希望使得这种代价“最小化”，[①]但朝鲜仍然把中国实行改革开放和与韩国发展关系看作是对社会主义理想和传统的中朝关系的背叛。1992 年中韩建交更是使朝鲜感到在国际社会颜面尽失，从而与中国疏远。[②] 从外界看，中朝传统上是由强大的意识形态、个人关系、社会联系以及情感等紧紧绑在一起的，但在中韩建交后，中朝之间除了地理上的接近性外再没有什么相同的了。[③]随着时间的推移，中朝关系逐渐演化成一种少见的生存依赖与拒绝影响并存的模式：朝鲜在政权生存上越来越依赖中国的经济援助，在战略取向上却能够持续忽视中国利益以及保持很大的决策与行动自由。

这种关系的演变可以分为几个阶段。第一，1993～1998 年：中朝关系紧张与第一次朝鲜核危机。由于失去了苏联这个巨大的支持者，加之中国减少援助，转而注重寻求以市场为基础的贸易，20 世纪 90 年代初朝鲜经济陷入严重危机。这一时期，中朝双边贸易大幅度下降，中国占朝鲜整体贸易的比重从 1993 年的 32% 降至 2000 年的 20%。虽然 1997～1998 年中国加大了对朝鲜的粮食援助，但中朝之间的全面关系陷入发展困境，中国失去了部分对朝鲜的影响力，这种局面又被克林顿政府时期的对朝接触政策进一步强化。

中朝关系的裂隙以及美国的介入，导致中国对半岛事务的影响处于不能完全发挥的状态。中韩建交后的几年中，中国努力维持着与两个朝鲜的“等距离”外交，即在谋求维持与朝鲜“特殊关系”的同时与韩国实现“关系正常化”。第一次朝鲜核危机期间，国际社会对中国遏制朝鲜核计划寄予厚望，但中国只是起到被动的作用——向朝鲜传递信息而不是努力引导朝鲜对国际社会的关注进行回应。1994 年 9 月 2 日，中朝发表共同声明，中国

---

① 为了将中韩关系正常化对中朝关系的负面影响降到最小，中国希望能从三个方面在政治上帮助朝鲜进一步融入国际社会：中国促成了韩国与朝鲜同时加入联合国；促使日本、美国与朝鲜关系正常化；回应对刚刚出现了对朝鲜核项目的国际关注。但除了第一个努力成功之外，另外两个之间的相互联系性非中国力所能及。1985 年时，不算经由香港的非直接贸易，中韩之间的贸易额已经达到了 10 亿美元，是中朝之间的两倍。但中国仍然在 7 年之后才与韩国正式建交，这显示出中国的特殊政治考虑——与朝鲜的关系。1990 年 3 月 14－16 日时任中国国家主席江泽民访问了平壤，这是他就职后第一个出访的国家。

② 中朝之间原本每年都会有首脑互访，但自 1991 年 10 月金日成访问北京后，直到 2000 年 5 月金正日访华，两国首脑互访中断了近 9 年。

③ Scott Snyder, *China's Rise and the Two Koreas: Politics, Economics, Security*, p. 109.

“应朝鲜的强烈要求”撤出停战委员会。此时中国更愿意将中朝关系维持在双边层次,不参与多边框架协议的实施,不参加朝鲜半岛能源开发组织,不愿明确表示或采取行动制约朝鲜。这表明北京意识到它对朝鲜影响力的局限性。

第二,1998～2003年:中朝经济关系稳步改善,中国显示出影响朝鲜半岛的政治意愿。1999年4月,中国外长唐家璇访问朝鲜,长期中断的中朝高层互动开始恢复。唐承诺中国向朝鲜提供15万吨粮食和10万吨煤。2000年3月,朝鲜最高人民议会议长金永南回访中国。这些高层访问对于克服两国关系的紧张具有重要作用,并为首脑互访奠定了基础。2000年5月29－30日,金正日第一次以朝鲜国防委员会委员长的身份访华,2001年1月金再次访华。2001年9月2－4日,中国国家主席江泽民回访朝鲜,这是1992年中韩建交后中国最高领导人首次访问平壤。双方承诺开展高层互方、经济合作、就地区事务进行协商。金正日赞扬了中国改革开放的成就,江泽民主席在朝鲜受到极为隆重的礼遇,被解读为中国开始恢复对半岛的战略影响力。这期间,中国对朝鲜的出口增加了30%,同时加大对朝鲜的投资,朝鲜对中国的出口翻了两番。2003年,中朝贸易比2002年增长了近40%。

密切的高层往来以及朝鲜对中国经济援助的依赖赋予中国影响半岛事务的政治意愿和政策主动性。2000年6月,金大中与金正日举行南北峰会,中国表示欢迎峰会并承诺支持半岛双方和解、独立、和平与统一的努力。2003年朝鲜第二次核危机后中国改变了立场,加大了外交斡旋的力度,中国主导下的六方会谈机制的确立凸显出其解决朝核问题甚至建立一个多边地区安全机制以保证地区和平的渴望和动力。① 从这一时期起,中国成了唯一与朝鲜半岛南北双方都保持良好关系的大国,这为北京创造了加强对半岛影响力的机会。中国是朝鲜与外部世界之间唯一的常规交流渠道这一事实,使国际社会对中国对朝鲜的特别作用寄予了超乎寻常的期望。

第三,2003年至今:中国从“保护人”成为朝鲜的“生命线”。2003年第二次核危机发生后,中国开始担心美国与朝鲜发生军事对抗的危险,担心布什政府使用武力解决朝鲜核问题。因此,作为六方会谈的东道主和调解方,

---

① Vinod K. Aggarwal and Min Gyo Koo, “An Institutional Path: Community Building in Northeast Asia,” in G. John Ikenberry and Chung - in Moon eds., *The United States and Northeast Asia: Debates, Issues, and New Order*, Lanham, MD: Rowman & Littlefield Publishers, Inc., 2008, p. 293.

中国有更多的理由加强和保持与朝鲜常规性的高层接触，中国自身经济能力的增强也使其获得了更多促使平壤合作和参加六方会谈的经济手段。为了确保朝鲜参加2004年2月第二轮六方会谈，中国承诺提供5千万美元的经济与能源援助。2003年，中国开始加强对朝鲜的高层访问、经济援助以及贸易投资关系。在2005年10月胡锦涛访朝期间，中国承诺在以后5年中提供20亿美元的经济援助，目的是保障朝鲜经济稳定并在政治上更加接近中国。同年，中国投资约5亿美元，加强中朝边界珲春市与罗津先锋特别经济区之间、中国和龙与朝鲜妙山铁矿之间的道路、桥梁、港口等基础设施建设，使珲春得以使用朝鲜的罗津港。至2006年10月，朝鲜共批准49个项目、价值1.35亿美元的中国投资，主要涉及矿产开采、机械制造、食品加工领域，约占朝鲜所有外来投资的70%。根据韩国贸易投资促进机构统计，2009年，朝鲜总体对外贸易为50.9亿美元，中国占其中的53%。如果不包括南北边境的运输，朝鲜78.5%的贸易是与中国进行的。① 2010年头5个月，中朝整体贸易增长了18%，朝鲜从中国进口7.27亿美元，向中国出口2.56亿美元。②

中国加强对朝鲜的经济援助与贸易投资，其目的既是为了确保朝鲜经济与政治的稳定，也是为了促进中国边疆地区的经济发展。东北亚地区的稳定对中国来说是建立和谐社会的重要外部条件。在这种情况下，中国关于对朝经济政策的任何决定都是与中朝关系的政治考虑联系在一起的。中国维持中朝关系的稳定并将朝鲜视为一个战略缓冲的核心利益在中韩建交后并没有改变，只是中朝关系在20世纪90年代以后发生了变化——从来自于朝鲜战争共同的经历、共同的意识形态、传统纽带以及共同情感的战略伙伴，变成主要关注如何维持一个和平稳定的周边战略环境来确保中国的经济发展和战略影响力。但鲜有证据证明，中国对朝鲜的经济援助和贸易以及朝鲜对中国的经济依赖已为中国提供影响朝鲜政治进程的根本手段。朝鲜依据自身利益而做出的策略选择让中国的经济力量无法转化为相应的政治影响力。

---

① Seonjin Cha, "North Korea 2009 Trade Shrank 9.7% on Sanctions, S. Korea Says," *Bloomberg News*, May 23, 2010, http://www.businessweek.com/news/2010-05-23/north-korea-2009-trade-shrank-9-7-on-sanctions-s-korea-says.html

② Chris Green, "Sino-North Korean Trade Grows Again," Daily NK, July 6, 2010, http://www.dailynk.com/english/read.php? cataId=nk00100&num=6567

首先,朝鲜认为,中国对其提供经济援助、贸易与投资是以中国自己的经济与政治利益为出发点的,是为中国自身利益服务的,因而不需要进行政治上的自我克制来回报中国。2005 年 2 月朝鲜宣布成为一个拥有核武器的国家,2006 年 10 月实施第一次核试验,2009 年 5 月进行第二次核试验,2010 年 10 月宣布启动高浓缩铀作业,朝鲜弃核过程停滞不前,以及半岛局势持续紧张等,无不表明中国的经济援助作为制约朝鲜政策的政治手段的有限性。

其次,朝鲜实行"中国式"改革开放的可能性不明显。中国曾试图以经济援助计划推动朝鲜进行中国式的经济改革。在金正日的多次访华之行中,中国改革开放的好处都被加以强调,朝鲜领导人时而也对此做出积极回应,使人产生希望,但目前朝向这个目标的努力还很少。金正日逝世后,在朝鲜推行改革开放具有可能性和可行性。金正恩上台后的新举措表明,朝鲜政府愿意沿着改革开放、引进外资的道路走下去。但据此判断朝鲜近期将出现类似中国"改革开放"模式的重大经济改革仍根据不足。对朝鲜进行经济改革持乐观态度的分析集中于两点:一是"逐步对外开放经济是朝鲜摆脱经济困境的唯一途径"已经成为共识;二是金正恩的个人对待国内经济发展的态度会与前任领导人不同。观察家们普遍认同的是,朝鲜若推进重大经济改革,"稳定的外部环境"和"稳固的国内政权"缺一不可,而这两个条件的实现都是需要时间来保证。因此,上台时间不长的金正恩必须一手抓国防,防备任何可能出现的特殊情况;另一手则可能软化强硬姿态、改善与各大国的关系,为发展经济创造条件,来实现一个稳定的政体所需要的内、外部环境。目前其效果尚在观察之中。

再次,朝鲜一直试图改变对中国的经济与政治依赖。为此,它致力于寻求与美国关系正常化,或加强与韩国的经济合作。朝鲜认识到,首先需要解决的是来自美国的压力,只有与美国改变关系才能根本缓解自己在地区和国际上的被动孤立局面。尽管外界对朝鲜发展核武的动机存在不同观点,但借此提高在与美国谈判中的地位这一点上是有一定共识的。2007 年朝美纽约会谈中,金桂冠公开的言论显示出朝鲜想要通过与美国建立战略关系,以平衡中国的主导地位和对中国的经济依赖。同年,南北峰会提出"三方或四方"达成半岛和平协议的说法,也表明朝鲜想让北京"出局",而更愿从美国得到“积极的安全保证”。[①]事实上,朝鲜经济上越是依赖中国,中国越是担心援助的中断会造成朝鲜经济与社会的动荡,并波及到中国自身。因此,中朝经济关系在现实中发展到一个相反的方向,使两国具有某种倒转的不对称的影响。

朝鲜清楚地认识到,拥核之路必定充满曲折,也与中国的国家利益不相符合,因此,如果要唤起中国对其发展核武器的战略隐忍,一个重要手段就是利用美国的存在。同时,与美国这样一个全球经济与安全体系中的霸主改善关系,也是朝鲜解决自朝鲜战争,特别是冷战结束以来所面临的国际经济与安全困境的最佳良方。

在很大程度上,中国应对朝鲜核问题的双边或多边行动,都是其努力恢复 1992 年以来恶化的中朝关系和保持地区稳定的举措。[②]随着中国经济力量的持续上升,中国逐渐获得与朝鲜进行重新接触的机会。但是,尽管朝鲜对中国的依赖史无前例,中国所拥有的经济手段达到高峰,中国却也因此成为朝鲜经济崩溃的“囚徒”——中国担心朝鲜崩溃产生的政治不稳定会扩散到中国的东北地区,从而影响中国整体的经济发展环境和国内稳定。在施奈德看来,中国为维持对半岛的影响力和对冲地区不稳定的后果,不断增加对朝经济投资,这决定了其对朝鲜的援助很多是“战略”上的。[③] 中国拒绝“挤压”朝鲜,而倾向于对朝采取“软威慑”的政策,即承诺更多预期中的好处,直到朝鲜内部做出适当的调整以形成实施经济援助的条件。这种经济关系虽然没有赋予中国足够的对半岛事务的影响力,却使中国有了一定的发言权。从这个意义上说,中国不可能将这种传统手段束之高阁。中朝关系的“正常化”只有在中国对韩国和美国的战略不确定性完全消除后,以及当朝鲜有效地融入东北亚政治体系时才能实现。[④]

---

① Victor D. Cha, “What Do They Really Want? Obama's North Korea Conundrum,” *The Washington Quarterly*, Vol. 32, No. 4, 2009, pp. 125 – 126.

② John S. Park, “The Rise of China and Its Impact on the North Pacific Security Environment,” in KEI and KIEP, *Navigating Turbulence in Northeast Asia: The Future of the U. S. – ROK Alliance*, October 2009, p. 142.

③ Scott Snyder, *China's Rise and the Two Koreas: Politics, Economics, Security*, p. 204.

④ 以上关于韩朝“两面下注”的论述,部分参见:王联合:“经济依赖与政治影响的非对称发展”,载方秀玉主编:《朝鲜半岛与国际关系》(一),[韩]新星出版社 2012 年版,第 373 – 382 页,特此致谢。

韩国和朝鲜两面下注策略的共同点在于：首先，两国都意识到美国在保证国家安全与繁荣中的首要地位，并断定，即使中国的影响力在不断上升，美国仍将继续占有主导性地位并发挥作用；其次，对中国战略目的和意图抱怀疑态度。作为近邻，复杂而纠结的历史联系既是中国与韩朝两国发展关系的推动因素，也是制约战略互信的心理障碍。透过历史的记忆来认知中国力量的上升，成为以韩朝两国为代表的许多东亚国家评判中国战略意图的依据之一。需要指出的是，这些国家的两面下注策略的目标并不是要促进一种地区秩序的急剧转变，不是要从根本上打破目前的地区力量的分配现状或是逆转中美权力转移的过程，而是希望中国与美国在地区的力量和影响力的差距在不断缩小的过程中，自身的利益能够得到保障。

虽然有着共同性，但是由于各自战略资源的差异性，朝鲜和韩国的两面下注策略实施起来的效果有所差异。总的来说，韩国要比朝鲜有更多的资本和手段进行“两面下注”。东北亚是一个不缺乏强国的地区，日本、韩国以及今天的中国、俄罗斯，都是或曾是在全球事务中有着重大影响力的国家。正是在这样一个强国林立的地区，朝鲜，一个小而弱的国家却以发展核武器来牵制着所有大国的敏感神经。中朝关系源远流长、唇齿相依，无论是历史上还是现在，中国都是朝鲜政权存续的重要依靠。但是出于各自的战略利益，朝鲜并不信任中国的“无私”帮助，数十年的既定方针中，朝鲜既想维持政权存续又不得不考虑融入国际体系，核武器在很大程度上被看作足以满足前者，而对于后者则只是法码和手段，因此很难发挥长期效用。美国是朝鲜核问题中最重要的外部因素。与美国建立良好的政治与经济关系被认为是保证国家生存与发展、避免被中国过度控制的风险的最佳选择。朝鲜寻求与美国进行双边谈判的强烈愿望也使得单单靠中韩处理半岛问题成为不可能，因为一些“好处”只有美国可以提供，如对朝鲜政权安全的特殊承诺。[①]这一点在冷战后的中朝关系发展中已经表现得相当明显。不过，鉴于朝鲜的政治体制以及地缘和历史因素，美朝关系的可靠性和可信性一直是朝鲜领导人所无法放心的。在施行“两面下注”策略过程中，朝鲜不可避免地要向中国方面偏斜。

---

① Victor D. Cha, “What Do They Really Want? Obama's North Korea Conundrum,” pp. 125 – 126; Narushige Michishita, “Playing the Same Game: North Korea's Coercive Attempt at U. S. Reconciliation,” *The Washington Quarterly*, Vol. 32, No. 4, 2009, pp. 149, 148.

韩国面临的情况较之朝鲜要游刃有余得多,有着更加丰富的两面下注的手段和空间。作为美国的传统盟友,它与美国在战略利益上保持着高度的一致,两国的经济关系、人员交流、相互之间的善意与好感从不缺乏。当然,韩国有着强烈的民族主义情绪,但整个社会对美国在朝鲜战争的帮助仍然感怀颇深。2010年藉朝鲜战争爆发60周年之际,加之朝鲜对韩国的一些威胁事件的发生,两国之间的关系日益加深。中国是韩国不得不面对的近邻。建交20年来,两国创造了国际交往关系史中的奇迹,经济往来、社会交往频繁,文化相近也带给两国互视中的善意。虽然美韩在迫使朝鲜弃核方面有着共同利益,但韩国在保持朝鲜半岛稳定上的利益与中国是重合的。同时,韩国对中国关于半岛统一的意图存在战略担忧,更不愿以美韩同盟为代价开展中韩合作。韩国没有别的选择只能采取“联美通中”的战略,因为中美两个国家都有着巨大的作用、能力以及意愿来影响与韩国利益密切相关的事务,包括应对朝鲜核危机以及谋求地区经济繁荣。在朝鲜核武器的威胁下,美韩同盟必须是未来韩国安全架构的支柱,在将六方会谈机制转变成为地区安全论坛并建立朝鲜半岛和平机制方面,韩国也支持中国发挥积极的作用。如果中美关系下行或是中国总体力量持续上升,韩国迟早会面对经济上依赖中国、安全依赖美国这种战略选择之间的根本性的矛盾。韩国会寻求一个新的战略结盟,疏远甚至解除与美国的安全关系,寻求一个与中国更加紧密的、政治与安全利益的联合,这个联合的决定性基础是与中国的经济关系。[①] 因此,中美关系的恶化也不是韩国乐于看到的,这将迫使它面临战略选择,从而不能继续实施可使其战略空间最大化的“两面下注”政策。

保持良好的政治关系、密切的人员交往、相互依存型的经济关系及一定程度上的防务对话和交流都可以丰富中小国家在大国之间“两面下注”策略。最理想的两面下注行为体是与两大国都保持良好的关系。总的来说,两面下注本身并不会让地区产生不稳定,反而会给地区带来更大的稳定。它导致主要大国“相互监督”并且在行动上相互慑止冒险主义,通过竞相提供更多的公共产品来换取中小国家的支持。至于美国的角色,通过在经济

① Chung Jae Ho, “China's Ascendancy and the Korean Peninsula: From Interest Reevaluation to Strategic Realignment?” in *Power Shift: China and Asia's New Dynamics*, pp. 151 – 169.

上和政治上平衡中国上升的影响力,美国在确保朝鲜半岛和平和影响东北亚经济转型方面起到了关键作用。美国应该寻求一种更加积极的伙伴地位,以便从东北亚经济融合中获得好处。在这种情况下,以中国为中心的经济相互依赖不仅不会变成美国作用被边缘化的政治基础,反而可能刺激美国更加深入广泛地融入东北亚事务。这一点已成为众多美国战略分析家的共识。[①]在这种情况下,更具建设性的是,这些东亚国家通过两面下注策略赢得时间,希望大国在权力对比发生变化的过程中有时间和空间来发现它们的共同利益。这种共同利益使得任何一个大国——无论是上升国还是主导国——都不愿意以武力的方式打破地区现状,因为这会导致所有方都付出惨痛的代价,而不只是让地区内的中、小国家承担权力格局变化的代价。显然,在东北亚地区,这种两面下注策略的目的不是要产生传统意义上的多极的力量平衡,而是要形成一种更加明显的有等级的多层次的权力分配体系:美国仍然是主导性的霸权国家,中国是一个地区强国,朝、韩两国则在中美两国之间采取战略平衡,确保两大国对于它们的利益均加以关照。在这种背景下,在应对核危机给地区安全带来的威胁时,中国、美国和韩朝之间既存在战略竞争也有着合作的客观需要。由于所拥有的力量和手段各不相同,只有实现大国与中、小国家的的联合才是解决朝鲜核问题的最佳方案。

三、美国对朝政策的“两难”

虽然在克林顿时期美国多次与朝鲜进行直接接触而且产生出成果,但从布什政府开始,美国对朝政策一直徘徊于强硬的“挤压”和温和的“接触”之间,深刻体现出政策选择的“两难”困境。

挤压政策思维几乎主导着布什政府第一任期和第二任期前期的对朝政策。概言之,布什政府上台后对朝政策的实质是力图通过全面缩小朝经济生存和大规模杀伤性武器发展与出口的空间,迫使朝鲜改变政策,或促使朝鲜政权变更,而不是将尽快解决核问题作为唯一焦点。正是在个时期,爆发了第二次朝核危机、六方会谈在 2005 年 9 月签署的《共同声明》也未能阻止

---

① Scott Snyder, *China's Rise and the Two Koreas: Politics, Economics, Security*, p. 214. Narushige Michishita, “Playing the Same Game: North Korea's Coercive Attempt at U.S. Reconciliation,” pp. 149, 144; Andrei Lankov, “The North Korean Issue: What Can Be Done?” in KEI and KIEP, *Navigating Turbulence in Northeast Asia: The Future of the U.S. –ROK Alliance*, p. 92.

朝鲜试射多枚短、中、远三种射程的导弹,并于2006年10月9日进行了首次地下核试验。布什政府曾多次声称不会容忍一个拥有核武器的朝鲜,但数年过去了,它却不得不面对一个在核道路上越走越远的朝鲜。朝鲜公开实施核试验意味着美国对朝挤压政策的彻底失败。这与美国一直“舍本逐末”沉浸在像金融制裁这样的“二类问题”中,而忘却了阻止朝鲜发展核武器这个根本性问题直接相关。① 正如前助理国务卿帮办苏珊·舍克(Susan Shirk)所说:“布什政府所采取的路线是拒绝对话,拒绝对话已经变成了目标而不是去解决问题。”②负责政治事务的副国务卿坎特(Arnold Kanter)这样总结美对朝政策的悖谬:美国一贯坚持朝鲜必须在核武器和成为国际社会繁荣的一员之间做出选择,但“却几乎没有向朝鲜提供任何好处,来促使它作出这样的选择;也没有向它表明如果它没能做出正确选择将会面临什么样的惩罚。”③

布什政府第二任期的后半期开始调整对朝政策,在一种更加平等的层面上尝试与朝鲜进行接触。这并不是说美国几十年来对朝鲜的意识形态敌对已经结束,而是美国在总结了与朝鲜交往经验的基础上采取的一种实用主义外交路线。它反映了美国目前所处的两难境地:对朝鲜进行的任何武力打击和足以导致其政权垮台的制裁行动在没有中国的支持下都是无法取得预期效果的,而单纯的对朝鲜政权进行政治、经济和军事上的孤立和遏制又不足以压服朝鲜放弃其核能力;若采取被动地听之任之或者事实上承认朝鲜的核国家地位的政策,则会引起美国国内的政治震荡,也不利于控制其他国家尤其是日本寻求获取核武器的努力。因此,美国没有其他选择,只能暂时放弃不与朝鲜举行双边谈判或寻求一次性解决朝核问题(要求朝鲜彻底地、可验证地、不可逆转地弃核)的立场,转向通过与朝鲜接触,实现以循序渐进的方式解决问题。这种接触政策的特点在于它的互惠性、有限性和循序渐进性。

首先,只有朝鲜采取具体步骤履行其义务,美国才会给予援助。在朝鲜

① Joel S. Wit, “Enhancing U.S. Engagement with North Korea,” *The Washington Quarterly*, Vol. 30, No. 2, 2007, p.56.

② Leslie Evans, “Two Panels Debate U.S. – North Korea Nuclear Options,” http://international.ucla.edu/asia/article.asp?parentid=3407

③ Arnold Kanter, “North Korea Missiles Launches and Implications for U.S. Policy,” *PacNet*, No. 35, July 21, 2006, http://www.csis.org/media/csis/pubs/pac0635a.pdf

采取行动的同时,美国将给予其一定的好处,如提供能源、食品援助以及解除制裁等等,目的是使这个过程继续下去,直至签署和平条约保障朝鲜安全。作为交换条件,朝鲜最终弃核。①可以说,这种互惠性意味着美国在某种程度上意识到,像朝鲜这样一个贫穷、孤立、弱小的国家,身处一个地缘政治局势异常复杂的地区,且在法律意义上仍与世界上最强大的国家处于交战状态(朝鲜迄今尚未与美国缔结互不侵犯条约,只签署了停战协定),它的首要目的是求得国家的安全和政权的稳定。因而美不得不率先做出开启僵局的姿态,以换取朝承担采取下一步行动的责任。

其次,所谓接触的有限性是指将谈判重点集中于解决朝鲜核问题,尽量排除其他次要问题,如削减常规军队、人权、国际金融犯罪行为等问题的影响。美国在这个过程中发出的信号是,只要朝鲜不使局面更加恶化并逐步限制其核计划的发展,如先关闭宁边核设施,再解除高浓缩铀项目,最后申报并废除核能力,那么美国愿意与朝鲜现政权共存。这种方式使美国能够致力于解决它最主要的安全关切,也可以使朝鲜政权相信美国没有推翻其统治的意图,为朝鲜提供了一种既能走出目前僵局又能保存颜面的选择方案,有利于两国一步步建立互信,从而优先解决由朝鲜核项目带来的安全困境。可见,现在美国应对朝鲜核问题的方针正从长期、本质的解决方式向短期、对症下药的方式转变。换句话说,美国先要控制火势,然后花费时间慢慢去除火种。

最后,此次在朝核问题上,美国认可了循序渐进的外交解决思路,是可以与最终目标的实现连在一起的。也就是说,在朝核问题上,既有弃核的目标,也有分阶段的配套步骤,这是其解决东北亚问题的一大进步。美国之所以能够在朝核问题上取得突破,是与其全球战略调整、国内政治前景及大中东战略连在一起的。在美国的全球棋局中,中东问题远要比朝核问题困难、复杂,也迫切得多。从全球战略统筹的角度看,美国政策必须有取有舍、有进有退,权衡利弊得失,东亚就成了美国下缓棋的地方。东亚是其战略前沿之一,但自冷战结束以来,美国东亚政策的核心还是维持现状。

美国实行对朝接触政策的一个重要目的是,在密切关注朝鲜是否做出

① Robert Carlin and John W. Lewis, "What North Korea really wants," *The Washington Post*, January 27, 2007.

明智选择和快速行动的同时，为美国建立一个牢固的多边联盟。美国已经做出寻求积极、务实外交的姿态，向朝鲜提出了一种关于其未来的选择以及帮助它走出目前困境的途径。在这种情况下，如果朝鲜仍然拒绝这种新的外交努力，中国、韩国以及其他国家批评朝鲜的声音将会越来越大，美国由此可以摆脱政治上的掣肘，为回归强硬立场赢得支持。其中，中国的支持对美国至关重要。朝鲜进行核试验后，中国做出了强烈反应，通过安理会决议措辞严厉地指责朝鲜的所作所为，并赞成对朝鲜实行某些制裁。诚如希尔所言，"中国是朝鲜不会违反协议的最佳保证。"①美国获得中国的合作，虽然不能确保一定成功，但成功的可能性大大增加。而如果没有中国的合作，美国则必输无疑。

毋庸讳言，一个敌对的、拥核的朝鲜无疑会对美在东北亚的重要战略利益构成威胁。因此，从美国的角度而言，尝试并加强对朝接触政策是值得一试的、也是可以理解的，这是目前实现以"和平的外交方法"解决朝鲜核问题的唯一途径。

接触政策的一个有意思的变化是在奥巴马政府的"战略忍耐"期。2009年上台伊始，奥巴马总统就声称并不拒绝与朝鲜这样的国家进行接触。但由于忙于应付金融危机给美国带来的影响，同时也由于六方会谈处于停滞阶段，美国对朝鲜并没有采取什么突破性的政策举措。在这期间，朝鲜仍然采用惯用的战争边缘手段来获取其政策目标，例如，试射导弹、发射卫星、恶化与韩国关系，并强硬声称永久退出六方会谈和停战机制。在这样的情况下，奥巴马一方面保持一定的克制态度，不在言辞上刺激朝鲜，强调与朝鲜进行对话的可能；另一方面加强了与韩国、日本的军事同盟关系，意在向朝鲜宣示美国保卫同盟国安全、不会对朝鲜的挑衅性攻击行为听之任之。2009年12月11日，朝鲜问题特使博斯沃斯（Stephen Bosworth）提议应开启一种针对朝鲜的"四维战略"（fourpronged strategy），②即强调紧密的地区磋商与合作、联合国和国际制裁、防御措施以及外交接触，目的是为了谈判出一条切实可行的实现无核化的路线。可见，如果说朝鲜的行为方式并未有太大变化，那么不同的是美国要以什么样的方式来回应，这将对朝鲜核问题

① Steve Chapman, "Hope, experience and North Korea," *Chicago Tribune*, April 5, 2007.

② Narushige Michishita, "Playing the Same Game: North Korea's Coercive Attempt at U. S. Reconciliation," *The Washington Quarterly*, Vol. 32, No. 3, 2009, pp. 144, 149.

的解决乃至半岛的稳定意义重大。可以说，坚定的接触，包括不排除美朝关系正常化的可能，同时配合以强硬的反扩散以及防御努力，才是美国应该选择的道路。[①]作为控制朝鲜进一步的挑衅的方式，这种政策最显见的表现是不急于召开六方会谈，而是强调朝鲜应该显示出清晰的承诺来进行无核化，同时，打开与朝鲜对话之门，通过直接与朝鲜的沟通来使误判的可能最小化。自2011年10月开始美朝日内瓦会谈以来，取得了一些进展，就在金正日去世前一周，美国国务院负责朝鲜人权问题的特使罗伯特·金与朝鲜外务省美国局局长里根在北京进行了会谈，商谈恢复食品援助以及与进行援助相关的监督条件的事宜。可见，奥巴马政府正在努力把粮食援助问题与核问题分离开。当然，美朝直接对话不会是一个一帆风顺的过程，但是，粮食援助这一有趣议题引人不禁深思：美国正在尝试如何传递出正面的积极的信号与朝鲜新领导层进行接触。

虽为全球霸主，也是朝鲜主要的对外政策目标国，美国对朝鲜政策仍然面临着不能轻易跨越的结构性制约。接触政策能否取得成功并成为较持久的美国对朝政策，最终化解两国间由来已久的敌对和不信任感，取决于以下几个方面的因素。

首先，美国是否已经从战略上理解朝鲜的行为？现在要得出肯定的答案似乎为时尚早。如前所述，美朝之间曾经达成过若干控制核发展的协议，但在执行过程中总是充满了变数。目前美朝双方的战略诉求仍然有着巨大的分歧。朝核问题肇端于朝鲜对美国单边主义行为的反应、对华盛顿一直谋求推翻不合其心意的政权的政策倾向的恐惧。在美国对伊拉克和利比亚动武之后，对朝鲜而言，最重要的是通过实现与美国关系的正常化，遏止华盛顿对平壤采取军事行动，从而确保其政权的安全。而美国现阶段的国家利益要求它依赖东北亚地区同盟体系，保持地区稳定，以便有足够的精力应对中东局势的发展。朝鲜这样一个“体系外国家”的存在一直使美国感到“如鲠在喉”并且已经发展到了不得不加以正面应对的地步。因此，华盛顿在六方会谈一开始便声明，两国关系的进展取决于美国对朝鲜核计划、削减常规武器、销毁化学武器、人权状况等一系列问题提出的要求是否得到满足，其目的在于将朝鲜政权在各国际领域的行为纳入美国可接受的范围。

---

① Ibid, p.149

从更大的视角来看，美国在东亚部署导弹防御系统，理由正是抵御来自朝鲜的导弹威胁，哪怕这一威胁多么虚幻。一旦美朝关系正常化、“朝鲜核危机”消失，美国的反导盾牌要延伸至亚洲的理由也就不攻自破了。因此，白宫对朝鲜政权习惯性的厌恶及其在东北亚的战略利益考虑，都使美国在近期无法从战略上根本解除对朝鲜的敌意。

在一些不像核武器那样具有威胁性的具体问题上，如经济、金融、社会等方面，美国依然对朝鲜延用着“犯罪与惩罚”政策思路。金融制裁出人意表的出现和解决起来的困难程度就是一个很好的例子。虽然这一问题已经得到基本解决，但类似的问题今后还会出现并影响到两国战略关系的改善，如美国也非常不乐意将韩国在朝鲜开城工业园区生产的商品作为韩国产品，列入美韩自由贸易协定中，这也是该协定一直难产的主要原因之一。显然，在一些，美国仍然在延用“犯罪与惩罚”这样的对朝政策思路。可见，美朝两国的政治生态之间存在着巨大的差距，这种差距使美国根本不可能在现阶段对朝鲜的政策产生战略上的认同和理解，从而让人们对接触政策的深度、广度和持久性无法过于乐观。

其次，美朝之间的相互信任感如何建立？朝鲜核问题前前后后拖了十多年，而且越来越严重，其主要原因是朝美之间由于痛苦的交战历史和长达几十年的军事对峙而缺乏基本的相互信任。指望一两次高层访问就能抹去以往复杂曲折的历史记忆和夯实依然薄弱的信任基础是不现实的。

朝鲜放弃核武装的进程，应该与美国改善对朝关系、使朝鲜对安全和发展建立起自信心的进程基本吻合一致的。简单地追求以援助换弃核，以有限的善意换取关系的缓和，可能会显示出一定的成效，但这种成效肯定是有局限性的。全面解决朝核问题就必须在美朝之间建立起基本相互信任的国家关系，包括外交关系、政治关系、军事关系和经济关系。这也正是为什么朝鲜外务省发言人在宁边核设施甫一关闭就说：朝鲜的下一步措施将取决于美国和日本的对朝政策。因此，朝鲜核问题的进一步解决有赖于美国必须采取相应的行动——解除对朝鲜的经济制裁、将朝鲜从恐怖主义支援国的名单中去除、回应朝鲜军方提议的与美国军方进行直接军事对话的要求，显示其引领美朝关系迈向正常化的诚意。

第三，这种不信任感的存在在多大程度上会影响接触政策的成效？美国政策立场转变的前景有赖于与朝鲜的呼应和互动。即便是美国谈判代表希尔也对《共同文件》的前景抱着谨慎的态度。当被问及是什么给了他信心，相信这项协议会奏效时，他回答道："信心是一个太过强烈的字眼。"①

除了这些根深蒂固的观念的作用，接触政策本身所具有的循序渐进特点虽然比较有利于弥合美朝双方诉求上的差异，但同时也会导致在达到最终"弃核"目的的过程中充满着变数。朝核问题的解决要素至少包括朝鲜弃核、朝美关系、朝日关系正常化、各方援助落实等诸项行动，这是一个互有关联、相互制衡的大系统，各项行动自身又形成各有其特性和难点的子系统。根据"行动对行动"的原则，朝鲜弃核行动与其他各方相应行动相辅而行。这个缺一不可的行动链条实际上也是一个各方利益关系动态发展的过程。由于各方利益差异及朝核问题本身所具有的极为敏感、微妙、复杂等特性，随着不断深入的六方会谈进程触及废核等实际行动的展开，这一行动链条中的某些环节出现"节外生枝"应是意料中事。正如朝鲜外务省发言人 2007 年 7 月 6 日表示，如果在朝鲜关闭和封存宁边核设施后，其他各方所承诺的政治、经济补偿措施不能到位，朝鲜将有理由重新开始进行核活动。如果类似情况发生，美国对朝接触政策将面临致命的打击，未来的路仍将困难重重。

第四，美国国内政治的制约。近一年来，朝鲜核能力的快速发展对美国利益造成了潜在的严重威胁，使美国国内对接触政策的支持空前强大。但这种支持是有条件的，它能否延续下去还将取决于 2012 后的新总统是否继续把与朝鲜进行严肃认真的接触当作一项重要的对外政策加以优先考虑。届时，新总统会有其他许多外交关注点，而国内保守派也会不失时机地强调朝鲜的每一次不良行为，如人权问题、贩毒、制造伪钞以及洗钱等。如果朝鲜继续做出一些挑衅性举动，接触政策的前景则更加堪忧。而且，美国任何不连贯的政策思维和行动都将加强朝鲜内部强硬派的力量，不排除恶性循环致使危机再次爆发的可能。

第五，地区盟友和利益考虑的影响。日本是美国在东北亚地区的主要盟友，目前仍然在朝鲜核问题上顽固地坚持强硬立场，日朝双边谈判遂屡屡不欢而散。如果美国在日本人质绑架事件未彻底解决前就把朝鲜从"支持

---

① Steve Chapman, "Hope, experience and North Korea," *Chicago Tribune*, April 5, 2007.

恐怖主义国家”的黑名单上删除，无疑会招致日本的不满，动摇美日在朝核问题上的合作；而如果美国考虑到其在东北亚地区的整体战略利益和美日同盟关系而偏袒日本，则将不可避免地使朝鲜产生被包围感，有损美国与朝鲜关系的发展。

总之，目前来看，美国对朝接触政策的前景仍不太明朗。一方面，与其说这种接触政策意味着美国对朝鲜政权本质上的认可，不如说它正在等待朝鲜做出重要的战略选择，①同时努力在解决朝核问题上争取伙伴。美国对朝政策的这种变化，充其量是一种临时的“中规模战术变化”，②是在疲于应付中东与国内经济问题的情况下采取的缓兵之计。现在的奥巴马政府就像以前克林顿政府一样，在执政末期仅仅是谋求一种与朝鲜“和平共处”的状态。另一方面，美国对朝政策当下还不至于出现战略性的调整。美国遏制朝鲜进一步发展核武器这一底线并未发生动摇。美国对外战略的原则之一是，“如果不能击败对手的话，就拉拢它。”而拉拢只是手段，最终目的仍然是“继续攻击”，击败对手。在接触政策的实施过程中，美国选择与金正恩政权“共存共荣”，只能说是一个表象。美国目前急于在朝核问题上有所作为，但尚不足以表明美国改变了它对东北亚地区的总体战略，也不能说明美国现政府和未来的新政府能够彻底放弃对朝鲜的“挤压”政策。所以，朝鲜在未对美国建立起基本信任和消除受威胁的意识之前，也不大可能轻易放弃苦心经营数十年的核能力。

与朝鲜相比，美国无疑是强大的，但却有着“强大者的弱点”，而朝鲜也有美国能力所不能制约的力量。③ 美国关注朝鲜核问题在三个层次上产生的影响：美国自身的安全、美国对盟友的责任以及美国在全球体系中的领袖地位。经过数年的试探与摸索，美国终于在理想主义与现实主义、政权变更与行为变更、革命方式与务实方式之间做出了理性的选择，但并不是说这些政策之间就不再存在张力。纵观美国对朝政策的转变，我们可以看出，在经历了克林顿时期的接触，布什时期的挤压、制裁、孤立再到接触，以及现在奥

---

① Condoleezza Rice, “Interview With The Financial Times,” April 20, 2007, http://www.state.gov/secretary/rm/2007/apr/83369.html

② ［日］中西辉政：“日美韩‘保守派’协作是日本的生命线”，［日］《争论》月刊5月号。

③ Wade L. Huntley, “U.S. Policy Toward North Korea in Strategic Context,” *Asia Survey*, Vol.47, Issue 3, 2007, p.463.

巴马时期的忍耐、再接触的过程之后，今后的美国对朝鲜政策将继续受制于“挤压”与“接触”的各种限制因素，从而徘徊于两种政策之间。

四、中美合作与朝鲜半岛的未来

无论是影响力巨大、力量不断上升的中国，还是盟友关系牢固、雄霸地区数十年的美国，都无法在朝鲜核问题和半岛的未来安排上为所欲为。它们不仅受制于各自国内的利益权衡，更重要的是，朝鲜和韩国不约而同地施行“两面下注”策略，从而导致崛起国和霸权国在地区事务中发挥影响力时都感觉到了制约，谋求合作成了两国共同的需要。在应对朝鲜核问题的过程中，任何机制和机制化合作的出现与成功都将有赖于对三个基本要素的判断：稳定与和平的共同目标、特定的权力分配以及特定的规则。

虽然有着不同的利益优先考虑以及利益差异，中美在朝核问题上有着一个远期但重要的共同目标——实现半岛无核化、实现半岛的和平稳定。正如前国务卿鲍威尔 2003 年 9 月谈及朝核问题时指出的，美中双方都不希望朝鲜研制和部署核武器，两国都不愿意看到朝鲜经济垮台的灾难性情景，双方都不希望在中国边界出现日益严重的难民危机等。毫无疑问，美中双方也都不希望再发生一次朝鲜战争。①共同利益造就了中美两国领导人之间的频繁沟通和交流，使华盛顿和北京得以克服意见分歧及相互猜疑，在各个关键时刻推动朝核问题不断取得进展。布什曾利用总统热线打破僵局，促使两国在朝鲜实施导弹试射和核试验后作出共同反应。2007 年 1 月前，美国不愿与朝鲜举行双边谈判，中国在紧要关头于两国间尽力斡旋，最终把美朝拉到谈判桌前。从 2002 年 10 月朝鲜核危机再次爆发到 2007 年 2 月朝核会谈六方通过共同文件，美国总统与中国主席就朝鲜问题专门进行了至少 13 次电话沟通，他们还在双边峰会和讨论朝鲜问题的多边会议空隙进行了 9 次会晤。同时，这期间中国外交部长和美国国务卿就这一问题举行了 13 次会晤、通了 32 次电话。此外，参与六方会谈的中美两国代表团团长也常常往来穿梭于太平洋两岸，还与参与六方会谈的其他国家代表团团长协商沟通。

① Colin L. Powell, “Remarks at The Elliott School of International Affairs,” http://www.state.gov/secretary/former/powell/remarks/2003/23836.htm

根据希尔的说法，通过这种方式，美中两国才能在六方会谈进程中有着协调一致的目标、战略和策略。美国和中国携手，就能无往不利。[①]随着时间的推移，中国在朝核会谈中的角色由被动的旁观者变成会谈的东道国，直到最后成为"首席调解员"和"坦诚斡旋者"。

奥巴马政府自上台之日就不拒绝通过与朝鲜进行直接对话来降低武力挑衅和误判的危险。2011 年 10 月以来，美朝举行了两轮日内瓦会谈，取得了一些进展。金正日的离世前并没有阻止美朝接触的步伐。2012 年 2 月底，两国终于就恢复粮食援助最终达成协议，成为近年来美国与朝鲜关系第一次外交突破。无论结果如何，美国已传递出正面的积极的信号与新的领导层进行接触，打开与朝鲜对话之门，通过直接与朝鲜的沟通来最小化误判的可能显然是主要国家近期努力的方向。

总之，无论是对于驻有 170 万重兵的朝鲜半岛还是整个东北亚地区来说，无论是国家间的强硬对抗行为，还是一个贫穷的国家的崩溃都会引发一场人道主义灾难。诚如曾经主导过美朝会谈的华盛顿韩国经济研究所所长查尔斯·普里查德(Charles Pritchard)所说："我们应该尽快做的是向朝鲜提供一条合理的前进路径，这条路径的设计并不是为了推翻朝鲜新的领导。同时，私底下应传递出强烈的信号：对于朝鲜来说没有任何别的选择只能开始改革进程。"现在，需要时间让朝鲜来决定自己的方向，而周边国家所能作的，就是在这个不同寻常的过渡时期，帮助朝鲜做出国际社会所欢迎的政策改变，帮助朝鲜走上有利于国家稳定与发展、有利于朝鲜半岛和平与繁荣之路。

在这个充满不确定性的新时期，国家间互动过程中规则的建立意义尤其重大。朝鲜核危机的发生从一个侧面反映了东北亚地区安全机制的缺失，不断深入的六方会谈为东北亚地区安全机制的构建指明了方向。国际机制是在国际关系的一定领域中汇集了行为者期望的一组明确或含蓄的原则、规范、规则和决策程序。原则是指一套关于国际事务如何运作的理论说明；规范是对普遍行为标准的具体化；规则和决策程序是在明确限定的领域内对行为的详细说明。[②]从理论上讲，机制的生成取决于：①对协议的需求。

① Bonnie S. Glaser and Wang Liang, "North Korea: The Beginning of a China - U. S. Partnership?" *The Washington Quarterly*, Vol. 31, No. 3, 2008, p. 176.

② 李少军：《国际政治学概论》，上海：上海人民出版社 2002 年版，第 205 页。

机制可以提供既定的谈判框架(降低交易成本)和帮助协调行为体预期(提高行为体所能得到的信息数量和质量)。②问题密度的增加。某种特定政策空间内出现的问题数量及其重要性,使调停不同目标的组织成本提高,从而导致更为广泛的国际机制需求。③对原则和规范的需求。"交换"规范能够通过对他者的未来行为强加有利假设的方式,应对不确定性的冲突,使行为者放弃短期利益最大化,着眼于长远预期,促进互助的达成。④对特定信息的需求。战略互动和不稳定均衡的条件下,信息的非对称性、道德危险、欺骗与不负责任等会阻碍达成互利协议,因此需要建立机制,以修正不确定性和规避风险。[①]从这样的机制需求分析看,朝鲜半岛南北间缺乏成型的互信机制,停战体制本身又出现功能性的缺失,由此使核问题、导弹问题、武装冲突问题频发,这些问题又与南北统一问题、体制保全问题、人权问题、经济金融制裁问题等形成联动,加大了"问题密度",各国为应付突发事件、不断进行战略协调,使国家间协调的成本急剧增大。因此,建立某种国际机制、促成协议的制定与履行、提供可供接受的原则与规范,就成为各方的共识。[②]

1953 年 7 月朝鲜半岛停战机制结束了朝鲜战争参与各方的战斗行动,但却未带来半岛的和解与稳定。核问题的出现给东北亚国家提供了一个面对面磋商和解决问题,进而将这种"暂时的、不稳定的停战机制"转变为"永久的和平机制"的机会。1997 年 12 月 9 – 10 日,当年停战协定签字国在日内瓦举行首次四方正式会谈,开始了有益的尝试。1999 年的第四次会谈正式启动"缓和半岛紧张局势"工作组和"建立半岛和平机制"工作组。2003 年,四方会谈扩大为六方会谈。2005 年 9 月 19 日六方会谈《共同声明》和 2007 年 2 月 13 日《落实共同声明起步行动》共同文件,提出"直接相关方将另行谈判建立朝鲜半岛永久和平机制"。四方会谈扩大为六方会谈机制,为有关各方防止冲突、建立新的安全合作机制、促进朝鲜半岛和解与和平提供了新的平台和思路。只有建立起多边的地区安全机制,并在这种机制平台上进行合作,才能超越"接触"还是"对抗"这种简单的二元化对朝政策选择,

---

① [美]罗伯特·基欧汉:《局部全球化世界中的自由主义、权力与治理》,北京:北京大学出版社 2004 年版,第 146 – 155 页。

② 张玉国,白如纯:"朝鲜半岛永久和平机制的构建:动力与困境",载《当代亚太》2007 年第 1 期,第 31 页。

以更宏大的视角安排朝鲜核问题的解决方法,甚至后朝核时代的地区与全球安全事务。①

无论美国对朝政策是挤压还是接触、是制裁还是援助,若要得到成功的实施则一定要与中国合作,这是一个关键性前提条件。朝核问题的解决过程充满曲折起伏,虽然有利益交合,但中美在这方面的合作并非是必然的。在东北亚,中美两国的全球利益以复杂的方式在分裂的朝鲜半岛相互交织。事实上,两国在核问题上的利益考虑和应对策略均有很大分歧。朝鲜战争以来的60年间,中国一直是朝鲜的盟友,与朝鲜保持和睦关系、确保朝鲜政权的生存和稳定(包括促其把战略重点转为经济发展与改革)始终是中国重要的外交政策目标之一。对美国来说,朝鲜的核、导弹技术对其盟友韩国和日本构成直接威胁,甚至可能威胁到美国本身;朝鲜也可能向恐怖组织或无赖国家扩散核武器;朝鲜在意识形态上是"邪恶"的,所以朝鲜拥有核武器是难以接受的。②国际政治的发展总是出人意表,朝核问题带来的地区安全关系的紧张反而为中美这样政治制度、价值观念、历史发展迥异的国家之间加强合作提供了难得的战略机遇。在朝核问题上的合作完全可能成为中美两国自苏联解体后在重大国际安全问题上的首次协作尝试。

首先,促进朝鲜国内、国际环境互动的改善。可以从两方面入手,一是推动朝鲜通过经济改革和对外开放,融入国际社会。近几年里,中国与朝鲜的投资和贸易关系以非常显著的速度发展。中国已经成为朝鲜最大的贸易伙伴,大约占其贸易总量的一半。中国可以利用这种巨大的经济依赖性,扶助朝鲜经济,促进朝鲜改革开放进程。二是促进美朝关系的发展。目前朝鲜担忧的问题是外部的环境仍不安全,尤其是美国对朝的压力仍较大,因而把核武器看作是唯一可以用来对抗强大对手的工具,也是强大对手唯一惧怕的弱点所在。朝鲜要走上改革开放道路,必须要改善外部的安全环境,尤其是在对美外交中要有所突破,以取得美国对朝的安全保障。实践将证明,朝鲜的外部安全环境越宽松,越稳定,它越能走上经济复兴和改革开放的道路;反之,它将更加封闭,更加保守和落后,更难以融入国际

---

① Wade L. Huntley, "U.S. Policy Toward North Korea in Strategic Context," p.455.

② Bonnie S. Glaser and Wang Liang, "North Korea: The Beginning of a China – U.S. Partnership?" p.173.

社会。

其次,以多边外交促进东北亚地区和平机制的建立。地区环境的改善直接影响到朝鲜核问题的解决,将半岛无核化与建立东北亚地区安全框架联系在一起的综合性解决方法,需要真正的多边主义战略。面对朝鲜核问题和东北亚安全机制建设这两个互为因果的课题,中、美、韩、朝四国,甚至更多国家的领导人应该确认和制定出关于战略利益的共识,通过密切的频繁的磋商,表现出愿意把地区利益放在各自的国家利益之上,尤其是对于那些对地区产生影响的议题。只有这样才能加强共同价值观、观念、规范和经历,从而形成地区观念和认同。这种认同不仅能够帮助决策者追求更深层次的地区安全多边主义,而且有助于国民之间减少历史敌对和民族主义憎恨,增加互利的地区沟通,确立建立机制所必需的社会基础。

对地区安全秩序或地区安全合作机制的追求是各国进行安全合作与沟通的本质性目标。为了构建朝鲜半岛有效的、持久的和平与安全机制,必须实现半岛停战机制向和平机制的转换,朝美、朝日也应做出妥协,缔结双边和平条约,最终实现关系正常化,并在此基础上控制和裁减军备,营造构建安全机制所必需的氛围。布什第二任期已将以政权更迭为目标的对朝政策调整为借助多方力量、多边框架来解决朝核问题,①应该说这是一个良好的开端。在目前朝美双方直接签订和约有困难的情况下,不妨通过签订“互不侵犯条约”、“书面安全保证”等类似文件打破僵局,其主要内容可以包括:美国全面解除对朝经济制裁、朝鲜承诺放弃核武器和核武器开发计划以及不支持和不参与国际恐怖主义活动等。② 在当前的东北亚安全秩序中,美国的主导作用显而易见,朝美通过对话和交流,消除紧张状态、建立互信的正常国家间关系是朝鲜改变其行为的重要前提。

第三,将六方会谈机制转为安全机制,成为和平解决半岛问题和构建东北亚安全机制的有效途径与合理形式。随着六方会谈工作组的建立,未来可以逐步成为一种常设机制,通过各种会谈,一方面增进各国之间的相互了解,增加共识;另一方面当各种危机出现时,也能及时沟通,稳定局势。为构

---

① Richard N. Haass, “Regime Change and Its Limits,” *Foreign Affairs*, July/August 2005, pp. 67,74.

② Richard Armitage and Joseph Nye, eds., *The U.S. - Japan Alliance: Getting Asia right through* 2020, Report for Center for Strategic and International Studies, February 2007.

建东北亚安全秩序,以彻底消除核问题的根源创造了条件。在组织体制上,可以设立多层次对话机制。将外交磋商作为"第一轨道",六方部长级官员就半岛安全问题举行定期会谈,六国领导人的会晤则作为最高常设机制。六方可制定各方必须遵守的游戏规则和共同行为规范以及强有力的约束与制裁机制,加强危机预防和管理。与此同时,努力开辟半岛及东北亚地区安全与经济合作的"第二轨道"作为常规机制的补充。①

如果东北亚安全秩序能够在多边安全合作机制出现后稳定下来,那么将有利于建立崛起国与既有霸权国之间的和平关系。无论是美国还是中国,都不能成为地区的唯一的超级大国,面对地区国家的"两面下注"策略,它们有着各自的弱点与局限,只有通过相互之间的依赖来加强优势、弥补不足,应对地区安全问题。因此,没有国家能够主导,两个国家必须学会如何相互协调和合作。东北亚地区的特殊历史条件决定了在寻求解决地区问题的过程中,只有区域内国家和域外大国相互合作并使这种合作日益机制化、长期化才能实现区域稳定、和平的前景。长远观之,东北亚安全困境的最终解决,有赖于在该地区以六方会谈机制为平台,在中美协调、合作的基础上建立这个地区一直欠缺的组织——"东北亚安全合作机构"。在《共同文件》中,由中方建议、各方同意设置的"东北亚和平和安全机制工作小组",正是实现六方会谈的三个目标:谋求朝鲜半岛无核化、实现有关国家之间的关系正常化、推进东北亚和平与稳定,最终实现长治久安的重要步骤,不能不说是初步实践了福山所设想的建立"东北亚安全对话机制的雏形"的政治图景。②

小　结

被称为"冷战活化石"的朝鲜半岛局势的变化一直为国际社会所关注。朝鲜核问题是当前东北亚安全困境的一个缩影,每次危机事件不仅立即使

① 上述有关内容,参见龚克瑜:"如何构建朝鲜半岛和平机制",载《现代国际关系》2006 年第 2 期,第 31 页。

② Francis Fukuyama, "Re - Envisioning Asia," *Foreign Affairs*, January/Feburary 2005, pp. 75 - 87.

东北亚的安全局势变得紧张复杂,而且生动再现了该地区的安全和政治秩序脆弱不堪的事实。鉴于朝鲜半岛形势的特殊及复杂性,半岛在摆脱冷战影响的过程中,周边及相关国家任何一个战略选择的变化,都会对安全局势产生重大影响。目前,最终解决朝鲜半岛长期存在的冷战残余问题的时机已出现,地区大国之间合作的前景比过去几十年间更加有利,这不仅对朝鲜人民,而且对太平洋地区的所有国家的繁荣、安全和人民的福祉来说都是机遇。①

肇始于2002年的第二次朝鲜核危机的一个最大特点就是中国在应对危机过程中作用和重要性不断上升。根据自身利益的优先性排序,中国把维持半岛和平稳定、促进朝鲜弃核以及加强对地区事务的影响力作为主要的利益考虑,而六方会谈就是实现这些利益的综合性平台。中国的外交行动不可避免地遭遇地区安全的传统主导国——美国的影响。中美在朝核问题上的利益互动与较量过程表明,中国力量的上升并没有必然带来美国影响力的下降,美国仍然是解决朝鲜核问题的关键性因素之一,即使不是唯一因素。

综上所述,中美两国在保持朝鲜半岛的和平、稳定、无核化和经济繁荣上有着共同利益,但在其他方面,双方也存在相互猜忌和竞争。六方会谈就是迄今唯一能使有关各方沟通信息、交换看法的制度安排,同时也是中美协作的重要场所。美国负责东亚和太平洋事务的助理国务卿、朝核六方会谈代表团团长希尔曾说:"我意识到,朝核六方会谈比任何其他进程在促进美中关系方面发挥的作用都大。"②毫无疑问,这种表示不仅表达了美国在解决朝鲜核问题上对中国作用的倚重,而且暗含着对中美两国在应对朝核问题上的共同利益考虑。自2003年8月六方会谈成为解决朝鲜核问题的主要渠道以来,其间尽管历经曲折,数度出现危机事件。但在巨大压力和质疑声中,中美两国在各个关键时刻仍然能够携手合作,共同维护和推动了六方会谈机制的运行,使朝核问题的解决总体上保持不断向前迈进的姿态。与此

---

① Nicholas Eerstadt and Richard J. Ellings, "Assessing Interests and Objectives of Major Actors in the Korean Drama," in Nicholas Eerstadt and Richard J. Ellings ed., *Korea's Future and the Great Power*, The National Bureau of Asia Research, 2001, pp. 315 - 316.

② Christopher R. Hill, Interview With ABC, February 13, 2007, http://www.state.gov/p/eap/rls/rm/2007/80784.htm 转引自:Bonnie S. Glaser, Wang Liang, "North Korea: The Beginning of a China - U.S. Partnership?" pp. 165 - 180.

同时,两国领导人之间的双边协商与沟通使华盛顿和北京得以克服意见分歧及相互猜疑,如中国国家主席与美国总统的热线沟通、多次会晤,中国外交部长和美国国务卿之间的会晤与通话,以及参与两国六方会谈代表团团长的频繁商谈,等等。正如希尔说,通过这种方法,美中两国才能在六方会谈进程中有着协调一致的目标、战略和策略。①

在解决朝核问题的过程中,中美两个对地区事务有着重大利益关切的国家的一举一动倍受瞩目。鉴于朝鲜核武器发展造成的威胁以及过去数年来外交的失败,美国不得不重新审视其对朝政策基石,进而认识到不能一味地将朝鲜最终会因政治、经济压力而投降或崩溃的判断作为制订对朝政策的前提,只有通过与朝鲜接触,并对其国家利益关切予以回应,才有可能扭转朝鲜发展核武器的势头。而中国也认识到,美国在东亚的军事存在、美韩同盟的加强、朝鲜对中国的信任以及美国在建立东北亚多边安全制度中不可忽视的影响力等因素都制约着中国对朝鲜核问题的影响力的发挥。随着中美两国各自优势与局限进一步明晰,两国合作解决朝鲜核问题、谋求半岛和平与稳定的意图日益明确。

虽然美国对中国的依赖真实且无法替代,但若局势进一步发展,而两国却没有达成相应的谅解,双方的矛盾就将逐步凸显。从国际政治经验来看,迄今尚无任何国家在实施了核试验后自愿放弃核武器。朝鲜核问题是一个复杂的国际问题,很多因素纠结在一起影响着问题的彻底解决。朝核问题的最终解决不仅需要美国彻底抛弃“以更加强硬的政策来回应强硬政策”的固有思维,坚持用冷静、理性、耐心和长远眼光来处理对朝关系,更有赖于有关各国以前瞻性的视角,将其置于一种更加宏大的地区安全制度安排之中加以考虑和应对。历史已经证明,军事对抗只会给朝鲜半岛带来灾难,强权政治并不能达到目的,对话与合作才是解决东北亚安全问题的正道。为了打破朝核危机螺旋式升级的怪圈,破解东北亚地区的安全困境,各个国家、尤其是两个影响力最大的国家——中国和美国,应重新思考对策,发挥更积极的作用,设法把短期的惩罚措施与长期的激励政策结合起来,促使朝鲜放弃发展核武器及远程导弹,并使六方会谈成为真正能够促进东北亚安全稳定的机制性构架。目前,中美以定期对话和合作和平解决朝核问题的趋势

① Ibid.

是一个令人鼓舞的发展。通过这样的制度安排，两国才能缓解对方的关切与猜疑，化解矛盾和竞争，努力建立能够维护两国各自核心利益、照顾半岛及周边国家需求的机制性安排，从而加强双方在未来朝鲜半岛的双赢合作前景，为中美关系的稳步发展创造条件。

第四章　南海[①]问题与中国－美国－东盟外交互动

南海问题是中国与东南亚某些国之间长期悬而未决的领土和海洋权益争议问题，近年来由于美国南海政策的改变而成为中美关系的新焦点。中国和美国作为太平洋两岸的国家，并没有直接的海洋领土争端。但作为一个两洋霸权国，美国对于中国海上实力的上升心存警惕，把中国视为其太平洋战略的潜在或直接的对手而不断加强其在西太平洋的海上力量存在，并以“岛链战略”尤其是环西太平洋“边缘地带的军事同盟”体系及其不断调整对中国进行抑制。而中国由于历史上控海权的极度缺失致使海洋权益遭受损失，在实力积聚过程中开始不断为收回海洋权益而抗争。因此，中美在以南海为代表的海洋问题上存在争议的本质是中国海洋主权追求与美国海洋霸权诉求的矛盾。应该看到的是，美国并非一个永恒的、纯粹不利于中国海洋主权实现的因素，其对中国海洋权益影响的消极与积极因素是同时存在的。[②]虽然中国的国力、军力已远非昔比，但和平与发展已成世界的主旋律，以武力改变领土现状的办法难以被国际社会普遍接受。在这样的现实条件下，中国与东盟国家之间在南海问题上积极的互动态势，以及东南亚各国的两面下注策略同时规范着美国插手南海问题的程度。

---

① 一般而言，南海是指从台湾海峡一直到马六甲海峡之间的海域，又称南中国海。其中，西沙群岛基本上处于中国的有效管理之下，中沙群岛除黄岩岛外，几乎所有的岛礁岩块在涨潮时均不露出水面，没有岛屿主权争议。所以，本文论及的南海问题或南海争端主要是指关于南沙诸岛和岛礁、南海海洋资源与空间的主权或所有权要求的争端。

② 刘中民：“海权与中美关系：历史与现实”，刘中民、修斌、郭培清等著，《国际海洋政治专题研究》，青岛：中国海洋大学出版社2007年版，第78页。

第一节　南海问题的形成与发展

南海又称南中国海，是贯穿东亚的海上通道也是世界上最繁忙的商业通道之一，具有重大的战略意义。南海蕴藏着丰富的能源、矿产及渔业资源，素有“新波斯湾”之称。在这片面积约200万平方公里的海域内，通行着一半以上的世界大吨位商船、1/3以上的全球海上贸易以及一多半的东北亚进口能源供给。其中，南沙群岛海域总面积80余万平方公里，贯穿南海，扼守马六甲海峡，是连接太平洋和印度洋的交通枢纽，战略地位极为重要。可以说，作为主要的海上运输动脉和难得的资源宝库，南海为东亚、甚至整个亚太的经济繁荣和地区安全提供着巨大的支撑。南海岛礁和海域归属争端已经持续了近百年，形成了错综复杂局面，有着多方面的历史原因。2009年以来，南海地区安全形势的变化表现出一些新特征。

一、南海问题的成因及东南亚国家态度

中国大陆和海南岛以南延续上千公里的南中国海海面上分布着东沙、西沙、中沙和南沙4大群岛。其中南沙群岛面积最大，共有岛、礁、沙、滩200多个。这些岛礁面积都很小，且绝大多数岛屿上没有淡水，不适宜人类居住。但是，按照国际海洋法的有关规定，拥有岛礁的主权便可合法掌握其周围海域的资源，目前岛礁之争的实质就是开发海洋资源权之争。

东沙、西沙、中沙和南沙4大群岛属于中国领土，在近现代有着充分的法理依据。在南海周边国家中，中国宣示拥有对海中岛屿主权的时间最早。1909年，清廷派广东水师提督李准率军舰到西沙群岛考察，在永兴岛升起黄龙旗，并对西沙、东沙、南沙3个群岛进行了测量和考察。中国政府根据此次测绘的海图，于1912年出版的《中华民国边界海岸及面积区划图》中绘出了南海疆界线，宣告了南海岛屿是中国领土。民国年间内战外战不断，又缺乏海军力量，因而长期对南海岛屿难以有效控制，外国殖民者便乘机入侵。1930～1933年，法军占领了南沙较大的南威岛、太平岛、中业岛、西月岛等岛屿，中国国民政府面对法国入侵南海岛屿，以标定南海疆域详细地图来对抗，于1935年4月出版了《中国南海岛屿图》，确定了中国南海最南的疆界

在北纬4度。这一标定,成为中国地图上最早出现的南海疆域线,形成了后来"九段线"的雏形。

1945年日本投降后,法国军队在越南恢复殖民统治。1946年10月,法国军舰所载部队登陆侵占了南沙的南威岛、西沙的珊瑚岛,并在太平岛竖立石碑。刚刚从美国统治下独立的菲律宾也派人在南沙群岛东部的一些岛屿登陆,并称要将巴拉望岛以西200海里内的岛屿(即南沙群岛东部岛屿)"合并于国防范围之内"。面对法、菲对南海岛屿的入侵,1946年11月,当时的中国国民政府海军派"永兴"、"中建"两舰抵达西沙群岛的主岛永兴岛,12月间,"太平"、"中业"两舰抵达南沙群岛的主岛,南沙最大的岛屿遂以"太平"命名。当时太平岛上设立了南沙群岛管理处,归广东省政府管辖,并留有驻军。

新中国成立后,美国从"遏制"新中国的政策出发,1951年签署旧金山对日和约时故意不谈将南海诸岛归还中国,种下了中国与东南亚其他国家日后争端的种子。美国支持的南越政府(即保大政权的后继)于1956年5月26日宣称对全部西沙群岛、南沙群岛拥有主权,同时在法军撤走后出兵占领了西沙群岛中甘泉岛和南沙的部分岛屿。1973年年初美国从南越撤军,并在战略格局上采取"联中抗苏",为中国在南沙采取行动创造了一个有利的战略机遇。中国南海舰队在1974年1月进行了西沙海战。随之登陆收复了甘泉、金银、珊瑚三岛,完全控制了西沙群岛。

马来西亚在1963年从英国统治下独立建国后,从1978年起陆续进占了弹丸礁、南海礁和光星仔礁。随后,文莱也非法控制本属中国的3000平方公里的传统海域,并声称对南沙群岛西南端的南通礁拥有主权。面对几国分别占领南沙岛屿的情况,当时中国都没有能够采取军事行动,重要原因是那里与海南岛有上千公里的距离,远非当时的中国海、空军作战实力所能及。不过中国政府还是一直发表声明和抗议,申明了在南沙群岛的主权,这就为后来有实力维权时奠定了法理和舆论方面的基础。

20世纪80年代后期,中苏关系走向正常化,美国也在战略上争取中国。在国际环境缓和的前提下,1988年1月,解放军驶往南沙的中国海军编队首先派人登上永署礁升旗,随后登上华阳礁、赤瓜礁。越南海军于3月派船到达赤瓜礁企图驱赶中国人员并首先开枪,引发了中方反击。此次小规模海战获胜后,中国在南沙6个礁上完成了设点,取得有重大战略意义的胜利。

从那时起至今，南海形成了东沙群岛的主岛仍由台湾当局控制，西沙群岛完全由中国人民解放军控制，中沙群岛因系水下暗礁还无人居住，南沙群岛及其海域则一直处于被六国七方（中国、越南、菲律宾、马来西亚、文莱、印度尼西亚及中国台湾）分别控制或声称拥有主权的复杂局面。①

总体而言，如果以南海争端为视角，可以将东南亚国家分为以下几种：第一种是维持现状国家——马来西亚。虽为争端方，但却采取了相对低的、与中国合作的姿态。马来西亚占有其宣布拥有主权的6个南沙群岛中的4个。为了与中国保持良好的关系来获取政治与经济利益，马来西亚一贯表示愿意通过"双边的友好协商"来解决南海争端。②它非常积极地促进中国东盟就此问题进行非正式对话，批评东盟其他国家向中国施加压力来得到合作的做法，认为这种表面上的让步不可能长期持续。③马来西亚还支持中国不将南海问题国际化的要求，认为这个问题可以在不涉及区域外大国或多边论坛的情况下得到解决。④不过，近年来马来西亚持续加强其空军与海军实力用以保卫近海领域的油气资源，并且在公开批评美国对东南亚各国的经济、政治政策指手划脚的同时，认可和配合美国的地区军事作用。

第二种是姿态强硬国家——越南和菲律宾。越南是所有东盟国家中唯一一个要求对整个南海地区拥有主权的国家，也是占领岛礁最多、实际控制力度最大的国家。越南认为南海对于确保其漫长的东部海岸线安全、经济安全，包括对于海上资源，如石油的获取都是至关重要的。⑤ 1974 年的西沙、

---

① 南海争议的"六国七方"中，文莱和印度尼西亚没有对任何岛礁实施实际占领或控制，却也宣称拥有南海海域的部分主权。文莱宣称对南沙群岛岛链西南端的我国南通礁拥有主权，印度尼西亚则提出以纳土纳群岛为基线划分200海里专属经济区。两国的专属经济区划线均侵入中国"九段线"内。上文中有关历史事实参见：徐焰："正确看待南海争端的长期性、复杂性"，载《学习时报》2011 年 12 月 5 日第 7 版。

② David G. Wiencek and John C. Baker, "Security Risks of a South China Sea Conflict," in John C. Baker and David G. Wiencek ed., *Cooperative Monitoring in the South China Sea: Satellite Imagery, Confidence – Building Measures, and the Spratly Island Disputes*, USA: Praeger Publishers, 2002, p. 54

③ Chanda, Nayan, "Divide and Rule: Beijing Scores Points on South China Sea," *Far Eastern Economic Review*, 11 August. 1994.

④ "Malaysia Seeks to Contain Dispute over Spratly Islands," Associated Press, July 23, 1999, http://oldsite.nautilus.org/archives/pub/ftp/napsnet/daily_reports/1999/07 – 99 – July/JUL23.txt

⑤ 详见：Stein Tonnesson, "Vietnam's Objective in the South China Sea: National or Regional Security," *Contemporary Southeast Asia*, Vol. 22, No. 1, 2000, pp. 199 – 222.

1988的南沙海上冲突至今令越南对中国心怀蓄怨。菲律宾则对20世纪90年代中菲在美济礁和黄岩岛的冲突耿耿于怀,两国不断在南海海域挑起事端,诸如扣捕、追逐甚至击沉中国渔船、采取激烈的外交言辞、对中国岛礁进行空中侦察行为,等等。自20世纪90年代以来,虽然中越、中菲之间就南海地区海域的共同开发达成过若干双边协议,中国也做出了巨大让步,但实施成果并不理想。菲越两国对与中国的双边谈判和对话持不信任态度。因此,为了加强自己的力量,它们一面最积极地寻求东盟作为一个整体性力量与中国就南海问题进行博弈,希望达成具有法律约束力的多边协议;一面积极加强与美国的政治、经济与军事联系。

第三种是积极调解国家。印度尼西亚希望通过一系列非正式论坛来缓和争端。从1990年开始,印尼就南海周边国家共同关注的问题主办了一系列非正式二轨会谈,产生出很多技术小组和委员会,涉及海洋科学研究、海洋安全和环境保护等问题。[①] 印尼认为,它在该地区的根本利益有赖于缓解地区紧张,建立更加和平的海上秩序,从而享有更多的经济和贸易机会。虽然中国与印度尼西亚对南海南端的纳土纳岛(Natuna Island)的主权归属存在不清晰之处,印尼也曾表示出对于中国意图的警觉,但两国之间并没有海上边界争端,抱着相对平和的心态,印尼欢迎任何关于南海问题的多边协议和安排。因此,它与中国和美国都保持着友好而谨慎的关系,支持通过扩展地区合作而获得和平与稳定。

第四种是密切关注国家。新加坡和泰国并未涉及南海争端,这一问题对它们与中国的关系影响并不显著。不过,两国对南海问题依然很关注。由于地处东南亚海上水域的中心位置,两国的主要担心是军事冲突将影响东南亚与美国之间的贸易通道,或是外溢到泰国湾,对于其海洋和陆地边界安全造成威胁。因此,两国支持南海对话,希望通过加强中国与东南亚的多边合作来保证地区和平与稳定,认为清晰的多国行为规则对于防止使用武力是必须的。这两个国家对于中国的意图有着综合性的理解,同时加入了大规模加强军事力量的行列,并与美国保持着密切的安全联系。

第五种是作用有限国家——缅甸、老挝、柬埔寨和文莱。作为陆地东南

---

① John C. Baker and David G. Wiencek, "Introduction," in *Cooperative Monitoring in the South China Sea: Satellite Imagery, Confidence - Building Measures*, pp. 8 - 9

亚国家，前三国与中国在南海问题上并没有矛盾，对于保持这一海域的和平只有间接利益。因此，它们倾向于遵守东盟官方的政策线路，在这个问题上很少有独立的声音。在对话和谈判过程中，三国的地位并不太重要，由于与美国的关系相当疏远甚至相互隔绝，它们与中国保持着密切的经济、政治联系，但作为东盟新成员并不希望中国与东盟关系由于南海问题而产生波动。文莱虽然涉及南海争议，但它没有占有任何领土，与中国的关系虽然起步不久但比较友好。与东盟其他声索国不同，自 20 世纪 90 年代以来，文莱对于南海的局势所表达的立场是中立的。文莱并不是美国的地区安全伙伴，但却与美国一起进行联合军事训练，同意美国船只和飞机拥有过境权。总之，这四个国家在南海问题上并没有清晰而独立的原则立场。①

综上所述，南海问题的成因历史久远，且复杂多边，加之东盟各国由于地理位置、历史经历、民族、政治、经济等国内、国际条件的不同，在南海问题上态度差异显著，这对中国解决南海问题既提供了机遇也带来了挑战。

二、南海问题的近期发展

南海问题是中国与某些东南亚国家之间长期存在的领土争端问题。南海海域分布着以南沙群岛为中心的 200 多个岛屿和礁石，由于靠近对世界贸易至关重要的海上通道咽喉以及蕴藏着丰富的石油和天然气资源，这些原本价值有限的岛礁就极具象征意义和战略重要性。虽然 2002 年 11 月《南海各方行为宣言》的签署为这一地区带来了和平前景，但之后，争端各方仍时常发表关于争议岛屿的挑衅性声明，船只相撞、相互拘捕或强行搜查渔船及渔民的事件更是屡见不鲜。尤其是近两三年来，南海问题重新成为地区安全中的显性因素，领土争议构成的紧张气氛有所加剧，并且表现出一些新的特点。

2009 年伊始，南海问题骤然成为东亚地区国际政治中众所瞩目的焦点。2 月 17 日，菲律宾国会通过了《菲律宾领海基线法案》，将黄岩岛和南沙群岛的部分岛礁划入菲律宾版图。3 月，该法案由阿罗约总统签署后正式成为法律。菲律宾的这一举动不仅破坏了《南海各方行为宣言》的原则与精神，而

① 以上部分内容请参见：Liselotte Odgaard, "The South China Sea: ASEAN's Security Concerns About China," *Security Dialogue*, Vol. 34, No. 1, 2003, p. 18 – 19.

且引发了其他国家的连锁反应,导致南海局势更加复杂化。中国、越南、中国台湾等各方纷纷提出严正抗议,认为该法是“对(各国)主权的严重侵害”。越南、马来西亚表示要“修改、完善”有关法律。5月6日,越南和马来西亚联合向联合国大陆架界限委员会提交了它们各自在南海南部200海里以外的大陆架“划界案”,将南海大片海域划为两国共同的200海里以外大陆架。次日,越南又单独提交了南海中部部分地区的外大陆架划界案。5月11日,文莱也采取了类似行动,试图将大片争议海域划归已有。[①]对此,中国常驻联合国代表团向联合国秘书长潘基文提交照会,阐明中国政府的严正立场,郑重要求大陆架界限委员会按相关规定不审议这些“划界案”,同时根据《联合国海洋法公约》(UNCLOS)有关规定及公约缔约国会议的有关决定,提交了中国关于确定200海里以外大陆架界限的划界地图等初步信息。然而,中国的照会却遭到马来西亚和越南的抗议。至此,南海外大陆架划界案的发展趋势引起国际社会关注。

由外大陆架划界案引发的南海争端态势迅速扩散、发酵开来。为了配合所谓“国内立法”,试图通过造成“既成事实”的手法迫使联合国对争议岛屿进行仲裁,越菲等国纷纷采取行动强化对已占海域的行政控制和资源开发。2009年4月17日,越南河内市委副书记率团登上“长沙岛”,出席所谓“首都宾馆”的奠基仪式,准备进一步开发南沙旅游。5月16日,中国渔业部门为维护南海生态环境和渔业资源、阻止非法捕鱼和保护中国渔民,在南沙群岛和西沙群岛周围的专属经济区实施为期3个月的休渔。6月8日,越南外交部对中国渔业部门实行了11年之久的休渔令首次提出抗议,称中国在南海的休渔令“侵犯了其权益”,要求中国取消禁渔令。同时,越南还在中国于西沙群岛的永兴岛设立三沙市近两年后提出抗议。2011年5月,越南在南沙群岛其侵占的岛礁举行所谓“国会代表”和地方“人民议会代表”选举,中国外交部发表声明称此行动是对中国领土主权的侵犯,是非法的和无效的。其他争端方也是动作频频。2009年3月和6月,马来西亚总理巴达维两度登上南沙群岛的弹丸礁宣誓“主权”。6月20日,广西8艘渔船在中国南沙海域传统渔场内正常作业时,被印尼渔业执法船抓扣。印尼方面称,中

① 以上有关事实,详见:李金明:“南海问题的最新动态与发展趋势”,载《东南亚研究》2010年第1期,第36页;邵建平,李晨阳:“东盟国家处理海域争端的方式及其对解决南海主权争端的启示”,载《当代亚太》2010年第4期。

国渔民闯入了印尼所属的纳吐纳群岛海域，并使用拖网非法捕鱼。8月，菲律宾政府批准英国能源公司及其合作伙伴勘探南沙群岛礼乐滩的石油和天然气资源。①

至今，围绕南海岛礁的资源开发与主权宣示活动仍未平息。2011年3月2日，中国巡逻船开往南沙群岛东部的礼乐滩水域菲律宾石油勘探船作业区，菲派出两架轰炸机驱赶中国船只。4月5日菲律宾就南海问题向联合国提出照会，抗议中国2009年5月向联合国大陆架界限委员会提交一份宣布对包括南沙群岛在内的南海拥有主权的地图，称中国的主权宣称缺乏国际法基础。菲律宾表示，斯普拉特利群岛（即，南沙群岛——引者注）中的卡拉延群岛是菲律宾不可分割的领土。中国外交部4月7日做出回应，称南沙群岛是中国的固有领土，拒绝接受菲律宾质疑中国的南海主张。4月14日，中国也向联合国提交外交照会指出，在1970年以前，菲律宾从未在确定领土界限的一系列国际会议上提出对南沙群岛及其附属岛屿的主权要求，菲国内法律中也未提及，但"自20世纪70年代起，菲律宾就开始入侵、强占中国南沙群岛部分岛屿和群礁，并就此提出相关领土要求，均遭中方强烈反对"。"菲律宾占领中国南沙群岛一些岛礁及其相关行为构成了对中国领土主权的侵犯。"照会还称，菲律宾所谓的"卡拉延群岛"是中国南沙群岛的一部分，自20世纪30年代起，南沙群岛及其附属岛屿就已标注在中国地图上，菲4月5日向联合国提交的抗议照会"对中国政府而言，完全无法接受"，表达了中国政府在南海问题上的一贯立场。

南海问题上形势的趋紧很快在军事领域内有所表现。4月15日，菲律宾和美国军队举行了迄今为止两国最大规模的野战训练演习，这是双方举行的第27次联合军演。4月17日，菲律宾参议院议长呼吁增强军力、更新装备，以保卫"国家领土"，菲律宾随即追加近1.84亿美元预算加强在南沙群岛的海空力量。为了应对之需，中国也加紧在南沙群岛附近海域的执法、护渔等宣誓主权的行为，除继续派出多艘渔政船赴南海宣示主权外，中国海军各大舰队近期再次加强实战训练，尤其是直接涉及南沙群岛防务的南海舰队的驱逐舰支队举行了水面舰艇综合攻防演练。中国海军此番训练着力

① 以上有关事实，详见：邵建平、李晨阳："东盟国家处理海域争端的方式及其对解决南海主权争端的启示"，2010年第4期。

探索新内容,进一步加强多兵种联合作战演习。南海舰队演练了超低空突防、突袭"敌"军港等实战科目,并在大洋深处进行实弹炮射;东海舰队潜艇支队实施多样化军事任务演习,北海舰队则组织了网上对抗演练。这是解放军海军三大舰队2011年以来采取的最大动作。

三、影响因素分析

南海问题近年来呈复杂化、全面化的发展趋势是由多重原因造成的。在长期存在的领土主权矛盾的背后,一些新的原因逐渐浮出水面。

第一,直接诱因是《联合国海洋法公约》成员国会议将各国提交外大陆架划界案的最后期限确定在2009年5月13日。根据该公约,所有的沿海国可以主张200海里大陆架以外、最远不超过350海里或者2500米等深线以外100海里的所谓"外大陆架"权益。外大陆架是海洋法中的一个重要概念,是一个国家享有对海底自然资源开发和利用权益的法律依据。为了限制沿海国的无限扩张,《联合国海洋法公约》规定,一个国家有没有外大陆架、其大小须由大陆架界限委员会根据技术标准来确定。凡是要确定自己外大陆架界限的国家,应在2009年5月13日之前提交科学证据,由大陆架界限委员会审查。

早在2000年4月,菲律宾一名副外长就提出,把菲律宾的大陆架由目前的200海里延伸至350海里。2002年5月,菲一名参议员又提出一项决议案,要求菲参议院专属委员会借提交外大陆架划界案之机,进一步巩固菲律宾对黄岩岛、卡拉延群岛以及南沙群岛其他部分岛礁的主权声张。越南也早在几年前即开始准备外大陆架划界案所需的各种地质资料。2007年4月,越南租用俄罗斯勘测船,在北至西沙、中沙南部,南至南沙群岛最西侧的万安滩,东至越南领海基线算起350海里范围内的海域,实施拉网式的海洋地质调查。在越南军方的支持下,越南外交部、自然资源和环境部、科学技术部、海洋地质与地球物理研究院等机构,会同完成了两次划界案所需的地图、数据、表格、附录和资料库的建设工作。①

2009年以来,菲律宾、越南、马来西亚、文莱等国相继向联合国大陆架界限委员会提交了它们各自在南海海域的外大陆架"划界案",旨在在最后日

① 李金明:"南海问题的最新动态与发展趋势",第36页。

期之前制定本国的领海基线，瓜分整个南海海域的海底和海床资源。然而，这种借提交外大陆架划界案以获取南海岛礁与海域的企图几乎是不可能成功的。因为外大陆架划界说到底是个技术问题，大陆架界限委员会也不是一个法律机构，没有裁决国家间海洋争端的授权。因此，委员会实际上审议的只是那些没有争议的划界案，凡有争议的划界案，委员会则不予审议。对于有着重叠主权要求和划定海上边界的问题，仍需当事国之间谈判解决。尽管如此，提交划界案本身就是一种权利主张的宣示行为，容易触发争议海域内的紧张气氛。

第二，越菲等东南亚声索国纷纷选择密切与美国的军事关系，力图把美国的力量引入南海争端。在对南海提出主权要求的东南亚国家中，美国在安全方面发挥更加积极作用的承诺受到了欢迎，①以越南为例，越南在南海控制的岛礁最多，开采的石油和摄取的经济利益最大。近两年美越军事合作进入一个新阶段。一方面，两国借“政治、安全暨国防对话”在战略和政策层面有了进一步的沟通和默契。2010 年 7 月，越南作为主席国在美国的支持下在 ARF 上提出南海问题，将中越双边问题国际化，对中国南海权益造成新的挑战；2010 年 10 月美国国防部罗伯特·盖茨访问越南，这是他在短短两年里与越南国防部长的第四次会面。另一方面，两国的军事合作进入更高层次，2009 年秋，美国空军在越战后首次重返越南开展搜救演习。2010 年 8 月，美国“乔治·华盛顿”号核动力航母率队访问越南岘港，越南一批高层军方人士登舰进行了参观。随后，美越在南海举行为期一周的首次海上联合军演。同时，美国还鼓励越南核工业的发展。双方于 2010 年 3 月就民用核合作达成了一份谅解备忘录，并开始讨论越南如何从美国进口核技术的具体安排。②

美国介入南海争端的理由主要是“航行自由”，其实这个问题从来没有成为南海周边国家间有争议的问题，因为南海争端主要是相关国家的岛屿主权与海域管辖权之争，与航行自由关系不大。美国干涉南海争端的实质

① Barry Wain, “Chinese Diplomacy Off Course,” August 4, 2010, http://online.wsj.com/article/SB10001424052748703947504575408230525378278.html

② Vann H. Van Diepen, “The Future of U.S. International Nuclear Cooperation,” Hearing Before the Subcommittee on Terrorism, Nonproliferation and Trade of the Committee on Foreign Affairs, House of Representatives, May 6, 2010, p. 12.

是为了捍卫美国的海洋霸权,维护美国在太平洋地区的主导地位,美国对南海争端的高调介入是其"重返亚太"战略的着力点,也是拉拢东南亚国家的重要手段。[①] 反映了美国在战略上更加倚重东南亚国家、平衡中国地区影响力的实质。在美国的高调介入下,复杂的领土问题成为新的地区冲突的危险在加大。[②]华盛顿对南海问题兴趣的增加将必然带来国家间关系的紧张,[③]同时,美国试图参与解决南海争端的努力也可能会导致与中国新的紧张。[④]各国势力在南海海域犬牙交错,针锋相对,使南中国海地区日趋成为巴尔干式的"火药桶"。巴尔干化(Balkanization)[⑤]也成为分化东盟国家的新危险。

第三,地区军备竞赛加剧,南海地区安全困境严重。虽然自美济礁事件后这一地区没有再出现武装冲突,但除文莱外,各国都在南沙地区部署了武装力量,近年来更是不惜重金加强自己的海上军事能力,尤其是加强侦察、警察以及慑止其他方敌对行动的能力。[⑥]为了抓住地区权力均势变化的先机,近年来,南海周边各国纷纷推出"武装部队现代化计划",拟以海、空军建设为重点,以发展高技术武器为突破口,大幅提高海上作战能力,以期武力维护其在南海的既得利益。与此同时,南海周边各国大力从国外引进用于进攻作战的高技术武器装备,区域内军备竞赛的阴影越来越严重。援引瑞典智库斯德哥尔摩国际和平研究所(SIPRI)的报告说,2005 ~2009 年东南亚各国的武器进口增加了一倍。多国的进口武器增速达到惊人的 3 位数。其

---

① 张洁:"南海争端与中国周边安全环境",载张洁,杨丹志主编:《中国周边安全形势评估(2011)》,香港社会科学出版社有限公司,2011 年版,第 82 页。

② David G. Wiencek and John C. Baker, "Security Risks of a South China Sea Conflict," in *Cooperative Monitoring in the South China Sea: Satellite Imagery, Confidence - Building Measures*, pp. 49 - 50; Clifford McCoy, "US stirs South China Sea waters," Sept. 28, 2010 http://www. atimes. com/atimes/Southeast_Asia/LI28Ae01. html

③ Andrew Jacobs, "China Warns U. S. to Stay Out of Islands Dispute," *The New York Times*, July 27, 2010, p. A9.

④ Jay Solomon's, "U. S. Takes on Maritime Spats," Wall Street Journal, July 24, 2010. http://online. wsj. com/article/SB10001424052748703294904575384561458251130. html

⑤ 意为永无休止的分裂、纷争。原指巴尔干地区由于没有一个主导性民族、国家或者实体,再加上外部势力的干预,而使得该地区成为局势紧张的"火药桶"。后被引深指为:由于一个地区内部缺乏强大的、维持本地区局势的力量,而且由于具有重要的战略和经济地位,这一地区成为许多域外大国争夺的焦点,从而致使局势紧张。

⑥ Mohamed Jawhar bin Hassan, "Disputes in the South China Sea: Approaches for Conflict Management," in Derek da Cunha ed., *Southeast Asian Perspectives on Security*, Institute of Southeast Asian Studies, Singapore, 2000, p. 105.

中“主张”拥有南沙群岛主权的马来西亚的武器进口骤增7.2倍。印尼增加84%，新加坡增加146%，马来西亚在过去5年购买了2艘“鲉鱼”级潜艇、6艘护卫舰和26架战斗机。新加坡在过去5年增添了6艘护卫舰和32架战斗机，还预订了2艘潜艇和12架战斗机。印尼进口了4艘护卫舰、4架战斗机，此外还预订了3架战斗机。[①]2010年以来，越南同意以24亿美元购买六艘俄罗斯基洛级潜艇以及装置了海战设备的苏－30MKK直升战斗机。马来西亚也斥资10亿美元从法国购买两艘柴油机潜艇，印度尼西亚最近也宣布它将获得新的潜艇。[②]地区国家都在成倍地增加军事预算用于购买现代化的武器，包括潜艇、导弹护卫舰、驱逐舰等大型舰船，以及新型战斗机、预警机、空中加油机等先进机种，无疑将加大地区安全困境。[③]

一直以来，东南亚国家确实对中国迅速加强海陆军事力量有所担忧，但据此认为“中国日益增长的地区实力诱发了东南亚邻国进行大规模国防采购”[④]则是完全违背国家行为的基本逻辑和常识的。在当前特定的历史条件和国际背景下，像新加坡和马来西亚这样的中小国家通过进口武器加强各自的防务能力，与其说其目的是为了防范中国，不如说是这些国家出于对彼此冲突的记忆和对未来冲突的担忧。东南亚地区是世界上领土、领海纠纷最复杂的地区之一，很多国家之间存在各种争端，并时不时擦出火花。马来西亚与泰国、新加坡与马来西亚、马来西亚与印尼之间都存在着程度不一的海上边界纠纷，新加坡和马来西亚有白岩礁之争，菲律宾曾因沙巴争端与马来西亚断交，印尼与马亚西亚就婆罗洲领土素有争议。2009年5月，印尼和马来西亚的军舰在安巴拉海域发生对峙，印尼官员当时强硬地声称，为了捍卫安巴拉主权，不惜与马来西亚一战。正因为大量争端的存在，东南亚国家相互之间戒备得很紧，比如马来西亚购买了苏－30MKM战斗机之后，新加坡就采购F－15SG战斗机；印尼2009年将一艘从荷兰手中接收的“西格玛”护卫舰正式服役后，马来西亚也迅速将一艘“吉打州”级护卫舰部署到海军。

---

① Stockholm International Peace Research Institute, *SIPRI Yearbook* 2009: *Armaments, Disarmament and International Security*, Oxford: Oxford University Press, 2009.

② John Pomfret, “Concerned about China's rise, Southeast Asian nations build up militaries,” *The Washington Post*, Monday, August 9, 2010.

③ Ibid.

④ Kathrin Hille in Beijing and Tim Johnston in Bangkok, “Arms purchases by China's neighbours fuel fears of clashes,” *Financial Times*, March 15, 2010.

2009年年底越南要购买俄罗斯“基洛”级潜艇和先进战机的消息传出后，泰国《曼谷邮报》曾公开要求河内对此做出解释。[①]各方的言论以及行为已经引发了“行动－反应－再行动－再反应”的恶性循环，促动了一定程度上的军备竞赛。东南亚国家的军备扩张无疑不利于南海争端的缓解与平息。虽然这些武器并非全部用于部署在南海，但其“外溢”效应显然使得各国在南海问题上的态度日益强硬和不妥协。在任何特定时刻，一架飞机、一艘潜艇或一艘渔船都能引起一起事件，演化成为一个重大国际问题，导致群情激奋，短短几天时间内，局势就能像野火燎原一般激化。

第四，对于区域内自然资源的争夺。这一水域周围的大部分国家正处于快速工业化的过程中，国家经济增长在一定程度上依赖于海域内渔业资源和自然资源的开发利用。南海地区蕴藏着大量的石油和天然气资源，20世纪60年代末南沙海域被探明有丰富油气资源。[②] 近几年来，南海诸国已经开始单独联合其他国家或公司在所占岛礁上开采石油等矿藏，这种行为不仅背离“搁置争议，共同开发”的原则框架协议，而且使得南海问题国际化倾向日益严重。至2008年，除中国外的声索国在中国宣布拥有主权的领土上建立了120口油井，[③]近年来，越南、菲律宾、马来西亚纷纷引进外国石油公司参与南沙海域的石油开发，分别与美国、俄罗斯、法国、德国等国石油公司签订勘探、开采石油和天然气的合同。2008年中期开始的石油涨价进一步驱动这些国家加紧对海上资源的控制，在巨大的经济利益的诱使下，它们纷纷加大了对南海地区争议海域的能源开发活动，引起南海地区新的紧张上升。以越南为例，越南已经在南沙群岛西部开发了三个油气体田，已查明的石油储量分别为2700万吨，5400~8100万吨和2100万吨。从南海开采的石油出口对越南的经济发展越来越重要，以2004年为例，仅石油一项为国

---

① “西方炒作中国实力增强诱发东南亚国家争购武器”，http://www.sina.com.cn，2010年03月18日。

② Bruce Blanche and Jean Blanche, “Oil and Regional Stability in the south China Sea,” *Jane's Intelligence Review*, Vol. 7, No. 11, 1995, p. 511. 1987年南海海洋研究所对南沙地区进行了地球物理勘察，确认这一地区蕴藏着巨大的商业石油资源。1989年中国派勘察船到南海估计南沙地区的蕴藏量约为250亿立方米天然气，1050亿桶石油。1988年美国地质学家估计是21亿到158亿桶石油，俄罗斯估计是75亿桶石油。

③ Sheldon Simon, “ASEAN and Multilateralism: The Long, Bumpy Road to Community,” *Contemporary Southeast Asia*, Vol. 30, No. 2, 2008, p. 282.

民经济带来的收入就占当年国家预算的30%。[①] 2008年7月20日越南与美国石油公司埃克森－美孚达成一项油气初步勘探合作协议，其勘探地点位于南沙中越争议海域。2007～2008年，中国两次对英国石油公司和美孚公司与越南一起对争议海域的资源开发行为提出抗议，最终两个公司都暂停了工作。南海周边的东南亚国家极力引进外国公司介入南沙海域的石油开发，攫取巨大的经济利益的同时，亦将世界的主要大国牵涉进这个争议海域，南海问题国际化和同盟化的趋势将日益加深。[②]除此之外，南海地区丰富的渔业资源也经常引起各国之间的小摩擦。相互驱赶渔船、扣捕渔民及捕渔器具等等行为不仅引起各自国内公众的情绪冲动，而且妨碍了对南海渔业资源的共同利用。南海自然资源的进一步发现与开发，即其经济价值的提高势必成为影响南海争端发展演变一个重要因素。[③]

第五，缺乏解决问题的机制让南海局势变得更加复杂。东南亚国家传统上意图通过特定的冲突管理与避免模式把中国这样的大国拉入外交磋商，达成以规范为基础的问题解决方案。这一方法在2002年11月取得显著成果，中国、东盟达成了《南海各方行为宣言》。它确实制定了一些有利于和平解决争端的原则，如规定所有各方应该"用和平手段解决争端"并且"自我克制"，以及"尊重在南中国海及其上空的通航自由和飞行自由，正如1982年《联合国海洋法公约》以及其他被广泛认可的一些国际法所规定的原则"。通过这个宣言，东盟清楚地表明"中国在南海的存在并没有威胁到和平共存"。[④]宣言的主要目的是向国际社会发出信号，表明南中国海的形势不再一触即发，同时为中国与东盟建立更加密切的经济关系开辟道路。然而，《宣言》是双方妥协的结果，相当不完备，例如没有提到地理范围，不能阻止各方在各自已经占领的岛礁上建立设施，等等。在随后的几年中，越南巩固了它在南沙舶兰礁等所控岛礁上的设施，菲律宾在中国的中兴岛上修建飞机跑

---

① Ramses Amer and Nguyen Hong Thao, "The Management of Vietnam's Border Disputes: What Impact on Its Sovereignty and Regional Integration?" *Contemporary Southeast Asia*, Vol. 27, No. 3, 2005, pp. 44－71，转引自李金明，第37页.

② 详见：李金明："南海问题的最新动态与发展趋势"，载《东南亚研究》2010年第1期，第37－38页。

③ Ralf Emmers, *Geopolitics and Maritime Territorial Disputes in East Asia*, London and New York: Routledge, 2010, p. 188.

④ Liselotte Odgaard, "The South China Sea: ASEAN's Security Concerns About China," p. 22.

道，马来西亚在燕子礁和光星仔礁上新建了设施。[1]南海问题的最新发展，以及近年来南海周边国家的一系列的行为都违反了共同行为宣言的规定与精神，表明争端国家自我克制的承诺被进一步抛弃了。各方失去了推动业已同意的依据《南海各方行为宣言》建立的六个共同项目的兴趣，旨在建立互信措施，并期望由此确立一套行为准则的东盟－中国联合工作组的工作也几乎停滞，2010年4月在河内举行过第三次会议后未能顺利举行第四次正式会议。这种僵持不下的局面已经使得《南海各方行为宣言》这一保持南中国海地区和平的唯一框架文件的作用岌岌可危。

第二节 美国的南海政策及其影响

中国与部分周边国家之间存在的南海争端，正迅速演变为中美关系中的新热点。作为南海问题的当事方之一，中国在过去20年中业已成功地在东南亚建立起友善、温和的形象，然而不时浮上台面的南海主权争议仍然是中国与某些东南亚国家关系顺利发展的障碍，同时为美国因素的突显创造了条件。

一、美国南海政策的演变

美国的南海政策从属于其国家安全战略。冷战期间，南海并不占据美国亚太安全战略的显著位置。自20世纪70年代开始，美国为遏制苏联在西太平洋的扩张，逐渐开始和中国发展战略合作，两国关系从解冻迈向正常化，中国海上安全环境有所改善，为中国解决近海安全问题提供了战略机遇。1973年9月，南越当局悍然宣布将我国南沙群岛的一部分岛屿划入其版图并派出军舰侵占西沙一些岛屿，在外交抗议未果的情况下，中国海军进行了自卫反击，趁势收复了西沙群岛。此时，美国已开始自越南撤军，苏联海上力量尚未大举南下。80年代以后，中国与美国主导的国际社会关系进一步改善，国际地位明显提高。1987年2月联合国教科文组织委托中国政

---

① Quang Minh Pham, "The South China Sea security problem: towards regional cooperation," *Asia Europe Journal*, 2010, p. 429.

府建立5个海洋观测站,中国将南沙站选址在永暑礁,次年初中国南海舰队进驻南沙群岛多个岛礁,未引起美国的任何反应。区域外大国对南海问题的关注显然取决于对当时更大范围内战略态势的研判。

冷战后美国在南海问题上的态度与美国亚太战略的不断调整以及中美关系的总体发展形势密切相关。作为冷战后唯一的超级大国,美国有着世界范围内的安全关切。在冷战后初期国际安全热点频发的世界格局中,所谓的南海争端的严重性比起其他一些国际冲突来说要弱得多。冷战结束初期,美国基本上维持了之前的立场。1992年,美国国务院发言人针对南海问题指出,"美国的立场是涉及主权争议的有关国家,应该和平解决彼此间的分歧,通畅无阻的航运应予维护"。1993年7月,美国国务卿贝克表示:"美国并未针对南沙群岛主权争议设定立场。"据一份由美国国防部向国会递交的关于美国在1995年前对东亚地区政策的报告显示,南海问题只被一笔带过,几乎可以说是完全没有提及。①可见,直到20世纪90年代初,美国并没有特别具体的南海政策,在很大程度上这种"消极中立"态度的原因是华盛顿对南海岛屿既没有领土要求,也不认为这一问题会对其在亚太地区的主导地位构成直接影响。尽管如此,还是有一些美国官员开始关注南海问题,并且制定出了若干华盛顿应该遵循的处理争端的最初原则。如在里根政府时期,美国官员多次重申美国对于争端各方相互矛盾的要求没有立场倾向性,美国将支持争端的和平解决,美国反对威胁或是使用武力来解决分歧;在布什政府又则增加了两个原则,即美国给予印度尼西亚组织的研讨会以支持来处理潜在的冲突;美国支持1992年签署的《东盟南海宣言》(ASEAN Declaration on the South China Sea)。②随着美国军队从菲律宾军事基地的撤出,美国开始对南海的航行安全问题表示关切。1994年7月,美国副国务卿塔尔博特(Strobe Talbert)在东盟部长级会议上表示,美国对各方的领土要求不表示立场,但美国强烈反对使用武力解决问题。1994年10月,美国国防部长威廉·佩里表示,"如果在南沙群岛的领土争端爆发冲突,它有可能对

---

① Ang Cheng Guan, "The South China Sea Dispute Revisited," *Australian Journal of International Affairs*, Vol. 54, No. 2, 2000, pp. 201 - 215.

② Song Yann - huei, "The United States and the South China Sea Dispute: A Study of Ocean Law and Policy," PhD dissertation submitted to the School of Law, University of California, Berkeley, CA. 2000, pp. 132 - 138,转引自:Lee Lai To, "China, the USA and the South China Sea Conflicts," *Security Dialogue*, Vol. 34, No. 1, 2003, p. 33.

地区稳定造成破坏性打击，而且可能对美国和其他国家的重要海上交通线构成威胁”。尽管有些许表述，但在1995年美济礁事件之前，美国仍采取“关切”但“不介入”的立场。

之后，美国的南海政策逐步开始发生变化，其发展呈现以下特点。第一，美国正式公布其政策立场。苏联解体后，伴随中国在美国全球战略中地位的下降以及美国谋求建立以其主导的单极世界的全球战略的展开，美国开始在南海问题上“积极”表态。1995年“美济礁事件”后，虽然中菲之间的争端不足以导致美国的军事反应，但美国国务院认为有必要澄清其在南海问题上的立场，随即正式公布了对南海争端的基本政策立场：在有争议的领土主权要求问题上不表示任何立场；应当和平解决斯普拉特利（即南沙）问题；美国反对用武力作为解决争端的手段；要求争端方加强外交努力来解决所涉及的问题；美国支持1992年东盟关于南中国海的声明；达成的任何解决办法都不应影响在整个南海海上的航行自由；美国反对在南海海域与国际海不一致的对于海上行为的限制。①至此，美国政府结束了过去长期奉行的“不介入、不表态”立场。时任美国负责国际安全事务的助理国防部长约瑟夫·奈也曾说，如果冲突发生在南海群岛，美国将准备提供护航和确保持续的航行自由。②1995年8月，美国国务卿克里斯托弗（Warren Christophe）在文莱参加东盟会议时表示，维护航行自由是美国的基本利益，美国要求涉及南海争端的各方通过对话解决争端，美国愿意以任何方式提供支持。同时，有人指出：“在米斯奇夫礁（即美济礁——引者注）事件中，看来中国是在试探菲律宾最亲密的友邦——它的缔约盟友美国和它在东南亚国家联盟中的邻国——会不会做出反应。表明了中国决心把它的力量延伸到具有重要战略意义的南海纵深地带。”③为此，美国国家安全委员会亚洲事务主任罗思（Stanley Roth）向地区国家保证，美国会在与中国的对话中提升南海争端的重要性。在对菲律宾的访问中，他还代表美国要求菲律宾加大其武装力量

① “Statement by the Acting Spokesman U. S. Department of State”, Felix Soh, “U. S. Warns Against Restrictions in South China Sea, Block Press Tour to Spratlys,” *The Straits Times*, May 12, 1995.

② Far Eastern Economic Review, “Jolt from the Blue, US Prodded to Firm up its Policy on Spratlys,” August 3, 1995. 转引自：Lee Lai To, “China, the USA and the South China Sea Conflicts,” p. 34.

③ ［美］理查德·伯恩斯坦，罗斯·芒罗：《即将到来的美中冲突》，第66－67页。

建设，表现出美国愿意与东盟国家一起遏制中国。[①]随着 20 世纪 90 年代中期台湾海峡紧张气氛的上升，美国众议院甚至要求通过专门的《1995 年中国政策法案》，美国行政当局也向中国发出外交照会指出，中国在南海地区的一些行为与国际法不一致。[②] 1997 年，美国和平研究所起草了一份关于“开展预防性外交防止南海争端升级的特别报告”，强调美国在南海地区有其利益存在。可以说，美国已经改变“消极中立”的立场，转而采取一种“积极中立”的政策，开始深层次介入南海事务，谋求发挥一种威慑性作用，要求中国在处理南海争端中不得不关注美国因素的影响。[③]

第二，希望通过地区安全论坛干涉南海问题的解决进程。20 世纪 90 年代末，中美关系经历着又一个低潮，美国相应地开始积极支持 ARF 成为一个讨论南海问题的安全论坛。事实上，1995 年美国负责东亚及太平洋事务的助理国务卿温斯顿・劳德（Winston Lord）就认为，如果 ARF 要成为一个够资格的安全对话机制的话，它就应该成为一个讨论南沙争端的多边论坛。[④]随后不断有美国官员发表言论支持 ARF 讨论南海问题。在 1999 年 ARF 会议上，国务卿奥尔布赖特（Madeleine Albright）公开宣称，美国不会坐视不理在南海日益上升的领土争端带来的紧张，美国将敦促各方保持克制，采取切实的步骤来稳定形势，并找到建立互信以及达成和平解决的协议的方法。[⑤]在 2000 年第七届 ARF 提交的《年度安全概览》中，美国重申由于争端各方不断的单边行为，它越来越关注南海的潜在冲突性。[⑥] 同时，美国也对其他一些一轨会谈，如中国－东盟高级官员会谈（the Sino－ASEAN Senior Officials' Meeting），和二轨会谈，如印度尼西亚主办的关于管理南海潜在冲突的论坛（the Indonesian Workshop on Managing Potential Conflicts in the South China Sea）表达了支持态度。显然，由总部设在夏威夷的美国国际战略研究中心

---

① 唐建国：“中国与东盟关系中的美国因素”，载《太平洋学报》，2004 年第 7 期，第 62 页。

② Lee Lai To, *China and the South China Sea Dialogues*, USA: Praeger Publishers, 1999, p. 143.

③ Ibid.

④ “ASEAN Forum Should Address Spratlys Issue,” *The Straits Times*, May 19, 1995. 转引自：Lee Lai To, “China, the USA and the South China Sea Conflicts,” p. 35.

⑤ Timo Kivimäki, Liselotte Odgaard and Stein Tønnesson, “What Could be Done?” in Timo Kivimäki ed., *War or Peace in the South China Sea*? Copenhagen, Denmark: NIAS Press, 2002, p. 140.

⑥ Annual Security Outlook: United States, ASEAN Regional Forum, 2000, http://www.aseansec.org/10939.htm

太平洋论坛(Pacific Forum CSIS)与菲律宾大学战略与发展研究所(the Institute for Strategic and Development Studies at the University of the Philippines)共同组织的关于南海的会议,以及亚太安全合作理事会(the Council for Security Cooperation in the Asia Pacific, CSCAP)所希望组成的关于南海的论坛,以及前文所提到的ARF等其他的一、二轨会议是美国特别寄予期望能够在研究南海争端方面发挥作用的机制。而那些由非争议方参加,更不用说主导的协商机制,则是中国在商讨南海争端时所不愿采用的。

第三,利用军事手段,更加明确地支持其南海政策立场。美国在南海问题上的立场和态度变化还体现在军事上的渗透和干预力度的不断加强。在具体做法上,美国同东南亚国家签订了一系列的双边军事协定,定期进行军事学习。美国海军还先后和马来西亚、菲律宾、文莱、印度尼西亚、泰国等东南亚国家达成协议,使美军舰机可以进入上述国家的基地和港口进行维修、补给,从而逐步完善美国海军在亚太地区的军事基地体系。美国与菲律宾、泰国、马来西亚、新加坡等东盟国家和印度、日本、澳大利亚等区外大国频繁在南海地区举行各种类型的联合军事演习,"肩并肩"、"金色眼镜蛇"、"卡拉特"、"环太平洋"等联合军事演习已经实现常态化。"9·11"以后,美国借反恐之机,提高了与海上东南亚国家在军事安全与情报收集方面的合作等级。尤其是2002年巴厘岛爆炸案之后,美国借东南亚国家普遍支持反恐行动之机,进一步推动地区和双边层次上军事合作。南海争端中的姿态最强硬的菲律宾是美国亚太地区的传统盟国,美菲安全同盟也是美国在太平洋地区最重要的军事同盟关系之一。1999年《美菲军事参访协定》(VFA)生效,华盛顿进一步恢复了与菲律宾的军事联系。此后,双方战舰互访和联合军事演习不断,2000年2月两国举行了自1993年以来的第一次大规模的联合军事演习,共有2500多名美国军事人员参加了演习。"9·11"事件发生以后,华盛顿还同意马尼拉的防务要求,为菲律宾制订出联合训练计划,帮助菲律宾实现武装力量和指挥系统现代化,有利于菲以武力支持其在南沙群岛的主权诉求。

与此同时,美国加强了在这一地区的军事情报收集行为,针对南海地区进行航空侦察和海洋测量活动,搜集该水域的水文、地质、海洋生态及中国军队部署和调动等战备资料,从而不可避免地导致了中美在这一海域的直接面对。2001年4月在南海上空的撞机事件就是在这种背景下发生的。除此之外，亚太地区的经济繁荣让美国再一次重视起这一地区海域对美国家经济的影响力。作为一个以海上权力为基础的亚太大国，亚太地区的海上通道对其经济与战略利益攸关。美国是世界上最大的贸易国家，90%以上的世界贸易是通过海洋，其中45%的海上贸易活动是通过南海海域。[①]而且，一些美国公司已经卷入了在南海的能源开发活动，并获利巨大。因此，不难理解，美国通过单独行动或强化与一些东南亚国家的联合军事演习而加强了自身在南海的军事存在，支持在南海问题上的“积极中立”政策立场。

总之，20世纪90年代至新世纪之初，随着中国力量的总体上升，美国借中国与某些东南亚国家之间存在南海争端，以及这些国家对中国心存疑惧之机，开始向南海地区进行军事渗透。这一时期美国对南海政策的变化及趋向可归纳如下：(1)对付中国，防范、制约和孤立中国的迹象更加明显，警告中国改变现状的代价。(2)从暗中偏袒到公开支持有争议的其他各方，利用和拉拢东盟国家，名言上标榜“中立”，实际上倾向于维持不利于中国的南沙被分割现状。(3)由“不承担义务”态度开始转为要“提供帮助”，并出现了美国与东盟在南沙问题上进行军事合作的苗头。(4)将南沙问题“炒热”，不断使之“国际化”，并纳入美国亚太整体战略中，牢牢掌握主动权，使之朝有利于美方向发展。[②]

第四，干涉主义思潮日益强化。时移势易，近年来美国南海政策辩论中的干涉主义思潮愈益强烈，令人瞩目地出现了一些试图改变美国现行南海政策的新思维和新动向。[③] 国家间的竞争与紧张关系素来是美国地区防务联系的粘合剂，不仅使美国加强与地区国家军事关系正当化，而且防止这些国家与中国的联合。[④]公布于2007年的美国海洋战略(the U. S. Maritime Strategy)认定太平洋和印度洋是美国海上任务最关键的活动场所，预言在可

---

① Dana R. Dillon, *The China Challenge: Standing Strong against the Military, Economic, and Political Threats That Imperil America*, Lanham, MD: Rowman & Littlefield Publishers, Inc., 2007, p. 25.

② 详见：江洋，王义桅：“美国亚太安全战略中的南中国海问题”，载《东南亚研究》1998年第5期。

③ 蔡鹏鸿：“美国南海政策剖析”，载《现代国际关系》2009年第9期，第3、4页。

④ Thomas J. Christensen, “Fostering Stability or Creating a Monster? The Rise of China and U. S. Policy toward East Asia,” pp. 106 – 107.

以预见的未来,这里将成为集结强大战斗力量的场所。[①]2009年7月15日美国国会参议院外交关系委员会探讨在南海地区"面对中国不断增强的军事实力"以及潜在的"亚洲争端"时,美国应当扮演怎样的角色的听证会上,美国国务院主管东亚事务的副助理国务卿斯科特·马歇尔(Scot Marciel)对中国和越南在南海问题上的紧张局势表示"关切",批评中国威压西方在越南的石油公司,阻止它们在有争议海域的开采活动,并承诺将保护在南海活动的美国石油公司的利益。[②]2009年以来美国在南海海域的活动明显增加。3月美国海军潜艇监测船"无瑕号"在南海中国专属经济区(海南岛南部,约75海里的海域)内活动,收集中国的各种情报。中国出动渔政海事舰艇等劝其停止损害中国安全的行动,其以高压水龙枪相击。虽然中美迅速就这个问题进行了磋商,美国国务卿希拉里和中国外交部长同意中美应该共同努力确保这样的事情不再发生。[③] 然而,第二天,美国参谋长联席会议主席马伦就公开宣称,美国有权进入这片海域,中国无权干涉其行动自由。美国军方派遣"钟云号"导弹驱逐舰为"无瑕号"护航,声称必要时将击沉中国船只。一时间,气氛再度紧张。

为了更好地抓住时机实施奥巴马政府的外交重点"东移"战略,美国利用了南海争端频发的机会,显示出比以往任何时候都要积极政策姿态。2010年是美政府高层对南海问题集中表达关注的一年。6月,美国防部长盖茨(Bill Gates)在新加坡举行的"香格里拉对话"中提出,美国不会无视南海局势,中国对南海局势的态度将威胁到美国的国家利益。7月,在越南河内举行的ARF上,美国国务卿希拉里称,美国对南沙群岛和西沙群岛的争端表示关切,争端的解决涉及美国维护海上航行自由的国家利益,"美国支持所有提出主权要求的各国展开合作和协商,反对任何国家使用或威胁使用武

① U.S. Navy, Marine Corps, and Coast Guard, "A Cooperative Strategy for 21st Century Seapower," October 2007, http://www.navy.mil/maritime/Maritimestrategy.pdf.

② Scot Marciel, "Maritime disputes and sovereignty issues in East Asia," hearing before the Subcommittee on East Asian and Pacific Affairs of the Committee on Foreign Relations, United States Senate, One Hundred Eleventh Congress, first session, Washington, DC, July 15, 2009.

③ Mark Thompson, "Behind the Sea Spat Between the U.S. and China," March 12, 2009, http://www.time.com/time/world/article/0,8599,1884724,00.html

力。"[①]显示出主动介入中国和东南亚邻国之间关于南海主权争端的意愿。这是美国政府外交部门第一次公开表示要推进关于这个问题的谈判，实际上是承认美国将进行公开的、积极的干预。希拉里的言论预示着美国将在南海问题上发挥更大作用，其目的有二：一是强调东南亚地区事务将有美国的参与；二是向这个地区传递一种信息，中国地区影响力的上升已经引起了美国的关注，南海问题将会被利用来团结东南亚国家与美国，一起应对中国。[②]此后，在美国的推动下，菲律宾和越南等国加快了在南海地区提升军事力量的步伐。

2010年9月，美国－东盟峰会在纽约召开，双方就"和平解决南海相关争端"和"保证航道通畅"的重要性达成一致。华盛顿方面草拟了声明文案，重申南中国海航道通畅的重要性，反对任何声称自己对南海拥有主权的国家试图使用或威胁使用武力强制执行南中国海争议主权。2011年5月，美国负责东亚和太平洋事务的助理国务卿坎贝尔就美国东南亚政策发表演讲时说，南海问题是处理与东南亚国家关系的一个重点，美国将在东南亚保持安全、长久的军事存在，并乐于"看到一个对话进程在东盟和中国之间展开"。[③] 6月23日，希拉里在与来访的菲律宾外长见面时表示，美国关注南海局势，承诺支持菲律宾的防卫，将按照《美菲共同防御条约》为菲提供适当的物资和装备，以"对抗中国"。[④] 华盛顿基于地缘战略的需要鼓励南海争权的国家，不但是要为中国制造困扰，也是为自己插手南海做准备。

在美国看来，南海冲突不仅仅是海洋主权之争，更是东亚格局转型的第一个考验。为了保持地区主导地位，美国一方面加强与传统东南亚盟国的军事同盟关系，不断扩大地区联合军事演习的范围和规模；另一方面致力于发展与新东盟国家的战略关系。同时，美国还加强与其他对中国心存戒备

---

① Hillary R. Clinton, "Remarks at Press Availability," http://www.state.gov/secretary/rm/2010/07/145095.htm

② Geoff Dyer, "Power play in the South China Sea," August 9, 2010 http://www.ft.com/cms/s/0/d0ba0580－a3e2－11df－9e3a－00144feabdc0.htmlJHJaxzz1I3RQop6Y

③ Center for Strategic and International Studies, *U.S. Engagement in South East Asia*, May 31, 2011, http://csis.org/event/us－engagement－south－east－asia

④ Hillary R. Clinton, "Remarks With Philippines Foreign Secretary Albert del Rosario After Their Meeting," http://www.state.gov/secretary/rm/2011/06/166868.htm

的大国之间的防务合作，显示出联手对抗中国的姿态。2011 年 6 月 21 日，美日两国政府安保磋商委员会会议公布共同战略目标，宣称“地区安全环境趋于严峻”，强调“将敦促某些国家不追求及部署可能给地区安全带来不稳定因素的军事力量”。共同战略目标虽未点名敦促对象或列出南海的名称，但两国在交换意见的场合则明确表示，中国加强在南海的活动，“导致了地区紧张”，公开要求中国停止对他国船只采取“妨碍行为”。从某种程度上说，南海争端背后隐含的美国因素作用不断增大，通过支持某些东南亚国家对抗中国的领土要求，以达到限制和防范中国影响力、保持美国在东亚地区安全事务中的主导性的目的日益明显。

二、美国南海政策的影响及有限性

美国南海政策对地区安全产生了十分消极的影响：首先，美国的军事存在增加了南海问题的复杂性，进一步增大解决争端的难度；其次，美国对菲、越等国的偏袒大大加强了地区均势格局的不平衡性；再次，美国的干预导致南海问题国际化趋势加快，不符合中国双边各谈、独立解决争端的原则；第四，美国的介入也恶化了我国周边环境，阻遏了中国走向海洋的步伐；最后，从中美关系的角度看，由于美在亚太安全战略中将会越来越关注南海因素的影响，南海的区域安全必将在美亚太安全乃至世界安全战略中扮演越来越重要的角色。随着事态的发展，南海完全可能成为像台湾问题那样掣肘中美关系发展的又一重要支点。①

目前，在美国政策干涉性的鼓励下，出于各自战略考虑，东南亚各国正在积极扩大在南海的控制力和影响力，美国影响的不断加强更使得南海地区的安全隐患加剧，南海争端复杂化、长期化的危险正在上升。但与此同时，也不应过于夸大美国因素的作用。在对未来前景进行估算之前，需要从三个视角进行战略研判。②

首先，从中国角度来看，尽管中国海军实力大为增强，但并不谋求以武力或武力威胁解决南海问题。中国军事力量的壮大，无疑增强了中国对南海地区的影响力和潜在的控制力，但这并不意味着中国会将其雄厚的海军

---

① 刘中民：“海权与中美关系：历史与现实”，《国际海洋政治专题研究》，第 88 页。

② 以下部分内容系与王联合博士多次讨论的结果，也可参阅其尚未公开发表的工作论文“南海问题新趋势及前景探析”，特此致谢。

力量用来对付自己的邻国，相反，一个强大、繁荣的中国是地区稳定的因素。从主观上说，中国需要东南亚国家的支持以实现其他更重要的国家利益目标。中国一贯将东南亚视为对其地缘政治与经济利益至关重要的地区，东南亚国家不仅是中国战略上的伙伴，而且是中国重要的出口市场以及资金和原材料来源地。自20世纪90年代中期以来，为了营造一个有利于经济发展的和谐稳定周边环境，中国展开了缜密的“魅力外交”，如加大发展援助、提供无息贷款、加入东盟地区论坛和《东南亚友好合作条约》以及签署《南海各方行为宣言》等，从而成功地促进了睦邻友好关系，缓解了地区国家对其上升的经济、政治与军事力量的担忧。地区国家虽然仍对中国的长期意图心存疑虑，但都乐于接受中国作为一个友好的经济大国。2009年中国成为东盟最大的贸易伙伴。2010年中国 – 东盟自由贸易区正式启动，不仅巩固了中国与东盟的经贸联系，而且推动了全球经济的复苏。中国与东盟南海声索国的关系发展也很迅速。2009年9月24～26日，中国主办了第三次中越防务与安全磋商。11月10～11日，中国国家主席胡锦涛前往新加坡参加APEC会议途经菲律宾，中菲就扩大贸易合作和投资签署了五项协议。显然，中国不仅没有对东南亚国家的安全构成威胁，反而是这些国家发展的重要机遇。

从客观上说，中国尚缺乏主导南海局势的足够实力和资源配置。在南海危机或冲突过程中，中国面临着局势横向升级的可能，即引发其他领域的海上竞争，从而导致于己有利的地区海上军事力量格局失衡。过去几十年间，美国利用其地理与外交优势已在南海建立了主导地位，中国的海军力量目前还不足以把美国赶出这一地区。①而且，没有迹象表明，作为一个深深依赖国际贸易来维持和实现其全球战略利益的国家，中国会干涉在国际法惯例下的南海航行自由。中国大约3/4的能源进口要经过南海，中国的国家利益在于支持航行自由的理念，并需要国际法来促进其全球海洋利益，尽管中国并不畏惧回应其他国家在争议海域内的非法军事行动。反之，即便中国在特殊情况下不得不以刚性手段对南海局势做出反应，它也不会在该问题上将自己的外交、经济、军事资源消耗殆尽，因为作为一个有着全球重要性

① Toshi Yoshihara and James R. Holmes, “Can China Defend a ‘Core Interest’ in the South China Sea?” *The Washington Quarterly*, Vol. 34, No. 2, 2011, p. 48.

的理性行为体,中国对外战略的目的不仅要使其在某一问题上的利益最大化,更要最大限度地服务于整体国家利益。

其次,从东盟角度来看,与中国协商解决南海问题是最理性与现实的方法。东盟对南海地区上升的冲突局势的集体回应力很弱,这不仅是因为这些国家共同的需求是要保持一种和平、稳定的地区环境以便搭乘中国经济发展的"顺风车",更重要的是它们在关于如何在南海争端上应对中国的问题上缺乏共同立场,缺乏防务合作,缺乏军事能力以及共同的威胁认知,因此无法在南海问题上形成统一的立场。

即使美国决意无条件支持东南亚国家在南海争端中的领土诉求,这些国家也承担不起一味依赖美国制衡中国的代价。从地理上说,中国是东盟必须与之共存的一个大国,而美国则相距遥远,且反复无常。如今一些东盟国家的政府正在反思它们敦促美国介入南海事务的做法是否明智。针对美国国务卿希拉里所说的美国在南海"有国家利益",菲律宾外长曾表示,南海谈判应该严格地在东盟国家与中国之间进行,不需要美国或其他任何第三方的介入。越南副国防部长则在访问中国时表示,越南永远不会与别国建立军事联盟,不会允许别国在自己国土上建立军事基地;重申它不与美国或任何国家通过防务合作反对中国,强调涉及中越利益争端的问题就应由两国一起解决,不拉拢其他国家参与;解决南海问题不能国际化。①的确,中越双边贸易总额2010年年底超过了250亿美元,这一事实无法被忽视。自中国-东盟自贸区建成以来,中国东盟经济关系进一步发展,相互依赖达到前所未有的程度,导致有关各方都希望以和平方式解决南海问题。在美国-东盟纽约峰会上,双方就"和平解决南海相关争端"和"保证航道通畅"的重要性达成一致,但双方会后发表的联合声明以及美方就这次会议发表的声明中并未提到在多边框架下解决南海争端,只是在联合声明的第18段中对航行自由表示关切。②可见,虽然在美国支持下达成的关于南海争端的决议被认为可以加强东盟国家在南海问题上的力量,但很多国家也担心美国直接卷入南海争端的负面效应,不愿被迫在美国和中国之间做出选择的方式

---

① "越南副防长阮志咏阐述越中美关系及解决南海问题方针",《参考资料》2010年9月30日,第4页。越南《人民军队报》网站9月26日晚全文发表越南国防部副部长阮志咏中将答日本共产党《赤旗报》驻河内记者问,题为《解决东海(即我南海———本刊注,下同)问题应公开透明》

② 张洁:"南海争端与中国周边安全环境",载《中国周边安全形势评估(2011)》第81页。

来解决这个问题。

可见，美国虽然是这些国家最乐于接受的用来制衡中国的力量，但东南亚国家也认识到，美国在南海问题上的利益尚不足以让它公开对其东南亚盟国表示军事支持。美国力量的不稳定、中美关系的重要性以及美国意图的模糊性，让它的承诺变得不那么可靠。虽然有些国家认为引入外部行为体是一个平衡中国的不错选择，但这种做法的影响却有着无法预计的危险性。

第三，从美国角度看，美国之所以鼓励南海争权的国家，并不是像南海有关国家那样看中南海的能源储量，而是基于地缘战略的需要。可以想见，为了牵制中国力量的发展，也为了维持和恢复美国在东南亚的影响力，美国在南海地区的演习、结盟等外交、军事作为，将有进一步升级之势。虽然2010年美国国防部长与国务卿相继公开表态，要求保障南海地区海上航行自由和海上商业通道的畅通，但稍加思索不难想到，这其实暗含了美国在南海问题上最主要的担心——随着中国海上力量的增强而可能导致未来美国在此海域内的自由行动受到限制，反映出美国近年来对于中国上升的海军能力和对海上权益的诉求的真正疑惧。尽管有着种种不安和担忧，美国政府仍然强调中美关系的正面发展趋势。奥巴马总统在2009年11月亚洲之行时表示，"一个强大、繁荣的中国的崛起是国际社会的力量之源"，美国"渴望获得中国在全球事务上的合作"。[①]在2010年6月香格里拉对话期间，国防部长盖茨称，美国的南海政策很清楚，即确保稳定、航行自由以及不受阻碍的经济发展。这些宣示表明，美国至少目前会谋求保持中美关系的稳定，除非中国意图明显地采取损害南海航行自由的政策。作为一个处于力量变动时期的守成大国，美国虽然不时有很多强硬的政策表达，但不会轻易卷入遥远地区的军事冲突，这在过去和现在都是一样的。[②]同时，中国注重反介入能力的提升，如反舰弹道导弹的发展，无疑将提高美国主导和控制南海海域的成本。一些美国的战略家和分析人士也不断强调中美之间海上非传统安全合作的可能性与重要性。他们认为，以制造航母为标志的中国海军的扩

① "Barack Obama's Trip to China may Encourage a Warming of Relations," *The Economist*, November 16, 2009.

② B. A. Hamzah, "China and the freedom of navigation in the South China Sea," *The Korean Journal of Defense Analysis*, Vol. 22, No. 2, 2010, p. 239.

张，只是中国民族主义的一种反应，根本无法对美国海军的安全构成威胁，中美两国应该加强互信，在人道主义救援、打击海盗等领域加强合作，从而减少双方在军事领域内出现磨擦的可能。①中国海军实力的增长给美国提供机遇，它是以一种合法方式进行的，是为了保护自身经济利益和正当的安全利益，而不是为了打造一支可能带来灾难性后果的海上武装。在海盗、恐怖主义和自然灾害等问题上，中美海军都能够合作。让地区内国家以自由、负责任的方式管理印度洋和太平洋应该是美国的战略目标。②从这个角度看，中国海军实力的增强对于维护南海地区长期的和平与稳定可以起到积极作用。在可见的将来，南海问题在中美关系的全局关系中只会是一个棋子而不会成为主要的战略考虑基点。

另外，一些机制性制约也限制着美国在南海问题上发挥一种“全能作用”。例如，美国参议院一直没有批准《联合国海洋法公约》，这不仅使得美国在国际法道义上失去了立足点，很难与各国一起从法律层面上规范行为；而且也失去了参加由 UNCLOS 设立的管理海洋资源的各种机构的资格，从而丧失了对一些具有一定调解能力机构的决策发表意见的权力。③在这种情况下，对于美国来说最为有利的战略选择应该是避免在不同的争端方之间表明立场，应该努力以一个争端调解方的身份出现，谋求对各方进行制衡从而保持它在南海问题发展进程中的核心地位。美国不应该试图去损害中国与东南亚国家之间的关系，这种行为不仅会威胁到中美关系而且也严重地制约了美国与地区国家之间关系的发展，因为东盟国家并不想在中美之间做出选择，如果强迫它们做出这样的选择只会对美国不利。④

历史经验表明，当一个地区成为大国利益博弈的前线和拉锯场时，被牺牲的只能是夹在中间的小国。随着中国越来越强大，中美在中国周边海域的外交摩擦有可能增加，南海地区的国家应该努力避免这种大国摩擦的出

---

① Robert Ross, “China's Naval Nationalism: Resources, Prospect and U. S. Response,” *International Security*, Vol 34, No. 2, 2009, pp. 46-82.

② Robert Kaplan, “China's Two Ocean Strategy,” in Abraham Denmark and Nirav Patel eds., *China's Arrival: A Strategic Framework for a Global Partnership*, CNAS, September 2009.

③ Dana R. Dillon, *The China Challenge: Standing Strong against the Military, Economic, and Political Threats That Imperil America*, p. 40.

④ Serene Hung, “China in ASEAN-let Multilateral Forums,” *Maryland Series in Contemporary Asia Studies*, Number 2, 2006 (185), p.93.

现。其实不少东南亚国家已经意识到在南海问题上大国利益与小国利益的不同，对于美国是想利用南海牵制中国还是会在该问题的解决上完全尊重小国利益，恐怕难存共识。作为一惯强调战略主动性的国家集团，东盟也意识到，将南海问题国际化只能使事情更糟，解决难度更大。国际实践表明，这类争议的最佳解决途径是争端当事国之间的直接双边谈判。只有东亚国家平等相待，相互尊重，解决好彼此的关切，而不是借助外部力量的帮助，才是解决南海问题、维持地区和平的长久之道。事实上，东盟成员国内部关于各自的领土问题一直争执不断，对于南海问题所适用的双边与多边方式以及对待中国的不同的方式，彼此也存在不同意见。由于无法有效地组织起集体制衡和依赖外部力量，东盟国家显然无法实施传统的制衡战略来解决其在南海地区的关切，因而它们渐渐地、不约而同地选择了一种“两面下注”策略，既通过保证美国对于地区安全的相关性来确保对于南海问题的强大的军事制约能力，又通过与中国保持正面的积极接触来确保敏感的领土问题不会导致武力的解决方式。这种策略为南海问题的当事方——中国与东盟国家——进行积极的建设性互动，限制地区紧张的上升，协商出一种有效的冲突管理与避免模式赢得了时间和空间。

第三节　中国－东盟在南海问题上的外交互动

南海争端严格意义上说并不是中国与整个东盟之间的问题，而只涉及中国与提出南海主权要求的国家——越南、菲律宾、马来西亚、文莱、印度尼西亚——之间的双边关系。但是，随着东南亚地区融合进程不断深化，争端各国越来越倾向于以东盟作为整体地区安全框架来处理这一争议。而中国由于不希望因南海问题使中国与整个东盟关系紧张，也逐渐愿意与单个东南亚声索国家或是整个东盟就这个问题进行互动。中国与东盟在南海问题上的互动对地区安全与繁荣产生着重大的影响。

总体来看，中国－东盟在南海问题上的互动在美济礁事件之后呈良性态势。美济礁事件后，中国内省式地认识到，它与东盟的关系不应因南海争端而恶化，中国遂重新思考其南海行为方式，逐渐同意在有限多边框架内与东盟内的争端方讨论南海问题。①一年一度的中国－东盟高官会议、中国－东盟外长会议、ARF 会议以及后来的中国－东盟峰会都成为声索各方进行沟通了解的场合。2002 年东盟与中国签署《南海各方行为宣言》,双方在南海问题上的相互制约达到顶峰。虽然这是一个非约束性的文件,但它确实制定了一些有利于和平解决争端的原则,经由这些途径,东盟与中国在缺乏具有法律约束力的、正式的争端解决机制的情况下,从危机管理和预防角度处理领土纷争,维持了南海的和平与稳定。但是,解决敏感的领土争端并非易事,而且由于东盟内部各成员国之间有着利益及认识分歧,使东南亚国家担心这种内生的不一致性以及半机制性的灵活安排可能会给中国留下空间来加强其在南海的力量。为此,东盟有关国家欢迎美国从军事与政治两方面加强在南海问题上的相关性和介入可能。

一、南海问题与中国－东盟互动关系

自 1992 年东盟作为一个整体对南海问题公开发表《东盟南海宣言》以来,中国与东盟在这一问题上的互动就从未停止过。所谓互动,简言之是指行为体在特定的背景下所进行的、带有一定利益目标的相互作用的持续不断过程。建构主义从共有知识(或称文化)的概念出发来解释国家间因互动而建立起来的关系。亚历山大·温特(Alexander Wendt)声称他关注的重点之一就是"体系理论应该考虑的国家间的互动或曰进程",而国家作为"具有意图性、理性和利益考虑等人的特征的行为体",它们之间的互动构成了国际社会和国际体系。在互动发生以后,由于有了自我角色和他者角色的区别,国家的身份得以确定,而身份决定利益。对于温特来说,身份和利益不仅是在互动中习得的,而且也是由互动所支撑的。正是通过相互间的互动,国家的身份和利益才能得以界定。②互动产生共有知识(文化),国家间关系的性质依赖于共有知识(文化)。根据国家行为体之间以及行为体与体系之间的互动进程、内容和结果,共有知识(文化)集中表现为三种不同的逻辑,即分别为霍布斯文化、洛克文化和康德文化,不同的文化决定了国家间关系

① Allen S. Whiting, "ASEAN Eyes China: The Security Dimension," *Asian Survey*, Vol. 37, No. 4, 1997, p. 319.

② 陈宗权:"国际关系互动理论初探",载《国际观察》2008 年第 2 期,第 61、62 页。

的不同形态。[①]当然,在互动过程中,行为体的选择往往是策略性的,即行为体在做选择时,需要考虑其他行为体可能做出的反应,以便通过彼此之间及与外界的互动来调整各自的行为方式,从而达到最大的收益。[②]

当互动过程形成后,互动模式相应产生,国家间互动大致分为冲突型、竞争型和合作型三类。在任何互动中,都存在着一定的共同利益,也存在着某些分歧。不同之处在于:在冲突型互动中,导致分歧的因素要远远大于合作的因素,双方的冲突即使不是无法调和,至少也是经常相互进行武力威慑;竞争型互动中参与者承认他们之间的分歧,并且存在一定的心理上的紧张关系,但他们都愿意妥协,均谋求达成某种建设性的协议;而在合作型互动中国家间共同利益要远远大于分歧,它们互持友好的态度,最容易达成利益的平衡。[③]需要说明的是,无论何种互动,其模式都不是一成不变的,而是根据彼此的认知而不断变化。国家对于互动对象的认知主要有三类即敌人认同、对手认同或朋友认同,相应地对应以上三种文化和互动模式。[④]可见,身份认知的转换是互动模式性质转换的变量。

对照上述研究框架,中国与东盟在南海问题上的互动呈现以下几个特征。其一,互动行为体不是孤立存在的,它们处于特定的国际体系结构之中,因而其政策具有基于特定背景和环境考量的烙印。互动是在行为体与行为体之间、行为体与环境之间同时展开的,其相互作用奠定了互动的基础。1992 年 2 月,中国颁布了第一部海洋立法《中华人民共和国领海及毗连区法》,其中第二条规定,“……台湾及其包括的钓鱼岛在内的附属各岛、澎湖列岛、东沙群岛、西沙群岛、中沙群岛、南沙群岛”等都属于中华人民共和国领土。[⑤]5 个月后,第 25 届东盟外长会议通过了《东盟南海宣言》,第一次在南海问题上表现出共同立场。双方互动从此开启。当时,中国与东盟的关系刚刚起步,双方社会交往不多、经济往来总额不大,对于对方在南海问

---

① [美]亚历山大·温特著,秦亚青译:《国际政治的社会理论》,上海:上海人民出版社,2000 年版,第 325–326 页。

② 周方银:“国际结构与策略互动”,载《世界经济与政治》2007 年第 10 期,第 11 页。

③ 陈宗权:“国际关系互动理论初探”,第 64、65 页。

④ 封永平:“国家互动与认同转换——美国和平崛起的建构主义分析”,载《国际观察》2004 年第 5 期,第 22 页。

⑤ 《中华人民共和国领海及毗连区法》,http://www.soa.gov.cn/hyjww/zcfg/lingyiyears/2007/04/1176342954038577.htm

题上的意图与能力认知不足。中国与东盟在南海问题上处于相互摸底和试探阶段,包括对彼此所处的特定政策环境、制度背景等方面的了解。双方很少有共有知识,对对方的身份认知也是模糊不清的。相对于行为体之间的互动,行为体与外部环境的互动也是相当重要的。在冷战后的新时代条件下,无论是美国、中国还是东南亚各国,都在对其冷战时期的对外政策进行反思和调整,新的国家战略和政策仍在制定和调试过程中。这时,与以美国为代表的外部环境之间的互动也刚刚开始。

其二,互动是一个持续不断并逐步提升善意的过程。任何两个行为体之间的相互作用都有着一定的延续性或惯性。1995 年美济礁事件后,通过一系列的相互接触和沟通,中国与东盟对于彼此在南海问题上的原则、政策有了进一步的研判。中国认识到在这一问题上东盟的一致性态度,决定不让南海问题成为双方整体关系改善的一个障碍,因而它逐渐同意与东盟在有限的多边场合非正式地讨论这一问题。而东南亚国家则确信,美国在这一问题上的利益尚不足以让它公开对其东南亚盟国表示军事支持,加之对中国在领土问题上的立场与态度有了更深的了解,因此它们渐渐不约而同地选择了一种“两面下注”战略,既通过加强美国与地区安全的相关性来对南海问题施加军事制约,又通过与中国保持积极接触来确保中国不会采取武力解决方式。于是,双方形成了对彼此实力、意图和行为后果等方面的基本认知,在此基础上根据本国的目标和国情制定及实施政策。作为这种互动模式的一个重要结果,此后中国与南海主权声索国之间再没有在这一海域发生武装冲突。

其三,各行为体是理性的,即其政策目标不仅要使其在某一问题上的利益最大化,而且要最大限度地服务于其整体国家利益。中国与东南亚有关国家在南海问题上各有其明确的利益诉求,但关于哪种政策能最大限度地服务于这种利益及其整体国家利益却并不存在普遍的共识。例如,在越南和菲律宾拒绝中国“搁置争议、共同开发”以及联合使用岛礁上的设施的提议,并要求加大对中国的压力以达成具有法律约束力的多边协议时,马来西亚却更加看重与中国保持良好关系以获取政治与经济利益,因此它反对对中国施加压力，认为强迫中国让步得不到任何好处也不可能长期持续下去。①在这种情形下，中国与东盟在南海问题上的互动必然是一个长期的、各种利益均得到考虑但都不会得到充分实现的过程。

总之，中国与东盟国家在南海问题上关系模式的产生和发展不是先验的或固定不变的，而是两者在特定环境下互动的结果，是双方在对对方的身份认知、政策及行为后果，以及所处环境等诸因素做出综合评判并最终做出回应的结果，是国家的主观能动性与客观反应性以及社会实践性共同作用的结果。纵观近20年来中国与东南亚国家在南海问题上的互动，双方基本形成了一种混合型互动模式，其主要特征是动态性、竞争性与合作性共存。美济礁事件是这种混合型互动模式形成的开始。20世纪90年代中期后，随着中国与东南亚各国关系的改善、东南亚地区融合进程的加快，双方商品贸易和投资不断增长，所有争端方日益处于一个紧密的贸易、投资、金融和旅游之网中，繁荣和安全已成为相互的和共同的目标，这使得单边冒险行为的代价越来越高。②中国与东盟的共同利益和相互依赖大为增加，双方逐渐学会利用各种过程和机制来提升对话和合作，中国加入东盟地区论坛、签署《南海各方行为宣言》和《东南亚友好合作条约》等标志性互动成果的产生，成功地削减了潜在冲突发生的可能。总体来看，虽然在南海海域还时常发生一些小冲突，但地区的总趋势是向着政治与经济合作、建立互信以及双边和多边接触发展的，各方都希望在一个和平稳定的地区环境下寻求其经济发展、社会稳定的国家目标。

二、东盟的“两面下注”策略

即使是与中国在南海问题上时有争执的某些东南亚国家也不得不承认，南海问题只是它们面临的种种问题之一，甚至不是最重要的一个，中国的崛起对于东南亚的稳定与和平仍然有着积极的一面。在这种情况下，为更好地保障自身利益，地区国家既不愿彻底放弃自己的诉求，又不甘心因南海问题造成与中国的公开对立，从而影响到其国家发展与社会稳定的大计。

---

① Nayan Chanda, “Divide and Rule: Beijing Scores Points on South China Sea,” *Far Eastern Economic Review*, August 11, 1994, p. 18.

② Mohamed Jawhar bin Hassan, “Disputes in the South China Sea: Approaches for Conflict Management,” in *Southeast Asian Perspectives on Security*, pp. 102 – 104.

为此,东盟采取了“两面下注”策略,即一方面通过接触、对话以及将中国纳入地区机制安排来建立一种相互负责和友好相处的关系,从而束缚中国在南海争端中的选择;另一方面加强与美国的军事联系,平衡中国力量,缓解安全担忧。

为了确保中国以友好合作的态度与东南亚国家就南海问题进行互动,东盟从以下两个方面着手努力。第一,通过显示一致立场使中国认识到,南海争端虽然仅事关中国和少数东盟国家,但它却引起了整个东盟的关注。随着东盟机制化程度越来越高,与中国有领土争端的东南亚小国日益把东盟看作是保护其利益的更好选择,寄希望于以东盟整体的力量与中国进行外交博弈。[①]在1992年7月第25届东盟外长会议上,南海问题首次成为东盟安全的重要内容。会议通过了《东盟南海宣言》,强调必须用和平的手段解决同南海有关的一切主权和管辖权问题,建议有关各方以TAC的原则作为制定南海国际行为准则的基础。这是东盟第一次在南海问题上表现出共同立场。美济礁事件发生后,东盟对南海问题的重视度明显提高,东盟外长会议随即发表联合声明,表示“严重关切”南海形势的发展,要求双方遵守《东盟南海宣言》。[②]同时,东盟国家还努力将南海问题纳入ARF的议程。

1995年4月,首届中国–东盟高级官员会议在杭州举行。在正式会议开始前的非正式会议上,东盟和中国官员严肃地讨论了南海问题。东盟表达了对于南海争端以及关于某些岛屿的潜在冲突的担忧,认为这种冲突会“损害地区稳定”。[③]此后召开的东盟外长会议和首脑峰会所发表的联合声明都涉及南海问题。虽然由于中国的反对以及考虑到分歧有可能破坏刚刚在形成阶段的东盟与中国的安全关系,东盟没有在第一届ARF上提出南海问题,但自第二届起,历届ARF主席声明中都阐述了对南海问题的立场。渐渐地,东盟的这种一致性推动中国与东盟建立了一系列关于南海问题的互动机制,包括定期的会议与对话、高层军事官员的互访以及建立热线等。最终,东盟获得了中国对《东盟南海宣言》、ARF和亚太安全合作理事会的正式

---

① Liselotte Odgaard, “The South China Sea: ASEAN's Security Concerns About China,” p. 17.

② “Recent Developments in the South China Sea (1995),” March 18, 1995, http://www.aseansec.org/5232.htm

③ Ian James Storey, “Creeping Assertiveness: China, the Philippines and the South China Sea Dispute,” *Contemporary Southeast Asia*, Vol. 21, No. 1, 1999, p. 108.

支持。这些机制在制定南海行为准则、遏止对南沙群岛新的控制方面起了很大的作用。

第二，将中国纳入地区多边安全框架或协议，承诺以和平方式解决问题。东盟与中国建立多边对话的努力始于1990年，关注点为建立关于海上问题的信任，避免涉及主权的法律争议，鼓励多边对话和促进争端的和平解决。20世纪90年代末，中国－东盟开始就达成共同的南海行为宣言进行谈判。2002年7月，第35届东盟外长会议呼吁与中国共同努力达成关于南海的行为宣言，以消除在南海发生军事冲突的危险。同年11月，东盟与中国签署《南海各方行为宣言》，双方在南海问题上的相互制约达到顶峰。虽然这是一个非约束性的文件，但它确实制定了一些有利于和平解决争端的原则，比如，规定所有各方应该“用和平手段解决争端”并且，承诺“自我克制”，以及“尊重在南中国海及其上空的通航自由和飞行自由，正如1982年《联合国海洋法公约》以及其他被广泛认可的一些国际法所规定的原则”。通过这个宣言，东盟清楚地表明“中国在南海的存在并没有威胁到和平共存”。[①]这是中国第一次签署关于南海问题的多边协议，显示了它在南海问题上的温和态度，标志着它愿意遵守由东盟提出的原则，并愿意选择以和平方式解决领土争端。随后，中国于2003年11月成为第一个参加TAC的东南亚区域外国家。

经由上述途径，东盟与中国在缺乏具有法律约束力的、正式的争端解决机制的情况下，从危机管理和预防角度处理领土纷争，维持了南海的和平与稳定。其目的是显示东盟在南海问题上作为一个整体的基本原则立场，同时维持与中国的和平共存。东盟的这些举措被外界统称为“格列佛战略”（Gulliver strategy），即在不能确定中国是否是威胁的前提下，力图将中国纳入一个程序和集体规范之网，以无数的共同利益纽带将双方捆绑在一起，以此制约发生极端行为的可能性。[②]作为小国，很多东盟国家担心中国参加与东南亚国家之间的对话仅仅只是一个政策上的权宜之计，而不是以真正的要妥协的意图为基础的。同时，它们也意识到，尽管希望以一个整体来应对中国，但由于内部利益分歧、立场不同等原因，东盟很难被依赖作为与中国

① Liselotte Odgaard, “The South China Sea: ASEAN’s Security Concerns About China,” p. 22.

② Cheunboran Chanborey, “China’s Soft Power in Southeast Asia,” *Cambodian Journal of International Affairs*, November 2009, p. 17.

讨价还价的单一有效平台。[①]东盟之所以选择实施这项战略，不仅是源于中国与其他南海主权声索国就敏感的领土争端达成约束性规范的艰难性，而且也是由于东盟内部各成员国之间有着利益及认识分歧。正是因为担心这种内生的不一致性以及半机制性的灵活安排可能会给中国留下空间来加强其在南海的力量，东盟有关国家纷纷采取了第二种战略，即欢迎美国从军事与政治两方面加强在南海问题上的相关性和介入可能。

由于军事力量完全不成比例，以及缺失一个共同的东盟防务认同，大多数东南亚国家把持续的美国军事对于中国的制衡看作是一个必须。[②]东盟国家，尤其是海上东南亚国家大都希望美国能够持续在这一地区的军事存在和经济存在，与东盟国家进行军事合作来限制中国的影响力。自 20 世纪 90 年代末以来，不少东南亚国家都与美国恢复或重建了某种形式的军事合作，范围从防务对话到共同防御侵略不等。

菲律宾作为与中国在南海问题上有着较大利益冲突的东南亚国家，同时也是美国在该地区最古老的军事盟国。双方的军事合作涉及联合军事演习、美国军队的访问以及美国后勤补给系统的永久性布置。尽管冷战后菲国内民族主义的高涨迫使美国于 1992 年关闭了在菲海空军基地，菲律宾国内又爆发了大规模反美民族主义示威，使得美国在菲律宾安全中的核心作用持续下降。但是，菲律宾认为 20 世纪 90 年代中后期中国对美济礁等岛礁的控制，侵犯了菲律宾的领土，构成了对其国家安全的威胁，因而开始考虑重新依赖美国的军事力量制衡中国在南海的行为。[③] 1999 年，美菲军事访问协议生效。自 2000 年 2 月起，两国举行了多次大规模联合军演，演习涉及南海事务，地点也不时出现在南海有争议的海域。这大大增加了美国卷入南海的可能性。反恐战争进一步加强了美菲军事同盟关系。华盛顿为菲制订军事训练计划，帮助菲武装力量现代化，以推进其在南沙群岛的主权要求。

与菲律宾相比，美国与马来西亚的军事合作主要涉及有限的过境权、访问权、加油以及联合训练。马来西亚在南海争端中采取相对较低的姿态，愿

① Martin Stuart - Fox, "Southeast Asia and China: The Role of History and Culture in Shaping Future Relations," *Contemporary Southeast Asia*, Vol. 26, No. 1, 2004, p. 136.

② Liselotte Odgaard, *Maritime Security Between China and Southeast Asia: Conflict and Cooperation in the Making of Regional Order*, Aldershot: Ashgate, 2002, pp. 108 - 157.

③ David G. Wiencek and John C. Baker, "Security Risks of a South China Sea Conflict," in *Cooperative Monitoring in the South China Sea: Satellite Imagery, Confidence - Building Measures*, p. 54.

意通过双边外交来解决这个问题，支持中国关于不将南海问题国际化的主张，理由是公海航行自由并未受到威胁。[①]即使如此，马来西亚持续加强其海空军能力，认可美国在东南亚的军事存在，视之为防止暴力冲突的有效工具。1992 年后，马来西亚低调地参加了美国主导的一系列军事合作和联合军事演习，其中颇有代表性的是两年一度的环太平洋联合演习。此项演习的目的，用 2010 年度演习方案设计主管、美军太平洋总部太平洋论坛战略研究中心专家卡尔·贝克尔(Carl Becker)的话说，是“对美国及其盟国海上力量的展示，协调各国的海上协同作战能力，借此确保美国在南中国海的海上通道畅通无阻”，“防备亚太地区崛起的新兴军事力量”。[②]

东盟的新成员国中，越南与中国在南海问题上的争端最激烈，在南海控制的中国岛礁最多，开采的石油和摄取的经济利益最大，并正在考虑与美国建立初级的军事关系。1995 年美越邦交正常化后两国关系发展迅速。近两年美越战略与军事合作进入一个新阶段。一方面在战略和政策层面有了进一步的沟通和默契。2010 年 7 月，越南作为主席国在美国的支持下在 ARF 上提出南海问题，将中越双边问题国际化。自 2008 年 10 月美越举行首次战略高层对话以来，两国在政治、外交上的沟通进一步加深。2011 年 6 月 17 日，美越第四轮政治、安全和防务对话在华盛顿举行，双方发布的联合声明指出，两国都认识到，维护南海和平、稳定、安全和自由航行是国际社会的共同利益，南海争端应通过外交方式解决，而不是使用胁迫或武力；另一方面，两国的军事合作进入更高层次。自 1997 年以来，美国太平洋部队指挥官和军舰多次访问越南，两国国防高层官员也频繁互访，两军开展诸如搜寻战时美军遗骸、排雷、军事医疗、军事培训等各种合作。2010 年之后，美越频繁在南海举行联合军演。2011 年 3 月底，美军一艘弹药船在靠近金兰湾的越南云峰湾进行了 16 天的维修，关于美军有意进驻金兰湾的传言亦不时出现。

三、中国的“行为调整”及南海问题的前景

在南海问题上，中国的行为方式在与东盟的互动过程中经历了明显的改变，在强调双边谈判的同时，赋予多边协商以应有的地位。此种行为方式

---

① Liselotte Odgaard, “The South China Sea: ASEAN’s Security Concerns About China,” p. 15.

② 姚国会:“大公报:环太平洋军演耀武扬威目的明显”，http://news.xinhuanet.com/mil/2010-07/08/content_13829789.htm

的调整不仅可以归因于21世纪亚太地区战略环境的改善、中国-东盟关系的良性发展以及“中国威胁论”调门的降低,更可以用一种“学习与适应”的理论加以解释。[①]一方面,中国与东盟之间密集的日常接触增进了相互理解,建立了共同的行为规范,从而使双方在南海问题上的认知有了根本性的改变。另一方面,中国对东南亚地区战略格局的嬗变相当敏感,意识到美国主导的正式或非正式的地区军事关系有可能形成对中国的包围之势,这使得中国倾向于以自我克制的态度和“睦邻、富邻、安邻”的行为实现其在南海的国家利益。因此,中国在南海问题上对多边主义兴趣的增加,可谓是内部发展与外部环境共同作用于中国与东盟互动过程的结果。

首先,通过学习过程,中国逐渐习得如何与一个地区组织相处,中国与东盟就南海问题进行多边谈判的意愿在增加。自20世纪90年代开始,中国就将营造和平稳定的周边环境作为其首要外交战略目标之一,而中国睦邻政策的首要目标就是东南亚。对中国而言,东南亚国家不仅是潜在的经济伙伴,而且是潜在的政治同盟,它们与中国有着共同的关于外部干涉的担忧。[②]至1992年8月,中国已经与所有的东南亚国家实现了关系正常化,并且建立了一系列的经济与社会互动框架。中国对东南亚采取“睦邻富邻”战略,增加了自己的吸引力,在经济、外交、影响力等领域取得相当大的成效。

1995年前,中国即参加了五次由印度尼西亚主办的关于南海问题的非正式会谈——处理南海潜在冲突研讨会以及此架构下的工作小组会议,并同意会谈达成的非官方协议。[③]美济礁事件后,中国内省式地认识到,它与东盟的关系不应因南海争端而恶化。这既是东盟所表现出的一致性所致,也是因为中国根据自身利益的判断加入了越来越多的多边机制,国际规范开始影响中国的对外关系。1995年4月,在首届中国-东盟高官会议上,中国第一次同意以多边方式与东盟内的争端方讨论南海问题。[④]此后这一争端就成为一年一度的中国-东盟高官会议议程的一部分。1995年7月,中国、东

---

① Alastair Iain Johnston, "Learning Versus Adaptation: Explaining Changes in Chinese Arms Control Policy in the 1980s and 1990s," *The China Journal*, No. 35, 1996, pp. 27-61.

② Alice D. Ba, "China - ASEAN Renavigate Relations for the 21st Century," p. 632.

③ Dana R. Dillon, *The China Challenge: Standing Strong against the Military, Economic, and Political Threats That Imperil America*, p. 36.

④ Allen S. Whiting, "ASEAN Eyes China: The Security Dimension," *Asian Survey*, Vol. 37, No. 4, 1997, p. 319.

盟在文莱举行外长会议，中国做出了两个重要的妥协：一是宣布准备就南海问题与东盟举行多边会谈，二是同意以 1982 年《联合国海洋法公约》作为谈判的基础与争端各方一起解决领土争端。[①]东盟对中国愿意在多边论坛中讨论南海问题表示欢迎。随后中国于 1996 年批准了《联合国海洋法公约》。1996 年 6 月，第二届中国－东盟高官会议在印尼举行，双方就南海问题进行磋商，中国强调支持东盟，越发表现出以一种开放的姿态与东盟进行对话。在 1996 年 8 月第三届 ARF 会议上，中国回应了印尼、菲律宾和越南对于争端所表达的关注，并对多边的二轨会议大加赞扬。1997 年，中国、东盟领导人举行了首次峰会，并且发表了共同声明。关于南海争端，声明写道，“继续保持克制，并以冷静和建设性的方式处理有关分歧。”[②]在双边层次上，政策上的灵活性推动中国与东南亚有关国家在敏感的领土问题上达成了一系列协议。1995 年和 1996 年，中菲、中越分别签署行为准则，宣布放弃使用武力，以和平方式解决双边争端。2000 年中越达成金兰湾海域划界协定。

进入 21 世纪后，中国与东盟的良性关系促进了双方在南海问题上的互动向着合作型模式发展。尽管东盟对中国强大后的意图仍然有所怀疑，但作为一个地缘相邻的地区组织，它必须与中国打交道，必须考虑中国的安全关切。而中国也越来越确信，周边地区的和平和繁荣会影响到中国国内的稳定和发展。它不再孤立地看待自己在南海问题上的处境与利益，转而认可东盟本身和东盟主导下的一系列多边对话、协商和谈判在保证亚太地区和平与稳定方面的作用。在双边和多边层面，“北京的外交已经变得相当娴熟和细致入微，在地区范围内获得了好评。”[③]这一点在南海问题上体现得尤其明显。如今，中国的南海行为方式有了很大的转变，更多时候是以一个维持现状、尊重国际规范的形象出现，并且再也没有对南沙海域有争议的岛礁实施占领。实际上，相对于其他争端方，中国在南海的所作所为要和平得多。随着中国与东盟在防务和外交领域的互动与接触日渐深入，未来中国

---

① Mark J. Valencia, Jon M. Van Dyke, and Noel A. Ludwig, *Sharing the Resources of the South China Sea*, Netherlands: Martinus Nijhoff Publishers, 1997, p. 27.

② "ASEAN – China Cooperation Towards the 21st Century," http://www.aseansec.org/5476.htm

③ David L. Shambaugh, "China Engages Asia: Reshaping the Regional Order," *International Security*, Vol. 29, No. 3, 2004/05, p. 64.

在南海的行为很可能变得更加透明。①

其次，针对美国因素介入的加强，中国以行为调整的方式加以应对。自20世纪90年代起，中国逐渐认识到美国在东南亚的军事存在是一个事实，这个事实并不会随着冷战格局的瓦解而消失。这是中国与东盟互动的一个前提性环境。鉴于此，中国不再一味强调美国的霸权是对世界和平的损害，基本接受美国在亚太地区的战略影响。对于美国与一些东盟国家密切的安全合作，中国虽仍备加关注但已明显减少了批评之声。同样，东盟会继续加强与美国的关系，依靠美国的力量来限制中国在南海的行为，这是中国与东盟关系中无法避免的一个现实。②外部因素介入南海问题，势必影响到中国的地区战略发展。对中国来说，最不愿看到的前景是在南海问题上美国与少数东南亚国家结成同盟反对中国。为了避免这种局面的出现，中国加强与东盟的多边对话，表明其和平意图，努力减少东盟争端国与美国结盟的需求。即便是意识到在可见的未来东盟很难放弃其与美国的军事联系，中国仍然要考虑培育对东盟的支持以便缓解后者对美国的依赖。因而，中国在亚洲金融危机中拒绝人民币贬值，提议并推动建立中国－东盟自由贸易区，以及不断提升双方的经济与政治合作。这些举措显然有助于消解南海问题国际化的可能，而此种可能性仅仅依靠传统的双边谈判是无法遏止的。

面对“9·11”事件后美国扩大和加强其在东南亚的军事存在，中国对东盟领导的多边机制给予了更大的支持，努力借此打破美国在东南亚对中国的可能包围。1998年，中国与东盟就达成南海共同行为宣言开始谈判，次年中国同意将谈判从非正式形式转为正式层面。由于中国的积极态度，《南海各方行为宣言》于2002年11月签署，所有各方承诺避免采取使南海局势复杂化或使南海争端升级的行为。宣言是中国和东盟处理南海问题的指导性原则，对中国的行为选择有着制约作用，它的达成显示了中国的自我克制甚至自我牺牲。有学者认为，这个最终的版本更接近于东盟的提议而更少中

---

① Ralf Emmers, *Maritime Disputes in the South China Sea: Strategic and Diplomatic Status Quo*, Singapore: Institute of Defense and Strategic Studies, September 2005, p. 6; Lee Lai To, *China and the South China Sea Dialogues*, p. 142.

② 唐建国：“中国与东盟关系中的美国因素”，载《太平洋学报》2004年第7期，第62页。

国色彩,基本上是东盟国家制定了管理南海争端的规范。[①]尽管宣言不是一项具有法律约束力的条约,但不遵守的声誉代价是高昂的,因而它对相关各方仍是一个道德限制。在一定程度上,它证明中国同意通过规范来解决南海问题,无论这些规范是多么的初级和非正式。行为宣言的签署加上传统的"共同开发"建议,为其他的双边和多边合作打开了大门。中国支持共同的行动和项目,如海洋科学研究、海洋环境保护以及海上通道安全等。2005年,中国同意与最强硬的争端方越南和菲律宾在争议地区联合探测南海能源资源。[②]

中国所采取的多边主义行为方式一方面有助于缓解邻国的不安,培育一种负责任的形象,并将美国在南海问题上的影响或干涉最小化。[③]另一方面,由于某些问题本质上并不完全局限于双边范畴,加之东盟及其相关成员国的坚持,中国在权衡利害的前提下主动与地区集团讨论南海问题。这种有限的多边途径被认为是现阶段中国处理南海问题的成本最低的方式。[④]在这种策略下,多边谈判和合作在中国处理南海争端的过程中获得了应有的重视和地位。只不过,中国更愿意与东盟在一些没有美国参加的地区机制中进行合作,如亚欧会议和东盟+3会议。为了将最大的外部影响因素排除出互动过程,中国业已表明准备通过和平方式、根据国际法以及在1982年《联合国海洋法公约》所确立的法律框架下,与其他国家协商解决争端,同时赋予南海海上通道的航行自由以极大的重要性。

中国的学习和行为调整在21世纪第二个10年的开端尤其具有强烈的现实意义。当前,南海问题再次成为国际社会注目的焦点。美国一直奉行的中立主义态度可能会被更积极的介入和干涉所取代,而某些东南亚国家也适时表现出希望借重美国因素制约中国的姿态,使得南海问题进一步复杂化,增加了解决问题的难度。但南海局势还未到必有一战的地步。这不

---

① Evan S. Medeiros and M. Taylor Fravel, "China's New Diplomacy," *Foreign Affairs*, November/December 2003, pp. 22－35.

② Christopher C. Joyner, "The Spratly Islands Dispute: Legal Issues and Prospects for Diplomatic Accommodation," in *Cooperative Monitoring in the South China Sea: Satellite Imagery, Confidence－Building Measures*, p. 25.

③ Thomas J. Christensen, "Fostering Stability or Creating a Monster? The Rise of China and U. S. Policy toward East Asia," p. 83.

④ Lee Lai To, *China and the South China Sea Dialogues*, pp. 139－140.

仅是因为东盟内南海主权声索国间在领土要求、美国作用等问题上立场仍有分歧,而且中美关系的整体走向、中国－东盟关系的发展也使得美国很难在南海问题上发挥决定性的影响。中国应充分认识到并尊重东盟的自主性和独立性,继续加强与东盟国家在南海问题上的互动力度,在此过程中侧重寻找共同利益来规划混合型互动的良性发展方向,如坚守《南海各方行为宣言》,通过协商建立互信,坚持以和平方式解决主权争议;与各声索国扩大双边和多边合作,维护航海安全、航行自由,对南海资源开发和利用提出更具可行性的方案和安排,等等。虽然南海领土争端敏感度高,但只要中国与东盟保持良性的政治、经济互动,确保其发展不致影响区域合作大局,则可最大程度地化解南海问题国际化的可能性。

当然,中国行为方式的调整并不意味着中国在南海的主权立场有了重大转变。事实上,双边协商与谈判仍是中国解决南海争端的主要原则,因为双边讨论相对于多边谈判更容易产生结果,中越、中菲就是在双边谈判中达成有关边界划界和行为准则协议的。对中国来说,只有在达成更多双边谈判协议的情况下,多边谈判才会变得可能或有用。尽管如此,中国的具体政策及策略已发生了显著转变,它所界定的双边谈判形式正在放宽尺度。中国认识到,建立和平和信任机制,各方都不使用或威胁使用武力,合作保护海洋资源,只有这样才可能达成综合的多边解决方案。总之,在近20年的互动过程中,中国已经学会了了解其他争端方的主要诉求,适时调整自己的行为方式,尽力避免外部因素的干预,以期为自己的根本立场动员最大的支持力量。

总的来说,中国与东盟在南海问题上已经形成了某种形式的互动格局。这是介于合作型互动与竞争型互动之间的模式,而美国因素则成为其中的重要变量。在互动和学习的过程中,中国逐渐调整其南海行为方式,并不绝对排除与东盟进行多边谈判和合作的方式,以消除邻国疑虑,缓解美国的压力,建构一种自我克制的正面形象和有利于和平发展的地区环境。这主要是中国对自身利益进行反思和重新界定的结果,并不是为了驱逐美国、建立地区霸权。[①]而东盟国家也认识到,在与中国的互动中两面下注,适度地依赖美国,不仅可以刺激中国为地区提供更多的公共产品,增加中国在地区稳定

---

① Serene Hung, "China in ASEAN - Led Multilateral Forums," p. 92.

中的利益相关性,而且会强化与美国的双边同盟,提升自身的军事能力,从而更有效地对冲未来的风险。当然,为了防止矫枉过正,以致引发不信任乃至损害经济发展和地区稳定的机遇,东盟同时强调积极与中国对话和接触,力图把中国纳入相互交错的多边协议之网络。东盟并不想在中美之间做出选择,相反它愿在地区事务中给予中国适当的地位和认可,乐见以建设性方式推动中国东盟关系的发展。①

虽然中国与东盟在南海问题上的互动具有战略意义,使这一敏感的安全问题不至于发展为威胁地区和平与稳定的导火索,但在目前状况下,中国与其他争端方一时尚难以化解分歧,南海问题遂将长期存在。值得庆幸的是,目前来看,尽管紧张在上升但并没有公开的冲突,局势远未失控。南海问题的当事方——中国与东盟国家——仍然有时间和空间协商出一种有效的冲突管理与避免模式来处理,这种模式通过创立并运用有效沟通与了解的渠道,培养合作习惯、建立互信机制来淡化无法在短期内解决的主权归属问题,其发展前景包括功能性与规范性两个方面:②

一方面,南海地区领土主权要求的复杂性与重叠性使得联合开发成为未来唯一现实的选择。对于一些东南亚国家来说,围绕能源和其他资源控制的竞争要比领土主权考虑更加重要。③南海潜在的能源资源本身就是推动这些国家进行共同开发的客观条件。从 1994 年印尼前驻德大使贾拉提出“甜甜圈方案”到 2005 年中越菲达成三国共同开发协定,都说明南海问题相关各国在这个领域内的不懈努力。虽然“搁置争议,共同开发”的争端解决理念在实行过程中面临诸多障碍,但与能源相关的项目合作不仅吸引了东南亚国家的兴趣,而且会起到建立互信措施的作用,从而可能导致正式的共同开发管理模式以及其他较少涉及主权争议的领域内合作关系的建立,并为最终解决岛屿和海域争端创造条件。提供合作预期的重要性。例如,南海海域内海上通道的畅通对于各国意义重大,保持南海地区重要航运线的开放、安全符合各方的利益。但是,与海上通道安全有关的海盗、海洋污染、

① Lee Lai To, *China and the South China Sea Dialogues*, p. 146.

② 下文部分内容,参阅王联合博士未公开发表的工作论文“南海问题新趋势及前景探析”,特此致谢。

③ Zhao Hong, “Energy security concerns of China and ASEAN: trigger for conflict or cooperation in the South China Sea?” *Asia Europe Journal*, Vol. 8, No. 3, November 6, 2010, p. 413.

跨国界渔业管理等非传统安全问题却一直存在，需要相关国家基于共同利益积极寻求保持航行自由、促进争端和平解决与合作的途径。2002 年 11 月，中国与东盟共同发表《中国与东盟关于非传统安全领域合作联合宣言》，启动了中国与东盟在非传统安全领域的全面合作。2010 年 5 月，中国在第七次东盟地区论坛安全政策会议上，提出加强非传统安全合作问题研究、推动务实合作等倡议。[①]中国东盟非传统安全合作的发展甚至可以不排除美国的参与，因为中美在该领域的合作有助于缓解东南亚国家的紧张情绪，造就地区合作的氛围，对南海问题的解决可以起到辅助作用，对小国进行安全方面的帮助已有先例。[②]实际上，中国蓝海海军的发展已被用来促进海洋公共产品区域的开放和稳定，如中国在索马里海域打击海盗的护航行动就是一种正面的责任与贡献的体现。[③]

其次，在功能性合作取得成效的基础上，加强诸如《南海各方行为宣言》之类的地区规范性建设势必成为今后南海局势发展的一个方向。虽然《宣言》没有解决南海争端中的主权与边界划界问题，但实践证明，这样的一个规范性文件通过强调国家间关系与争端管理的根本原则，即建立互信措施、防止使用武力解决争端；不鼓励任何一方采取单边行动；确认中国与东盟成员国政府之间解决问题的双边途径，阻止域外国家卷入争端等，从而避免了地区紧张升级，减少了南海军事冲突的危险。当然，在致力于地区规范性建设时，也应注意到《宣言》的某些缺陷和弊端。目前一些负面的发展表明，《宣言》在阻止南海地区小冲突方面难以发挥作用，原因在于这种模式过于脆弱，无法建立国家间的根本互信以彻底消除紧张，也无助于抑制违反《宣言》原则的投机行为。因此，长远来看，《宣言》应该被更大的政治与法律文件所代替，在此文件中，责任得到强化，权利得到确认，互信得到进一步增

---

① 参见：2010 中国国防白皮书。关于中国与东盟非传统安全合作的动因、过程、模式与意义请见：David Arase, "Non – Traditional Security in China – ASEAN Cooperation: The Institutionalization of Regional Security Cooperation and the Evolution of East Asian Regionalism," *Asian Survey*, Vol. 50, No. 4, July/August 2010, pp. 808 – 833.

② Nazery Khalid, "With a Little Help from My Friends: Maritime Capacity – Building Measures in the Straits of Malacca," *Contemporary Southeast Asia*, Vol. 31, No. 3, 2009, pp. 424 – 446.

③ Frank Hoffman, "The Maritime Commons in the Neo – Mahanian Era," in Abraham Denmark and James Mulvenon eds., *Contested Commons: The Future of American Power in a Multipolar World*, CNAS, January 2010, p. 60.

强。简言之，要继承《宣言》的积极作用，通过多边对话共同保持克制；同时为回应最新挑战，应超越其局限性，谋求达成更加具有约束力的合作性机制安排，以合理反映地区力量分布状态，为解决南海争端提供一条切实可行的路径。

总之，南海问题本质上是中国与东南亚邻国之间的双边问题，外部因素的介入只会使这一问题更加复杂化。在新的形势下，中国需要加强与东盟及其有关成员国之间的建设性互动，确认地区稳定与和平发展的最终目标。于此，即使问题的根本解决可能遥遥无期，但一个增加互信合作、减少竞争冲突的良性互动过程也有望在中国与东盟的共同努力下产生。

小 结

现实主义者曾经预言，冷战的结束将把亚洲置于某种竞争状态，中国力量的上升将使东南亚国家成为其强大邻国的第一批受害者，因为一个崛起的中国会毫不犹豫地使用武力解决与其他五个东南亚国家关于南海的领土争端。[①]然而，现实主义者“错判了亚洲”，[②]冷战后这一地区相对和平。周边国家对南海资源和领土主权的新一轮争夺固然是地区无法回避的安全挑战，但南海争端不太可能导致相关国家之间兵戎相见。东南亚国家与中国的建设性接触与融合使战争成为不可想象。

南海问题的核心是有关国家围绕南沙群岛主权和附近海域划界的争议。但不可否认的是，南海问题由来已久，其背后更有大国角力的影子。各国出于不同的战略考虑，积极扩大在南海的控制力和影响力，南海的安全危险和南海问题国际化的趋势是真实的，且正在上升。对海洋空间控制权的争夺已经成为东亚国家无法回避的一个安全挑战，沿岸国家扩大海洋立法、地区安全困境的加剧、对南海海域油气资源争夺，以及民族主义情绪高涨都是目前紧张局势不断上升的重要原因。

中国维护南海权益的斗争是一个关乎民族感情的敏感问题，也涉及长

① Aaron L. Friedberg, “Ripe for Rivalry: Prospects for Peace in a Multipolar Asia,” pp. 5 – 33.

② David C. Kang, “Getting Asia Wrong: The Need for New Analytical Frameworks,” *International Security*, Vol. 27, No. 4, 2003, pp. 57 – 85.

期以来形成的复杂国际互动。南海岛礁和海域归属争端已经持续了近百年,当前错综复杂局面的形成有着多方面的历史原因。中国对南沙群岛及其附近海域的主权有着充分的历史和法理依据,但南海问题的最终解决注定是一个长期、曲折的过程,需要有关各方的合作、谈判和谅解。美国因素的介入对争端的解决毫无裨益。这不仅因为南海问题本质上是中国与南海主权声索国之间的双边主权争议,而且,中美关系的整体良性态势、中国-东盟关系的发展也使得美国很难在南海问题上发挥决定性的影响。中国应充分认识到并尊重东盟的自主性和独立性,继续加强与东盟国家在南海问题上的互动力度,在此过程中侧重寻找共同利益,建立和平和信任机制,合作保护海洋资源,只有这样才可能达成综合的多边解决方案,为全面、有效地落实《南海各方行为宣言》、维护南海和平稳定、进一步商谈"南海行为准则"创造必要的条件和气氛。中国与东南亚国家在南海问题上通过合作型互动建立起来的双边与多边机制不仅没有威胁到美国的利益,而且确保了这一敏感安全问题不至于发展为威胁地区和平与稳定的导火索。东南亚各国不想在中美之间做出选择,相反,它们愿意在地区事务中给予中国更多的地位和认可,乐见以建设性方式推动中国-东盟关系的发展。①

显然,一种和平、稳定的、有利于争端解决的南海海域秩序的建立,并不一定要将美国排除在外。中国需要从国家大战略的多重需求平衡出发,冷静认识中美关系中的海权问题,并力求尽可能地规避与美国的海权冲突。对中国而言,也应该认可在相当长时期内,美国在亚太地区的海权主导地位是无法改变的客观存在,中国没有力量也没有必要挑战美国在亚太的海权地位,这种存在客观上发挥着稳定该地区局势、维护太平洋海上通道安全的积极作用。因此,中国需要进一步加强中美海上军事安全磋商机制,增加相互了解和安全互信,规避或减少冲突。1997 年中美两国就建立和加强海上军事安全磋商机制达成协议,次年 1 月 19 日,中美两国国防部长在北京正式签署《关于建立加强海上军事安全磋商机制协定》,这是中美之间第一份建立海上安全信任措施的协定,建立了两国进行海上军事安全对话的大框架。今后,两国应进一步制定和完善有关海上安全的具体规则与操作程序,并力

① Lee Lai To, *China and the South China Sea Dialogues*, p. 146.

求建立起重大海上军事演习和其他主要的海军活动提前通报制度，进而形成中美在海洋安全领域的全面合作机制。①

从南海各声索国角度出发，联合开发不仅是处理重叠海上领土要求的一条现实途径，而且为通过合作解决非传统安全问题，进而建立各国间安全互信创造了条件。功能性合作的成效自然会外溢到规范性领域。南海地区规范性构建的进展既是各国之间互动经验的体现，反过来也指导了地区合作实践的进一步发展，并为根本解决南海问题提供了方向。总之，只有通过一种“功能＋规范”的复合型方法，南海地区的和平稳定才可能得到维护和加强。在漫长的谈判过程中培育中国与东盟相关国家的相互克制与信任特别重要。由于认识到无法毕其功于一役，保持谈判与磋商的持续进行不仅可以提供缓解紧张气氛的必要场合，同时也证明声索国之间有能力通过共同工作找到一个和平的、得到共同认可的解决方法。

毫无疑问，“搁置主权、共同开发”仍将是未来中国处理海洋划界矛盾的基本原则，但要真正使这一原则得到相关各方的配合，恰恰需要中国有足够的海权尤其是海军力量的支撑。“如果中国拥有一支强大的武装力量，同时办事公道，入情入理，谨慎小心地处理与有关国家的海界争端，中国就能够既保障应有的海洋权益、对潜的麻烦起到有效的威慑作用，又给世界展现一种和平友好、善于睦邻和促进共同发展的正面形象。”②

---

① 详见：刘中民：“海权问题与冷战后的中美关系：矛盾的认知与艰难的选择”，《国际海洋政治专题研究》，第94－98页。

② 王逸舟著：《全球政治与中国外交——探寻新的视角与解释》，北京：世界知识出版社2003年版，第312页。

第五章　中美关系与东亚地区的未来

按照现实主义对国家实力的分析，一国的能力不仅取决于它所拥有的客观实力的多少，还取决于它希望运用这种实力为其政策目标服务的意愿的大小。凭借改革开放带来的力量的积聚，中国的对外政策相应地变得更加主动。中国正在上升的经济和军事力量、不断扩大的政治影响力、有特色的外交声音以及积极参与地区多边机制的行为是亚洲事务中的关键性因素。这种新的地区姿态几乎反映在所有的政策领域——经济、外交和军事，[①]不能不引起东亚地区的传统主导国家美国的关注，从而对中美关系和东亚地区的未来产生深刻的影响。

第一节　中国周边外交主动性及美国的认知

过去20年来，国际社会见证的最大变化就是中国国力的迅速提升。改革开放逐步将中国从一个落后的、孤立的社会转变成主要由市场力量和全球融合驱动的规模巨大的经济体。中国经济的快速增长带来了外交上的自信与军事实力的增强。在这个过程中，中国与地区体系的关系经历了从游离于其外的“边缘国家”到融入其中的“遵守规则的国家”，再到提出建议、积极推动变革的富有“主动性”的国家。中国在周边外交观念与实践领域正在发生悄悄的革命，[②]已可凭依日益强大的国力塑造地区秩序的转型。

① Evan Medeiros and R. Taylor Fravel, “China's New Diplomacy,” pp. 22 - 35.

② 苏长和：“发现中国新外交——多边国际制度与中国外交新思维”，载《世界经济与政治》，2005年第4期，第12页。

一、中国周边外交主动性思路的演变与形成

漫长的陆地边界与大陆海岸线使中国成为世界上拥有邻国最多的国家,中国的周边国家有30个之多,其中直接接壤国家就有14个。数量众多的邻国呈现出历史传统的丰富性,文化和宗教信仰的多样性,社会制度和发展水平的差异性,决定了中国的周边外交具有特殊的复杂性和重要性。冷战结束后,亚洲地区秩序面临着重塑与调整的新机遇,同时,地区局势发展的不确定性在增加。中国的现代化过程与地区秩序的转型相伴而行,中国周边外交呼唤更加富有主动性的新思路。

自从20世纪70年代末80年代初起,和平与发展的基本判断为中国以经济建设为中心、实行改革开放提供了重要依据。维持和平的周边环境,完成一个强大富裕的中国所需要的经济与技术支持的积累就是这种判断下中国的周边外交战略目标。在这个目标的指导下,中国改善了与周边国家的关系,做出适当的战略让步以确保在有利的地区环境中实现发展,同时也提出了自己对地区秩序的看法。不过,当时周边外交并未成为中国外交韬略中独立的一方面,而是被纳入了整个对外关系战略的大棋盘中。在应对1997~1998年亚洲金融危机的过程中,中国发挥了重大作用,做出人民币不贬值的承诺,并向一些东亚国家提供援助和低息贷款,使这些国家获得增加出口的好处,亚洲国家因此对中国负责任的行为给予很高的赞誉。① 从那以后,中国开始加深与地区国家和组织的接触,初次展现出了对地区秩序与地区合作的兴趣。

进入21世纪后,中国在地区秩序建设中的影响和作用愈发受到重视。究其原因有主、客观两个方面。在主观意愿上,中国的周边外交理念逐渐清晰,即在维持对国际形势的基本判断不变的前提下,主动为维护地区和平、促进共同发展做出贡献。改革开放以来,中国的周边外交政策经历了一个从"睦邻"到"睦邻、安邻、富邻"的转变。随着融入国际社会程度的加深,特别是随着自身能力的快速增长,中国对地区的责任意识和共生意识不断发展,提出了一系列旨在促进共同安全与共同发展的战略理念。2002年,中国

① 详见:Alice D. Ba, "China and ASEAN: Renavigating Relations for a 21st Century Asia," p. 635.

共产党"十六大"报告中提出"以邻为善、以邻为伴"的方针,[①] 2003 年 5 月 28 日,胡锦涛在莫斯科国际关系学院发表演讲,指出"中国的发展需要和平稳定的周边和国际环境,同时也为世界各国特别是周边国家创造了更多的合作机遇和良好的发展环境。"[②] 2005 年 4 月 22 日,在雅加达召开的亚非国家峰会上,胡锦涛强调亚非地区在国际事务中的地位和作用显著上升,没有亚非发展中国家的发展,就没有世界的发展,并首次提出了"共同构建一个和谐世界"的主张。[③] 次年 6 月,在上海合作组织峰会上,胡锦涛进一步提出,努力把本地区建设成为一个持久和平、共同繁荣的和谐地区,是美好的目标,更是艰巨的任务。自此,建设"和谐地区"正式成为中国周边外交的战略目标。"十七大"报告正式使用了"周边外交"概念,将继续贯彻与邻为善、以邻为伴的周边外交方针,加强同周边国家的睦邻友好和务实合作,积极开展区域合作,共同营造和平稳定、平等互信、合作共赢的地区环境作为中国周边外交的主要内容。[④]"睦邻、安邻、富邻"的周边外交政策理念逐步形成。可以说,中国传统"睦邻"外交政策的着眼点在于确立中国与其周边国家之间平等、和平的关系,而"睦邻、安邻、富邻"周边外交理念的提出表明中国开始将实现同周边国家的共同安全和共同繁荣从而建立"和谐地区"确定为努力的方向。

从客观上说,30 年来持续的经济高速增长为中国采取主动姿态塑造地区秩序带来了自信与手段。美国现实主义理论大师汉斯·摩根索有句名言,外交力量是总体国力的表现。中国积极的周边外交的背后就是不断提升的国力。"弱国无外交",只有拥有了强大的实力支持才有可能把自己的理念付诸实践,这种理念也因此变得更有说服力和吸引力。2008 年金融危机爆发后,世界的力量对比发生了变化,中国影响世界经济的能力随之提

---

① 中国共产党第十六次全国代表大会报告,《全面建设小康社会,开创中国特色社会主义事业新局面》, 2002 年 11 月 8 日,http://cpc.people.com.cn/GB/64162/64168/64569/65444/4429116.html。

② 胡锦涛在莫斯科国际关系学院发表演讲,2003 年 5 月 29 日,http://www.chinadaily.com.cn/gb/doc/2003-05/29/content_38172.htm。

③ 胡锦涛 22 日在亚非峰会上的讲话,2005 年 04 月 22 日,http://www.cctv.com/news/china/20050422/102098.shtml。

④ 中国共产党第十七次全国代表大会报告,《高举中国特色社会主义伟大旗帜 为夺取全面建设小康社会新胜利而奋斗》, 2007 年 10 月 15 日,http://cpc.people.com.cn/GB/104019/104099/6429414.html。

高。2010 年中国成为世界第二大经济体。据统计分析,过去十年中国对世界经济增长的贡献率超过 20%,高于美国的 17%。[①]中国在国际货币基金组织、世界银行承担的份额不断增大,中国对发展中国家援助的金额超过了世界银行,领导力也相应加强。中国经济发展的成功赋予中国外交更大的话语权。在地区舞台上,从应对朝鲜核问题到中国－东盟自贸区的成功运行,显示出中国在安全、经济等各种事务上的重要作用。经济实力的积聚带来了军事力量的快速提升,如“神七”上天、“歼－20”试飞、国庆 60 周年大典上新亮相的国产武器装备等一系列军事科技领域内的成就令世界刮目相看。为了缓解周边国家的疑惧,中国在把日益壮大的经济力量变成威慑性军事能力的同时,也在相当程度上将其转化为道德上的吸引力和说服力。后者是不需要主要依靠物质(金钱)奖励或强制(军事)力量,而是主要来源于能够增强一国利益并实现国家目标的知识、文化、精神、领导力以及法律资源。中国的非物质实力或软实力,业已从成功的经济发展中展现出来,并反过来直接或间接地滋养着经济增长,从而导致世界影响力平衡的改变。事实证明,中国的发展促进了亚洲的和平与稳定,给亚洲带来了重要机遇,为区域合作注入了新的动力。

由于理念与实力手段的双重支撑,中国的周边外交越来越凸显出积极与主动的姿态。2009 年 7 月,胡锦涛在中国第 11 次驻外使节会议上指出,中国外交要努力使中国“政治上更有影响力、经济上更有竞争力、形象上更有亲和力、道义上更有感召力”。[②]“韬光养晦,有所作为”的总体韬略被发展成为“坚持韬光养晦,积极有所作为”的战略构想,“积极”两字似可诠释中国外交当下正在发生的转型,而周边外交则是这种积极主动性的首要和重要试验场。积极的周边外交和谋划不仅来自中国国家利益增长的客观需要,而且源于地区国家对中国期望的提高,要求中国承担更大的地区责任和义务,为地区安全和全球治理提供更多的公共产品。在重要的地区问题上,中国更是被认为负有责任和拥有手段来发挥重要影响。对中国而言,经济、外

---

① Abby Joseph Cohen's speech in USCHINA in Global Rebalancing: Contending Partners or Collaborative Rivals Currency, Trade and Capital Markets, October 29, 2010.

② “中国驻外使节会议召开 胡锦涛强调提升‘四力’”,http://cpc.people.com.cn/GB/64093/64094/9687968.html。

交甚至军事合作上的搭便车和无所作为已变得越来越困难。[①]

二、中国周边外交主动性的动因分析

中国之所以有越来越清晰、主动的周边外交思路,其背后有着战略和经济双重范畴内的国家利益考虑。在经济范畴,由经济发展和中国在世界经济中不断变化的作用所决定,对资本、技术、自然资源和管理专业知识的需求以及对于市场获得的需要激发了中国外交谋划的主动性;在战略范畴内,发展机遇与挑战的同时存在令中国更加重视周边关系、大国关系与加强自身在地区与国际上的影响力。具体而言,以下四方面动机决定了中国在东亚地区的积极外交作为。

第一,确保经济可持续增长所需要的原材料的有效供给。对于持续的经济增长来说,能够稳定与安全地获得资源显得至关重要。持续的经济增长和人民生活的改善使中国成为资源消耗大国(中国现在已经是世界铜、锡、铂、钢与铁矿石的第一大消费国)。自 2003 ~ 2004 年起一些主要的商品如铜、钢、铁矿石、水泥、铝、石油和天然气价格的大幅上升引起中国领导人关注未来的能源安全。[②] 国际能源组织(IEA)研究认为,2030 年中国日进口石油量将会达到 1400 万桶,[③]石油总需求的 74% 都将依赖进口。[④]虽然凭借上升的贸易顺差和大量的外汇储备中国可以支付进口战略商品的价格,但单纯依赖美国和其他西方国家主导的国际市场来确保能源和其他关键物资的安全显然不是最佳选择。能源和其他资源的地理分布决定了中国确保供应的道路并不易行。中国在寻求稳定的原材料供应方面存在两个脆弱性:一是供应地的脆弱性。作为一个资源市场中的迟到者,稳定的资源供应国已经与西方国家或实力强大的跨国公司达成了长期开采和购买合同,中国

---

① 王建伟:"崛起的中国召唤新的外交战略理念",《联合早报》2011 年 1 月 21 日。

② Erica S. Downs, "The Chinese Energy Security Debate," *China Quarterly*, No. 177, March 2004, pp. 21 - 41; David Zweig and Bi Jianhai, "China's Global Hunt for Energy," *Foreign Affairs*, September/October 2005, pp. 25 - 38. 中国共产党十六届五中全会公报(2005 年 10 月 11 日中国共产党第一届中央委员会第五次全体会议通过)中强调对于资源的越来越激烈的全球竞争是一个关键的国际趋势。

③ Jeffrey Logan, "Energy Outlook for China: Focus on Oil and Gas," testimony prepared for Hearing on U. S. Energy Information Administration's Annual Energy Outlook for 2005, Committee on Energy and Natural Resources, U. S. Senate, February 3, 2005, <iea. org/textbase/speech/2005/jl_china. pdf>.

④ IEA: *World Energy Outlook*, Paris: International Energy Agency, 2004.

公司只有去那些因政治条件恶劣而局限了西方跨国公司投资的地方，或是资源开发代价更昂贵的地方，如伊朗、苏丹和安哥拉，寻求达成长期的供应合同。在被西方竞争者边缘化的能源市场中，中国公司冒着巨大的政治压力和经济风险争取权利、寻找机遇。[①] 二是供应链的脆弱性。作为最大的能源和资源进口国之一以及贸易交往活跃的国家，中国越来越依赖可靠的运输渠道，海上通道尤其重要。运输石油和天然气的大型油轮从中东出发，穿过狭窄的马六甲海峡，不免受到海盗和其他恐怖主义行为的滋扰。中国海军有限的力量投射能力以及缺少海外基地的现实使其在全球范围内的海上存在可能性仍然不大，更不用说控制海上通道了。而强大的美国海军则拥有足够的、遍布全球的限制中国能源和贸易通行的能力。总之，在未来几十年中，资源，特别是能源，可能越来越紧缺，资源问题正日益成为导致全球不稳定的主要原因，在今后的很长一段时期里，国家间对资源的竞争必将日趋激烈，与之相关的战略筹划已经开始。[②]

第二，追求商业利益。外交的最终目的是服务于促进一国的国家利益，而商业利益对于各国人民福祉、国家富强的最终目标是至关重要的。经济增长带来的国民与国家的富裕是保持社会稳定的基础，因此，帮助大公司在海外寻求商业机会一向被认为是国家对外政策的一个重要服务对象。近年来，商业利益也是中国在东亚甚至全球范围内采取主动行动的一个重要的原因。其目的有二，一是为中国商品和劳动力开拓新的市场。由于对主要的发达国家的出口增长已遇瓶颈，中国开始积极寻求出口市场的多样化，尤其关注亚洲、拉丁美洲和非洲的发展中国家。中国在东南亚国家中积极竞标港口、道路、河流和铁路等交通网络的基础建设，不仅建立了马六甲海峡之外的另一条能源和商品通道，提高了中国获得资源的便利性，而且提高了中国劳动力的就业率，帮助了中国西南省份的发展。[③]二是获得先进技术。中国60%以上的出口产品是由设在中国的外国公司生产的，[④]在高科技领域

---

① Amy Myers Jaffe, Steven W. Lewis, "Beijing's Oil Diplomacy," *Survival*, Vol. 44, No. 1, 2002, p. 126.

② Michael T. Klare, "The New Geography of Conflict," *Foreign Affairs*, May/June, 2001, pp. 49 – 61.

③ John W. Garver, "Development of China's Overland Transportation Links with Central, South – west, and South Asia," *China Quarterly*, No. 185, March 2006, pp. 1 – 22.

④ Oded Shenkar, "Learning from China's Export Boom," *Businessweek*, January 19, 2006.

这个比例更高。许多中国公司处于全球生产链的底端,生产着低附加值的产品,制约了其创新能力以及获得利润的空间。获得来自美国、日本、韩国等科技发达国家的技术以及研发能力是中国与之交易的重要目的。但中国在这条道路上行进并不顺利,无论是由于经济还是"国家安全理由",外国政府都可以随意阻碍中国公司符合市场规则的收购行为,如中海油收购优尼科,华为收购美国三叶公司等。商业外交就是一种通过加强政治关系来获得更加持久的经济发展动力,打破困境的有效方式。

第三,营造和平稳定的发展环境。和睦的邻国关系与互惠的大国关系是中国外交的重点。中国陆地边界与 14 个国家相邻,历史遗留下来的关系既有和睦也有纷争。周边国家对于中国力量的快速上升既喜且忧——一方面可以搭乘中国经济发展的快车发展本国经济,另一方面则担心中国利用强大的实力控制其经济、社会甚至外交战略。周边国家既能够为中国的发展提供动力,又可以为不友好国家或是集团损害中国利益提供行动的落脚点。为了确保周边环境的和谐与稳定,中国对泰国、菲律宾、澳大利亚等几乎所有周边国家进行定期的高层访问,并且提供大量的投资和经济援助。中国还努力与其他大国和潜在的大国中心建立战略伙伴关系。中国与俄罗斯的战略伙伴关系强调的是以合作的方式确保地区和全球安全,中国使用市场进入、基础设施合同以及购买高价值的产品如飞机来加强与主要欧洲国家的关系,还利用亚欧会议和双边外交与欧盟建立战略伙伴关系。总之,中国通过强调共同利益为发展中国家提供经济机会并与发达国家保持最大限度的协调。

第四,扩大中国的政治影响力。具体而言,中国扩展政治影响力的目的如下:(1)促进和平统一。国家统一是中国外交政策的核心,对"一个中国"原则的支持是中国发展与其他国家关系的基础。对于台湾地区寻求加入一些国际组织的努力,中国也会根据不同的情况运用自身在国际上的影响力加以影响,包括限制台湾地区出席国际经济会议,如 APEC,动员国际力量反对台湾地区加入世界卫生组织,等等。(2)促进中国外交目标和利益不受损害。例如,为了说服一些国家承认中国的"市场经济国家"地位,中国从马来西亚、新加坡这种较小的国家入手,最终使更大的贸易伙伴承认了中国是市场经济国家。2004 年 11 月在中国 - 东盟老挝峰会上东盟承认了中国的市场经济国家地位,随后欧盟也给予中国同样的地位。在朝鲜核问题上,中国利用在联合国安理会以及六方会谈中的影响力促使问题以和平的方式解决。(3)突破美国的围堵。美国不乏对中国力量上升抱有深刻怀疑之心的人,他们认为,中国的“近期目标是取代美国成为远东的主宰,长期目标是在全世界挑战美国的主宰地位。”①为了在地区与全球范围内保证美国利益,阻碍中国崛起并在中国的周边部署军事力量是这种“遏制”与“围堵”战略的重要部分。② 中国不避讳表达对于美国在中国周边地区的军事部署、美国与台湾地区的安全关系、美日军事同盟的指向等问题的疑虑,同时,中国还通过发展与美国传统盟友韩国、泰国、澳大利亚等国的关系培养出一种新的安全环境,促使美国的盟友不得不在中美之间平衡其利益天平。

可以看出,对于一个力量不断发展壮大的中国来说,其积极、主动的外交行为不外乎是要确保国家利益,这种利益的核心并未有太大的改变,依然是主权、安全与发展,但却无法设计出一项简单明晰的、统领一切的原则。③因为这三者之间并非总是协调一致、相互促进的,有时它们之间甚至会相互矛盾。因此,需要通过更加缜密的外交谋划制定出行之有效的操作路径,从而服务于一种有利于中国力量上升的新的地区秩序的构建。

三、中国周边外交主动性的路径分析

作为力量不断发展壮大的新兴大国,现阶段中国周边外交变得更加积极主动,也“更精致、更自信、在全球和地区事务中时常表现得更具有建设性”。④ 中国正在综合运用经济、外交、防务以及理念影响力等各种手段积极影响世界,塑造地区秩序的演变。

第一,以经贸手段促进地区经济合作。阿尔伯特·赫希曼(Albert O. Hirschman)认为,威胁中断与某一国家贸易的能力是“一种获取权力的有效武器”。经济交易因此成了塑造政治影响力的重要杠杆。经济手段中的重

---

① Robert Kagan, “What China Knows That We Don't,” *The Weekly Standard*, January 20, 1997, p. 19.

② David Shambaugh, “China's Ambivalent Diplomacy,” *Far Eastern Economic Review*, November 15, 2001, p. 29; Aaron L. Friedberg, “11 September and the Future of Sino – U. S. Relations,” *Survival*, Vol. 44, No. 1, 2002, pp. 33-50.

③ Wang Jisi, “China's Search for a Grand Strategy: A Rising Great Power Finds Its Way,” *Foreign Affairs*, March/April, 2011, p. 71.

④ Evan S. Medeiros and M. Taylor Fravel, “China's New Diplomacy,” p. 22.

要一环是商业外交。与商业交往不同,政府直接参与商业外交。商业外交既可以是对他国的贸易和投资政策及规定施加影响的谈判过程和行为,也可以是综合运用诸如市场准入和技术转让等经济手段影响政治议题、甚至安全议题。①中国经济实力的快速增长、发展中的广阔市场以及从其他国家进口的购买意愿,赋予中国足够的商业外交手段,使北京拥有“用大量购买商品和服务的方式支撑其他国家经济”的能力。②

今天,中国已经成为对贸易和投资最为开放的大国之一。在贸易领域,中国是许多亚洲地区国家最大的贸易伙伴。2003 年中国成为日本、韩国最大的出口市场。2004 年中国取代日本成为地区邻国最大的出口目标国。2001～2004 年间,中国从菲律宾进口商品增加了 366%,从泰国进口增加 145%,从新加坡进口增加 173%,从马来西亚进口增加 193%。③2008 年世界性金融危机爆发后,中国同亚洲国家经贸往来更加活跃。2010 年,中国继续保持亚洲国家第一大出口市场。1～11 月,中国与亚洲国家贸易额达 7915 亿美元,同比增长 36.6%。中国同亚洲国家进口 4465 亿美元,同比增长 41.1%。中国对亚洲国家贸易逆差达 955 亿美元。据中方统计,2010 年中国同东盟贸易额达 2927.8 亿美元,同比增长 37.5%,跃升为东盟第一大贸易伙伴。中国成为朝鲜、蒙古国、日本、韩国、越南、印尼、印度的最大贸易伙伴。中国同日本贸易额近 3000 亿美元,同韩国贸易额超过 2070 亿美元,同印度贸易额约 620 亿美元,中国已是蒙古国、日本、韩国、马来西亚、泰国、印尼的最大出口市场。④

在投资领域,2003 年中国取代美国成为世界上接受外国投资最多的国家,⑤中国允许外国直接投资的程度是日本作为世界第二大经济体时从未有

---

① 关于商业外交的定义,参见埃伦·弗罗斯特:“中国在亚洲的商业外交——希望还是威胁?”,载《中国的崛起与亚洲的势力均衡》,第 89 页。

② Louis Uchitelle, “When the Chinese Consumer Is King,” *The New York Times*, December 14, 2003.

③ UN Commodity Trade Statistics Database, http://unstats.un.org/unsd/comtrade/.

④ 商务部综合司:“2010 年 12 月进出口简要情况”,2011 年 1 月 14 日,http://zhs.mofcom.gov.cn/aarticle/Nocategory/201101/20110107363340.html.

⑤ 商务部合作司:“2010 年我国非金融类对外直接投资简明统计”,2011 年 1 月 19 日,http://www.mofcom.gov.cn/aarticle/tongjiziliao/dgzz/201101/20110107370202.html.

过的。[①] 截至2005年年底达到6223亿美元,[②]这些新的资本中有许多来自于本地区内部。例如,日本的投资近年来大量流入中国,同时,韩国和东南亚国家的也纷纷把中国列为主要的投资国,中国成为一个越来越重要的对外直接投资(FDI)来源。亚洲是中国企业对外投资最为集中的地区。2010年1~11月,中国对亚洲国家非金融类投资金额达28.1亿美元,其中对东盟投资17.5亿美元,对东盟投资存量高达113亿美元,成为东盟第四大投资来源地。中国已成为朝鲜、蒙古国、缅甸、柬埔寨等国的第一大外资来源地。

中国的对外贸易和投资建立了以中国经济为中心的国家间产品的大网络,形成了地区层次上的真正的经济相互依赖,促使这些国家对中国的印象从"敌人"转为"增长引擎"。2005年新加坡驻美大使说:"一开始,东盟国家视中国的经济崛起为威胁,但逐渐地,他们在担忧之余也找到了机会。腔调有所变化,贸易开始繁荣。"[③]《海峡两岸经济合作框架协议》(ECFA)的签署同样发挥着类似的作用,成为未来两岸进一步密集开展更多的经贸、文化交流,提升国民党的民意基础,影响未来两岸政治关系的经济手段。中国不仅改变了素有积怨的邻国对中国的态度,而且利用商业外交作为粘合剂来促进地区经济融合。这种相互依赖超过了单纯的、基于双边贸易和制成品的互换的经济关系,不仅成为减少了贸易冲突和国际军事冲突的动力,而且为地区经济走向复苏开辟了道路。如果没有中国所起到的中心作用,就没有人们所看到的这一地区内正在发生、发展的真正意义上的深刻的经济相互依赖关系。[④]

第二,以外交手段促进地区机制的发展。近年来,中国外交的一个引人注目的方面就是通过积极参与多边外交,促进地区合作,致力于塑造更加公平、公正的地区秩序。20世纪90年代以来,中国积极加入和接触各种地区组织,在塑造地区秩序方面越来越表现出主动的一面。自1991年参加APEC后,中国成为亚太地区一系列多边机制的奠基者。1997年以后,在中

---

① 详见:Gary Clyde Hufbauer and Yee Wong, "China Bashing 2004," *International Economics Policy Briefs*, Institute for International Economics, PB04-5, September 2004, p. 27。

② Jiang Wei, "China Expects Steady Foreign Investment," *China Daily*, June 17, 2006.

③ Chan Heng Chee, "ASEAN's Relations with China: An Evolving Relationship," *The SAIS China Forum*, p.7.

④ Thomas J. Christensen, "Fostering Stability or Creating a Monster? The Rise of China and U.S. Policy toward East Asia," p.92.

国的积极倡议和推动下，“10 + 3”已经成为建立地区经济一体化的重要动力。2001 年，在中国的支持下，新的地区安全组织——上海合作组织——建立起来，上合组织是总部设在中国、第一个由中国人作为奠基人发起的地区性合作组织，在解决非传统安全问题、增加各国安全互信、缓解安全困境方面发挥着越来越重要的作用。2005 年年底，中国一贯谋求的进一步扩大安全对话和其他跨国领域的合作，以日益增长的经济相互依赖为地区进一步整合的前景增加动力的战略规划，得到了地区国家的响应，并举行了东亚峰会。中国 - 东盟自由贸易区于 2010 年 1 月 1 日率先建成并正式运行，加深了地区贸易合作，推动地区经济一体化，为中国同亚洲国家之间的自贸区建设打下了良好的基础。无论是综合性的地区组织，如 APEC、东亚峰会，还是致力于应对非传统安全问题的上合组织，亦或象中国 - 东盟自贸区这种经济合作机制，都从各个方面提升了地区国家之间在资金、资源、技术和人才等生产要素以及国家战略意图与对外政策之间的交流与互动，为亚洲地区的和平、稳定与繁荣带来了新的机会。而中国作用的加强是这些机制得以完善与前进的重要因素。

在共同应对传统安全威胁方面，中国在缓解危机、稳定地区局势中的作用有目共睹。冷战后朝鲜半岛导弹 - 核危机的发展不仅威胁着相关国家和地区的现实安全，更是对地区的核不扩散形势进而对整个地区安全和稳定构成了威胁。中国在 21 世纪后逐渐成为解决该危机的重要调解方。2003 年中国帮助建立并主办了六方会谈，逐步成为解决朝鲜半岛核问题的有效机制。2005 年六方会谈所达成的阶段性成果——《第四轮六方会谈共同声明》就是在中国的大力斡旋下形成的。目前，在朝核问题的解决过程中，中国在搭建六方会谈平台、沟通各国意图、减少猜忌和缩小差距方面起着不可或缺的作用。由于中国的不懈努力，人们不仅再一次看到了朝鲜核问题解决的希望，而且有理由期待东北亚地区由于六方会谈机制的存在和完善而实现长久和平和稳定。①

中国的积极行动在国际社会塑造了一种应对共同威胁的开放式合作姿态，为自己赢得了尊敬和赞誉。美国国会美中经济与安全评估委员会在题

---

① Thomas J. Christensen, “Fostering Stability or Creating a Monster? The Rise of China and U. S. Policy toward East Asia,” p. 92.

为《中国在国际机制中的角色演变》的最新报告中称，中国作为经济“学生”的时代已经一去不复返，“中国在国际组织中展示出越来越强势、越来越积极的姿态”，中国日渐扩大的角色“对其所参与的组织来说经常具有建设性和帮助性”。①

第三，以防务合作缓解“中国威胁”。中国军事力量的增强是其经济实力持续发展的自然延伸。中国周边有着大量海上和陆上邻国，其中大多数对中国军事能力的上升存有戒心，中国也清楚将力量过早、过度地投放于军事行动可能给其自身发展过程带来消极影响。因此，正如2010年中国国防白皮书称，建立军事互信是维护国家安全发展和地区和平稳定的有效途径。中国正在向地区体系中尽可能多的行为体释放合作的善意，采取一系列措施加强防务合作和交流、弱化军事力量增长的威胁感。

近年来，中国进行了大量的军事外交活动，先后与诸多周边国家建立了防务安全磋商和政策对话机制，定期举行不同层级的磋商对话，主要探讨亚洲安全形势、双边军事关系、地区热点等问题。2004年，中国国防大学等军事院校开始培训来自中亚、非洲各国的军官。在坚持不结盟、不对抗、不针对第三方的方针和战略互惠、平等参与、对等实施的原则下，中国人民解放军开展与邻国军队的联合演练。中国与俄罗斯、塔吉克斯坦、蒙古、巴基斯坦等国在边境地区举行双边或多边边境封控、联合反恐等军事演练，开展联合巡逻、联合检查等活动。中国利用上海合作组织框架为中亚国家提供反恐训练和边界安全援助，促进上海合作组织框架内联合反恐军事演习呈现机制化发展趋势。2002年，中国与吉尔吉斯斯坦举行首次中外实兵联合反恐军事演习。2003年，与上合组织成员国共同举行首次中外多边联合反恐军事演习。2005年、2007年、2009年、2010年，中国与俄罗斯等上合组织成员国举行“和平使命”系列联合反恐军事演习。同时，加强在非传统安全领域以及提供人道主义援助方面与周边国家的军事合作。先后与俄罗斯开展联合护航行动，与韩国护航舰艇进行海上联合演练。2002年3月25日，中国派出军机向阿富汗运送了急需的医药、医疗设备等援助物资，成为中国军队首次对外实施人道主义救灾援助。自那之后，中国军队又先后15次向南

① Stephen Olson and Clyde Prestowitz, *The Evolving Role of China in International Institutions*, Report to U. S. – China Economic and Security Review Commission, Washington D. C., January 2011, pp. 4, 6.

亚地震及印度洋海啸等受灾国提供了救援物资。[①] 中国全方位发展与周边国家的军事关系，深化同各国军队的务实交流与合作，传播和平信条，努力营造互信互利的军事安全环境，在很大程度上缓解了别国的猜忌和疑虑。

第四，加强文化与思想的吸引力。随着硬实力的日益增长，积极实施软实力外交、加强“魅力攻势”，已成为当下中国周边外交的一项重要内容。作为国家形象的代表、国家理念和思想的传播者，中国外交官以越来越开放的姿态应对国外媒体，以更加娴熟的技巧处理公共关系，使中国外交得以适应与全政府和全社会打交道的功能需要，从而树立了中国的人性化形象。[②]

从客观上说，中国理念和思想吸引力的基础来自于其文化的独特性和包容性。中国文化中有许多亚洲国家所认同和欣赏的元素，如对纪律和教育的重视、储蓄的习惯、履行共同义务的伦理等，构成了赢取周边国家支持和合作的文化资源。以中国与东南亚国家关系发展为例。中国与东南亚大部分国家之间长期以来有着相当友好的合作关系，其原因是多方面的，其中重要的是由于中国一贯坚持尊重国家主权和互不干涉内政的原则，通过加强经济合作、提升外交关系，对于毗邻而居的东南亚国家，中国政府采取务实的、淡化意识形态的外交政策，加强了东盟国家对中国的信任，东南亚反共、排华倾向越来越少；在共同抵制西方人权压力方面，中国在东南亚找到了关于“亚洲价值观”的吸引力和认同共识。[③] 在有着很多华裔的国家，如马来西亚和印度尼西亚，华人被认为是一种维系与加强同中国经济关系的重要资产。中国在与东南亚国家交往过程中促进旅游业的发展、增加互派留学生和劳务输出，不仅促进了东南亚国家的经济发展，也加强了中国对这一地区的影响。东南亚传统上对中国文化一直有着强烈的认同，现在，中国流行的电影、音乐、电视节目也在这一地区广受欢迎。2010 年，中国同东北亚、东南亚和南亚国家之间人员往来人数就达到 2541.82 万人次，同比增长 17.2%。在中国内地公民出境十大目的地中，亚洲国家成为除港、澳地区外的首选，中国也成为越南、蒙古国等国的最大游客来源国。2010 年来华参观

---

① 赵景芳、朱涛：“新中国军事外交 60 年：历程、特点与经验”，载《世界经济与政治》，2009 年第 9 期，第 41 页。

② David M. Lampton, *The Three Faces of Chinese Power: Might, Money, and Minds*, Berkeley, CA: University of California Press, 2008, p. 126.

③ Joseph S. Nye, Jr., “American and Chinese Power after the Financial Crisis,” *The Washington Quarterly*, Vol. 33, No. 4, 2010, p. 145.

上海世博会的外国游客中，韩国和日本人数位居前两名。

从主观上说，中国越来越有信心提出自己对地区秩序的理解与看法。随着中国融入和建设地区体系的实践经验日渐丰富，中国不仅就国家间关系规范、地区合作和增信释疑等提出了很多有价值的见解和观点，而且致力于推广、传播这些理念。[①]例如，1996 年提出“互信、互利、平等、合作”新安全观，在地区内有着广泛的吸引力。中国通过外交努力，构建和发展新的论坛和机制，提供美国双边同盟安全框架之外的地区安全结构。2004 年 10 月，北京举办首次东盟地区论坛安全政策会议，以增加国防官员在东盟地区论坛中的参与意识。在“和平崛起”的表述中，中国提倡一种远景，即如何通过不威胁现存地区秩序的方式谋求发展和强大。中国还强调国际关系民主化，表达了对国际和地区体系内客观存在的多样性的尊重。

一国的理念力量主要来源于国际体系中的其他国家如何看待该国的国家目标、当前状况、未来远景以及对其他国家的影响。斯蒂芬·沃尔特(Stephen Walt)认为，对一国不利的国际评论可以阻止其赢得政策支持的能力，导致其他国家阻碍、反对或建立联盟反对这个国家。反之，外部评价越有利，其他国家越是愿意合作，这增强了一国有效实现目标的能力。中国通过不懈的努力逐渐建立起国际威信。2003 年，曼谷一家民意研究中心询问泰国人哪一个国家是“最亲密的伙伴”，76% 的受访者选择中国，而只有 9% 选择泰国的盟友美国。[②]

思想和理念之所以能够成为中国发挥外交主动性的一个佐证，主要是因为中国不仅提出，而且切实践行这些理念和思想。也许地区国家对中国不断增长的经济军事力量仍有疑虑，但大多数国家并不介意在经济或安全领域出现一个美国以外的可能选择。无论是中国经济发展带来的机会还是安全投入产生的红利，无论是中国发展模式的客观存在还是它对于地区秩序新理念与思想的主动践行，都让地区国家看到了新的机会，丰富了国家发展与相处之道，“使得中国在经济上和外交上都富有吸引力——这正是奈所

① Bates Gill, “China’s Evolving Regional Security Strategy,” *Power Shift: China and Asia’s New Dynamics*, pp. 247 – 262.

② 以上数据转引自：David M. Lampton, *The Three Faces of Chinese Power: Might, Money, and Minds*, pp. 149 – 150.

称的软实力的实质。”①

四、中国周边外交主动性对美国的影响

作为东亚传统秩序中的主导性大国,美国对中国影响力和主动性的上升尤为关注。权力转移的核心观点认为,在一个存在霸权国的体系中,如果一个大国的实力与霸权国迅速接近(即崛起),那么就可能与霸权国发生冲突。这种观点显然在美国政、学两界不乏追捧者。他们担心中国日益增长的经济实力会对美国的东亚甚至全球利益带来挑战。在他们看来,中国经济的快速发展必定带来政治影响力的加强,进而导致美国影响力的下降以及外交努力的失败。用进攻性现实主义的代表人物米尔斯海默的说法就是,伴随着中国经济的持续快速发展,中国会成为世界上最富强的大国,并且会建立起强大的军事机器和寻求地区霸权。由于美国不能接受这种结果,因此,“大国政治的悲剧”,即中美之间的冲突难以避免。事实上,过去30年中国经济的快速发展不能说不得益于美国主导的国际经济秩序与美国军事力量维持的地区和平与稳定。可以说,在一个美国主导的世界中,中国的国家利益得到了实现和满足。尽管中国支持国际关系民主化和多极化的趋势,但中国外交积极性的增加并不意味着中国将挑战美国目前的全球主导地位。2003年前后,中国学界对“霸权国家”和“霸权行为”进行了区分,认为中国可以接受前者而必须反对后者。考察中国影响力和外交主动性的上升对美国的影响,需要回答以下问题:第一,中国力量的上升是否意味着美国力量的必然下降?第二,美国与中国的国家利益和政策在一系列地区事务上分歧的程度,即,即使这两个国家间的相对力量和影响力均势发生了改变,美国和中国是否仍然能够在广泛的地区事务上发现催生合作的共同点?

第一,经济方面。2000年中国的GDP总量是美国的1/8,2010年则接近美国的2/3。以这样的增长速度计算,2030年中国将在经济的总体规模上赶上美国。但要看到,中美在经济总量上距离迅速拉近的原因既有多年来中国经济快速增长的积聚效应,也有近年来人民币对美元持续升值以及金融危机对美国的影响仍未消散的影响,而且两国的人均GDP水平还相去甚远。

① David M. Lampton, *The Three Faces of Chinese Power: Might, Money, and Minds*, p. 152.

尽管如此,美国仍然不断批评中国快速的经济增长以及随之而来的对能源和自然资源的需求对美国的经济利益产生了负面影响。例如,在全球商品价格方面,近年来,不断有美国各界声称:由于中国需求的激增导致了石油、天然气等自然资源价格不断攀升,另外一些产品,如大豆和水泥的价格也在不断上升,美国消费者和生产者因此必须付出更高的价格。在资源获取方面,美国批评中国国家石油公司积极在世界范围开拓市场,努力“锁定”石油供给地区。其他国家对中国经济依赖的加强也意味着美国经济影响力在减弱,正如68%的加拿大人认为扩展对华贸易是件好事,因为它将有助于减少对美贸易的依赖。① 在对全球经济规则的制定方面,长期以来,新兴国家在国际金融组织中的影响力要比它们的经济力量小,在应对金融危机过程中,中国常常与发展中国家站在一起,从发展中国家的利益和需要出发,寻求制定经济规则方面发挥更大作用,从而使美国的绝对控制力受到挑战。

但把这些影响仅仅局限于是对美国利益的损害未免过于狭隘。美国能源部曾指出,中国从世界市场获得的任何能源所产生的影响都应该是经济上中立的。② 中国常常将几十亿美元投入到当地的基础建设和能源开采设施发展方面,大大增加了全球能源的供给量,将有助于缓解价格压力。今后的几十年中,能源安全的威胁并不是来自中国。③ 相反,中国能源使用效率的偏低(生产1美元GDP所用的能源是美国的3倍)促使中国中央和地方政府也在努力提高能源的利用效率,这对美国公司将是个商业机会。虽然中国与美国公司在世界范围内存在着对出口市场的竞争,而且中美双边贸易中的高赤字不断引发政治关注,但实际上,中国和美国出口之间有着相当高水平的贸易互补性,美国公司长于那些在技术和资金上占优势的生产方式,而中国公司则擅长发挥劳动力密集的优势。虽然中国是一个出口大国,但如前文所述,60%的出口产品是由外国公司制造的,许多中国的出口商品只是在中国组装,而几乎所有的部件都是由外国公司进口或生产的。中国的商业也刚刚起步,无法与美国跨国公司在这方面拥有的优势地位相提并论。

① Ipsos－Reid, “Public Opinion Survey of Canadians and Americans about China,” June 2005, p. iv.

② Department of Energy, *National Security Review*, pp. 3, 28.

③ 乔纳森·科什纳:“中国经济崛起对中美关系的影响:竞争、政治冲突与(非)战争”,载《中国崛起:理论与政策的视角》第211页。

因此,只要能较好地规范竞争和市场机制从而规范两国的贸易行为,得益的将仍然是美国经济和民众。

中美的"利益共同体关系"的最佳体现是中国目前拥有2万多亿的外汇储备(其中大部分为美元)。外币的储备使得一个国家可以通过调整其货币的相对值来施加影响力,中国的美元储备额、购买美国资产的数量,让一些人担心目前美国已经被强大的中国资本所控制——中国可以通过出卖大量的美国债券导致美元的下跌。但这种力量关系完全是虚构的。中国大量持有美国国债并非出于对美国的善意,亦非为了特定的政治目的,其目的完全是为了国家资产的保值,是出于本国经济战略的需要。如果中国大举抛售美国国债亦会导致中国持有的美元资产价格大幅度缩水,中国本身将蒙受巨大损失。可见,增持美元国债而非抛售是由中国一贯的经济战略利益决定的,也是由美元作为基础货币的重要性决定的。①从更加宏大的视角出发,无论两国在知识产权保护、政府补贴、汇率币值等具体经济政策层面存在什么样的分歧,中国仍然愿意购买美国国债,用自己的实际行动来提振世界对经济恢复的信心。可见,中美两国的基本经济利益在中国力量增强和主动性不断上升的情况下,同时得到了促进和提升。美国仍然是世界上的金融货币和消费大国,对于中国的经济发展和未来仍然很重要,美国经济的崩溃意味着对中国产品出口的极大伤害以及中国巨额外汇储备的大幅度贬值。可以说在某种程度上,中美经济之间的这种不对称性造就了两国之间的相互依赖。为此,两国都倾注了很大的资源,从战略高度来管理这种双边经济关系,中美战略与经济对话机制就是这样一种尝试。正如2010年温家宝总理所指出,中美之间的"共同利益远远大于分歧",此说法绝非外交辞令。

第二,外交与政治影响力方面。中国地区和全球影响力的上升是一种更加成熟、缜密的外交运作和中国经济力量增强的产品。在外交层面上,即使中国和美国在地区稳定与和平的目标上是一致的,两国所偏好的政策手段也是很不相同的。中国务实的、非意识形态的处理双边关系的方式为他国政府提供了一个"美国之外"的选择,减少了美国在许多国家的影响力。使得美国原本可以采取简单的、见效快的孤立与制裁的政策对待某些国家,

① "2010 Report to Congress of the U. S. - China Economic and Security Review Commission," One Hundred Eleven Congress, Second Session, November, 2010, http://www.uscc.gov/annual_report/2010/annual_report_full_10.pdf.

如朝鲜、缅甸、苏丹，现在却不得不进行更加复杂的政策工具的选择和考虑。

一份由美国国会信息服务部门、外交、国防和贸易部门的10多名研究人员参与写作的长篇报告详细比较了美国和中国对发展中国家的影响力，称中国务实外交明显见效，通过外交、经济、文化和其他非强制性力量获得的全球影响力随着国际地位的提升而增长。美国的软实力相对而言下降了。报告称，20世纪90年代中期以来，中国采取的是日渐活跃和务实的外交政策，强调经济互补性。通过不断开放和熟练的外交队伍及中国资助的先进基础设施、公共工程和经济发展项目，中国的影响力和形象得到提升。[①] 美国还采用了一种标准的零和视角来观察中国在促进朝鲜弃核方面的外交成功的前景，认为对美国潜在影响将是负面的，其原因不外乎由于中国因其在处理复杂的安全问题方面取得的外交成功而获得了极大的声誉，而这些问题是美国所无力解决的。因此，北京的力量将进一步上升而美国的力量则会下降。[②] 因此，一些美国学者指出，中国与美国的竞争不仅仅在地区而且在全球，中国的软力量将快速扩展到更加遥远的地区，如拉美和澳大利亚，中国可能成为自从苏联不存在以来第一个可以严重地挑战美国对于国际秩序控制力的国家。[③]

虽然中国的影响力在上升，但并没有显著证明这伴随着美国影响力的下降或是中国已经有了足够的可以排除美国影响力的力量。[④] 美国在东南亚地区，甚至在亚洲盟国内，如韩国，的形象和影响的衰退与其说是由于中国主观削弱了美国的影响力不如说是美国自身政策失误造成的。虽然不可否认中国熟练地运用外交手段并且成功地利用了美国的政策失误，但这之间并非有直接的因果关系。即使如此，在这些地区也没有任何一个国家愿意与中国联手组建反美同盟。在安全、经济等方面美国在亚洲的作用是不

---

① 详见：Thomas Lum, Christopher M. Blanchard, Nicolas Cook, Kerry Dumbaugh, Susan B. Epstein, Shirley A. Kan, Michael F. Martin, Wayne M. Morrison, Dick K. Nanto, Jim Nichol, Jeremy M. Sharp, Mark P. Sullivan, and Bruce Vaughn, "Comparing Global Influence: China's and U. S. Diplomacy, Foreign Aid, Trade, and Investment in the Developing World," *CRS Report for Congress*, August 15, 2008.

② Charles Krauthammer, "China's Moment," *The Washington Post*, September 23, 2005.

③ Joshua Kurlantzick, "How China Is Changing Global Diplomacy: Culture Revolution," *New Republic*, June 27, 2005, p. 16.

④ Victor Cha, "The Obama administration's policy toward East Asia," *The Korean Journal of Defense Analysis*, Vol. 22, No. 1, March 2010.

可替代的,美国在亚洲仍保持着强有力的领导地位。[①] 美国仍然是亚洲国家主要的终端市场,这种经济上的互惠性将长期存在。亚洲国家大多认为遥远的美国是地区军事平衡器,他们信任美国要比信任彼此更多一些。[②] 尽管中国已经努力平息了许多邻国对中国力量上升的担忧,但也不是所有的中国周边国家都被这种“魅力攻势”所劝服。[③] 对于“中国威胁”的担心仍然不时在越南、印度、新加坡、东京的地区安全专家那里听到。即使是在朝鲜、缅甸这样的中国传统友好邻国中,美国仍然拥有无法匹敌的给予或拒绝经济和外交好处的能力,无法否认美国对其国家利益的战略重要性。而东亚国家普遍的“两面下注”政策以及欢迎美国积极介入亚洲事务的态度,显示出美国在亚洲仍然保有强大的权力和影响力资源。“中美国”(G2)的提法,即北京和华盛顿共撑世界经济或是国际地缘政治曾被美国学者的前政府官员热议,但中国低调回应,显然意识到还无法,也不愿与美国的地缘经济与政治影响力相提并论。

2008 年开始的全球性金融危机使美国的发展模式受到了广泛的批评。这场危机不仅动摇了其他国家对于美元的稳定性的信心,而且开始使这些国家怀疑美国的宏观经济政策的正确性。[④] 与此同时,金融危机更加凸显了中国作为亚洲地区经济甚至全球经济发动机的地位,让美国无法忽视中国在全球经济恢复中所发挥的至关重要的作用。美国接受了 G20 取代 G8 的安排,显然是承认世界力量变化的事实的一个表现。作为世界上第二大经济体以及最大的外汇储备国,中国处于 G20 国际经济合作论坛的中心地位,但看不出有任何中国将独自控制这一新机制的迹象,或是把一些补充型的地区机制,如“清迈倡议”或是亚洲开发银行,变成可以替代一系列现行国际经济机制及行为规则、规范和标准的可能。因此,与其说 G20 的出现已经使中国能够在西方规则主导的经济领域内为所欲为或占主导性地位,不如说是对西方控制的经济体系的一种健康的、良性的纠偏,是以中国为代表的新

---

① Robert Sutter, “The Obama Administration and US Policy in Asia,” *Contemporary Southeast Asia*, Vol. 31, No. 2, 2009.

② Aaron L. Friedberg, “Ripe for Rivalry: Prospects for Peace in a Multipolar Asia,” p. 23.

③ Sato P. Limaye, ed., Asia's China Debate: A Special Assessment, Honolulu: Asia – Pacific Center for Security Studies, 2003.

④ Wu Xinbo, “Understanding the Geopolitical Implications of the Global Financial Crisis,” *The Washington Quarterly*, Vol. 33, No. 4, 2010, pp. 156 – 157.

兴国家集体经济影响力上升的一种表现。虽然在一系列国际机制中中国的力量有了显著上升，但这些机制大多是在美国建立起来，中国所做的只是在机制框架内进行调整，美国的主导地位并未受到明显挑战。中国也意识到一个不包括美国的亚洲地区机制可能会导致美国的担忧，从而受到美国的抵制，进而引起亚洲国家的广泛不安，因而在创建排他性新机制方面显得尤为谨慎。如果以一种积极的视角来看待美国在亚洲事务中的地位的话，可以认为，出于维持在地区的强大存在的考虑，美国一直在向地区安全与经济事务提供公共产品，而中国力量的上升也将为地区的发展带来越来越多可以共享的资源，而不是一定要将华盛顿赶出这一地区。可见，对影响力竞争的最终结果在地区可能会产生一个更加稳定和繁荣的情形。[①]

第三，安全方面。中国的军事能力和影响的上升引起了美国各界的关注。[②] 2007 年 1 月中国摧毁了自己的一颗退役卫星，引起了西方对于中国干扰其他国家的卫星系统的能力的警觉，这种能力对于现代战争以及其他很多领域都起着十分关键的作用。"歼-20"隐形战机试飞成功让美国更加担心中国的高科技武器系统的发展。美国国防部研究报告称，中国解放军空军力量在快速壮大，试图赶上美国与其他先进国家的空军力量。这支力量不断成长，一方面延伸作战范围，一方面提升打击力量，过去在于保卫国土，现在则需在国境以外捍卫国家利益；过去现代化的目标系着眼于中国台湾海峡，现在则放眼于更广阔的范围，包括日本、印度、以及南海等。所以"美国空军必须严肃对待"。到 2020 年，解放军空军将跻身世界一流，在亚太地区"或许有朝一日，（这种影响力）会超越亚太区域"，在更大的范围里扮演一定程度的角色。对于中国海军力量的发展美国也同样紧张。[③] 有报告称，中国军队已经有能力保卫中国的海上通道安全，建立的蓝海海军可以主导亚洲或是亚洲以外地区的海上力量投送，从而影响美国行动的自由。还有报告强调，中国正在稳步进行兵器和军事技术研发，正在推进实现"拒止战略"构想，该战略的目的为：在中国台湾海峡和领土问题出现纷争之际，阻止美

---

① Christensen, Thomas J., "Fostering Stability or Creating a Monster? The Rise of China and U.S. Policy toward East Asia," pp. 125 – 126.

② Ibid., p. 96.

③ Ronald O'Rourke, "China Naval Modernization: Implications for U.S. Navy Capabilities—Background and Issues for Congress", *CRS Report*, RL33153, August 5, 2010, note 75, pp. 31 – 32.

国干涉。[①] 美国《四年防务评估报告》称，作为长期、全面军事现代化的一部分，中国正在研发和部署大量先进中程弹道导弹和巡航导弹、新的装备先进武器的攻击型潜艇、越来越强的远程防控系统、电子战和计算机网络攻击能力、反太空系统，并将如何对付拥有“阻止本方逼近”实力的敌国定位为美军的重要任务。[②] 到2020年，这些变化将对美国及其东亚盟国产生深刻的影响，导致美国军队卷入东亚的代价和威胁的上升，深刻影响美国的地区安全承诺以及有可能抵消美国所建立的反导系统的作用。[③] 面对这种情况，甚至有美国学者称，鉴于目前中国军力的改善以及在台湾地区问题上的坚决姿态，台海危机很容易升级为核战争，他建议，“考虑到此类危机，美国应该考虑收回对台湾的承诺，这将解除掉美中之间最明显、最有争议的爆发点，有助于两国今后几十年保持良好关系”。[④] 不过，这远非美国内主流，正如国防部长盖茨称，美国是一支亚洲的“常住力量”（Resident Power）而非“访问力量”，美国是且将继续是一个太平洋国家。[⑤]

总体上，美国对中国军事现代化的反应颇为矛盾，一方面它对任何中国军队所获得的先进技术和武器都感到紧张和风险的存在；另一方面又承认中国的军事力量与美国存在相当的差距。一种相对中肯的看法是，中国的军事现代化步伐虽快但“野心”却并不大，主要为了确保“体制安全、领土完整、国家统一、海上和地区稳定”。[⑥] 这是一个逐渐的、长期的过程。虽然过去10年中国空军训练质量明显提升，但离美国标准还很远。[⑦] 由于维持远

① Office of the Secretary of Defense, *Military and Security Developments Involving the People's Republic of China*, August 16, 2010.

② U. S. Department of Defense, *Quadrennial Defense Review Report*, February 1, 2010, pp. 31 - 34.

③ Michael D. Swaine, "China's Regional Military Posture," in *Power Shift: China and Asia's New Dynamics*, pp. 266 - 281.

④ Charles Glaser, "Will China's Rise Lead to War? Why Realism Does Not Mean Pessimism," *Foreign Affairs*, March/April 2011, pp. 87 - 88.

⑤ Rober M. Gates, Secretary of Defense, remarks delivered at the 9th IISS Asia Security Summit, Singapore, June 5, 2010, http://www.defense.gov/speeches/speech.aspx? speechid = 1483.

⑥ Taylor Fravel, "China's Search for Military Power," *The Washington Quarterly*, Vol. 31, No. 3, 2008, pp. 125 - 141.

⑦ Roger Cliff, "The Development of China's Air Force Capabilities," testimony presented before the U. S. - China Economic and Security Review Commission, May 20, 2010, http://www.randproject.com/pubs/testimonies/2010/RAND_CT346.pdf.

距离军事力量的能力有限，虽然中国人民解放军频繁地在海外采取行动，但它还不能被视为一支全球性军队或一支可以在全球范围内自由投放的军队。[①] 经济能力转化为单纯的军事力量的道路还很漫长，中国军队的先进技术、力量投放以及海上能力等仍然相对较弱。在安全领域内，中国还没有成为一个可以改变力量对比格局的大国，解放军也没有转变为一种全球战略力量。这种情况在中短期内不会有所改变。[②]中国也清楚地认识到军事力量所具有的“自我损伤性”，即增加军事力量，尤其是力量投送能力，会刺激亚洲国家担心中国的长期意图，从而更愿意在安全问题上与美国合作。2002年美国提出“集装箱安全倡议”（CSI），2003 年 5 月中国香港加入了该计划，两个月之后，中国政府签署一项“合作宣言”，于 2005 年年初在上海和深圳加入该计划。中国曾主动提出与美国进行太空技术合作，通过使其太空计划更具合作性和更具透明度，从而在科技进步的同时使得邻国放心。反海盗、海上反恐、反扩散、海上灾害救助、海上资源管理等已被纳入 2010 年中美第 11 次防务磋商，美国国防部长的随后来访也让人期待两国在这个领域内的更深层次合作的启动。

可见，虽然中国周边外交活跃且成效卓著，但美国的影响并未消弭；中美力量失衡的状况虽有改善，但美国作为东亚的主导性国家的意愿在加强、能力仍然显著；而所有东亚国家虽然不约而同地在中美两国之间进行“两面下注”，却显然不想在中美冲突中靠边。在中美冲突发生概率几近为零的情况下，东亚地区的未来将在中国、美国力量对比改变的过程中走向何方，仍然是值得我们探讨的课题。

第二节　兼容型东亚秩序的前景

美国学者扎卡利亚在其著作《后美国世界》中指出，过去 500 年内，“世界范围内出现了三次结构性的权力转移。每一次权力转移都是权力分配的

① The U. S. - China Economic and Security Review Commission, *The* 2009 *Annual Report to Congress*, November 2009.

② Robert S. Ross, “The Rise of Chinese Power and the Implications for the Regional Security Order,” *Orbis*, Vol. 54, No. 4, 2010, pp. 544 - 545.

根本性调整，都重新塑造了国际政治、经济和文化生活。”他认为，第一次权力转移是西方世界的崛起，始于15世纪，加速于18世纪末；第二次权力转移是美国的崛起，发生于19世纪末；第三次权力转移是当下正在经历着的，可以表述为“他者的崛起”。此处的“他者”虽亦包含我们所熟知的“金砖国家”等新兴国家集体力量的上升，但显然中国在其中占据着独特而显著的地位。与此同时，美国仍然是一个主导性的全球大国，在目前和今后相当长的时间内，中国国家力量的发展和影响力的提升，很可能只是反映在某种程度上的地区性“权力结构”的变迁上。可以说，对于东亚，中美之间的权力平衡结构的变化已经带来了显著的地区反应，影响着未来地区秩序的走向。

一、中国周边积极外交对东亚地区的影响

中国的崛起将一如历史上大国崛起一样，不仅影响着既有秩序的主导性国家的战略谋划，而且首先在周边地区产生出深远意义。地缘环境决定了中国必定要把大量的外交资源倾注到发展与周边国家关系之中。由于历史原因，中国几乎与每个邻国都曾存在边界纠纷以及岛屿及领海争端。领土矛盾曾长期困扰着中国与邻国关系的改善。在过去特殊的国内与国际环境中，中国的周边外交极易出现“恶性互动”，即由于外部大国的打压，中国不得不进行强烈反弹，而这种外交姿态更容易使周边国家产生疑虑。现在，“恶性互动”的印迹已经荡然无存，代之以“良性互动”。中国外交变得越来越务实、冷静和理性，这不仅是国家政策成熟的标志，也是中国外交自信与主动性上升的结果，对地区秩序和地区合作有着深远的意义和影响。

第一，地区的紧张局势得到缓解。虽然地区冲突仍然时有发生，但世界的主导趋势是国家与国家之间、国家与非国家行为体之间相互依赖日益加深、合作行为越来越普遍，中国逐渐成为这种趋势和行为的中心。[①] 20世纪90年代以来，通过平等协商、互谅互让，中国与俄罗斯、哈萨克斯坦、吉尔吉斯斯坦、塔吉克斯坦、老挝、越南等国妥善解决了历史遗留的边界问题，使漫长的边界变成和睦相处的纽带。2000年7月中越陆地边界条约正式生效；当年12月，中越北部湾划界协定和北部湾渔业合作协定正式签署；两国还决定采取更加切实有效的措施，加快陆地边界勘界立碑工作进度，于2008年完

① David Shambaugh, “China Engages Asia: Reshaping the Regional Order,” p. 65.

成了陆地边界全线勘界立碑工作，签署了新的边界管理制度文件。2005 年中印就解决边界问题的政治指导原则达成共识，中印边界争端已不成为阻碍两国开展广泛合作的障碍。为了妥善解决南海争议问题，中国从维护地区和平、稳定的大局出发，创造性地提出了“搁置争议、共同开发”的主张。2002 年，中国同东盟各国签署《南海各方行为宣言》；2005 年，中、菲、越三国的三家石油公司签署《在南中国海协议区三方联合海洋地震工作协议》。由此，“搁置争议、共同开发”进入实践阶段。这不仅为和平解决南海问题开拓了道路，也为世界其他地区有关国家解决类似问题提供了借鉴。

第二，培植中国周边利益共同体。作为“亚洲经济发展中能量巨大的引擎”，中国自身的变化正在对亚洲产生着前所未有的影响，中国的作为在很大程度上影响着未来的“新亚洲”。中国推行“睦邻、安邻、富邻”政策，积极推进与周边国家的区域经济合作，在发展自身的同时推动整个地区的经济发展。随着中国与周边区域合作的加速推进，中国利益与周边国家利益紧密地结合在一起，一个由中国与周边国家组成，以平等互信、互利合作为基础的多层次的利益共同体正在形成。经济上互惠互赖，安全上共享开放和透明，政治上互不干涉，强调发展中国家的声音，成为这个利益共同体的主要特征。改革开放 30 多年来中国自身的发展就是共同发展、共同安全的重要实践，同时，崛起的中国不断表现出愿意顾及国际社会和地区国家对它的期待，准备提供更多的地区公共产品的意愿。面对国际金融危机的蔓延，中国免除了 46 个最不发达国家 400 多亿人民币的债务，向其他发展中国家提供的援助超过 2000 亿人民币。这无疑是中国强调共同利益、践行“利益共同体”理念的重大举措。

第三，在发展模式和思想理念上产生出不同的声音。金融危机凸显了资本主义制度内在的不稳定性，美国式资本主义正在走下神坛。西方国家要求新兴国家在全球事务中承担更大的领导责任，就是承认它们已经不能单独处理世界经济事务。[①]危机的发生以及新兴国家地位的提升不仅仅影响着经济和政治权力格局的变迁，还触动了各种思想与模式在全球范围内的竞争，促使世界反思资本主义的内在弊端。在这一过程中，中国以更加自信

① Nancy Birdsall and Francis Fukuyama, "The Post - Washington Consensus: Development After the Crisis," *Foreign Affairs*, March/April, 2011, p.53.

的姿态鼓励承认人类文明的多样性，倡导从要求普遍的公民和政治权利转向解决共同面临的问题。[①]2008年金融危机全面爆发以来，以贸易自由立国的美国面对压力走向自己的反面，出现了贸易保护主义的思潮，中国承担起了维护自由贸易的重要责任。2009年在新加坡召开的APEC会议上，中国提出反对贸易保护主义，加强各国间自由贸易的意见，特别强调贸易和投资自由化、便利化是恢复和保持世界经济增长的必要条件。尽管美国仍然是最具影响力的国际行为体，但全球经济政治以及道德的再平衡正在进行。中国、巴西和印度对于如何产生稳定的、可持续的经济增长，以及如何在国家、人民、市场之间取得平衡，有着自己的经验和看法，而后者对大多数地区国家越来越具有吸引力。

第四，兼容型地区秩序的产生。在一片"中国崛起"、"中国塑造新形象"的赞誉声中，不少美国学者和政要开始担心：由于美国在"9·11"事件后日益严重的单边主义倾向，中国在亚洲地区已经建立起了更加稳固的地位，在很多方面大有取美国而代之的倾向，因此最终可能把美国挤出亚太地区。但是，事情的发展远远不是这种单向思维所可以预测的。随着中国影响力的增大，一些地区国家采用的"两面下注"政策，即一方面在经济、外交上对中国的实力与理念表示认同和支持，一方面在政治、安全上依赖美国，希望借此降低中国发展的不确定性。这种策略体现出地区国家对中国能力上升的认可，同时也提醒中国不能忽视美国的作用，美国作为传统地区霸主的地位并没有产生根本性的动摇。因此，在进行积极、主动的周边外交谋划的同时，仍然不能忽视中国外交关系中的主要矛盾——中美关系，确保地区秩序与合作在美国主导的同盟体系与中国倡导的"和谐地区"共存的态势下朝向更加稳定与繁荣的方向前进。这种兼容中美两国的地区秩序本质来说是一种复杂的平衡结构——中国凭借其强劲的经济实力和对于地区多边机制的兴趣维系着对亚洲国家的吸引力，而美国则依靠传统的地区盟友和现存的地区不稳定因素继续保持着这些国家对美国的安全依赖。

一个健康的、可持续发展的地区秩序需要能够最大限度地容纳新兴国家的权益诉求，为它们的发展提供空间和机遇。这样，新兴国家就不会选择

---

① Gregory Chin and Ramesh Thakur, "Will China Change the Rules of Global Order?" *The Washington Quarterly*, Vol. 33, No. 4, 2010, p. 120.

以体系更迭的方式实现国家振兴。它们所追求的不是颠覆,而是改革现有体系,使其更加公正合理地反映新兴大国的意愿。中国实现影响力上升的路径与其自身的国家利益和权力发展历程紧密相关。如果推翻现行秩序既不能使中国获得物质利益,也不能确保中国继续壮大自身力量,则中国就会趋向于采取一种适应和参与的战略,通过对现行体系的修正实现利益最大化。

过去20年来,随着力量的积聚,中国逐步摆脱了历史上受害者和大国控制的对象这种双重身份认知,在地区与全球舞台上变得更加积极和自信。这种"积极主义"的表现方式及展现路径几乎反映在经济、外交、军事以及软实力等所有政策领域,为中国的持续发展创造出更加有利的外部条件。但是,作为一个新兴国家,中国更愿意专注于国内发展和稳定,目前既无意愿也无足够的能力根本改变当今国际制度及其运行规则,或承担提供体系内主要公共产品的责任。中国周边外交主动性与国际影响力的增强,并不意味着它已放弃"韬光养晦"的外交思路,代之以颠覆现存国际秩序的战略目的,而是对这一思路做出适时的调整,着眼于地区体系与中国地位的变化,寻求更多地承担国际责任,发挥体系内大国应有的作用与价值。中国承认现有地区秩序是消极与积极因素共存的产物,主张以渐进、和平、民主的方式推动地区秩序的转型和重构,中国倡导的和平共处五项原则、新安全观、国际关系民主化、文明多样性、和谐世界等外交理念,已经为影响地区秩序变革的重要观念。这种崛起模式不仅减少了成本,而且有助于地区、世界的持久和平、稳定与繁荣,将进一步丰富人类文化,并为国际关系理论发展提供现实的甚至是经典的案例。

二、影响未来东亚秩序的因素

中美之间正在发生某种程度的权力转移,也许中国力量的上升以及相应而生的积极主动的外交作为并未根本改变东亚地区秩序仍然深受美国价值理念和强大实力影响的现实,但却突显出秩序在变化过程中的延续性与变化性并存的重要特点。

第一,以美国为"轴心"的所谓"轴－辐体系"仍然是东亚地区安全架构的基础。美国分别与日本、韩国、菲律宾、泰国和澳大利亚五个亚太国家结成的双边军事同盟关系,在过去50多年中为地区带来了和平与稳定,也是整个东亚地区战略稳定和经济发展得以持续的重要原因。其他东亚国家，如新加坡、印度尼西亚，虽然不是美国正式的安全盟友，却是这个体系的重要的伙伴。中国也从这个体系中受益，它为中国 30 年的经济发展提供了具有建设性的安全环境。虽然美国主导的同盟体系在确保地区安全和稳定方面取得了整体上的成功，但却远不能等同于真正意义上的地区的秩序。大量的地区国家与之不相关，也没有急迫的理由要参加这个体系。因此，“轴－辐体系”不可能把东亚地区更多的国家整合进一个共同的安全网络，它也不太可能发展成为一个完全的地区安全体系。而且，地区安全局势的发展，如朝鲜核问题的未来、南海问题的演进等都使得这种安全体系的前景不那么明朗。

第二，地区合作的机制化趋势。东亚地区合作在冷战后的发展趋势让人们开始期待一个东亚共同体的出现，各种多边机制架构的共同特点是国家间关系和互动越来越以一系列被共享的规范为基础。①尽管相比欧洲，亚洲多边主义的成长起步很晚，但近年来已经有了很大的进步。以东盟、东盟地区论坛、亚太地区安全合作理事会等一系列涉及地区安全事务的机制就是这种一体化的重要组成部分。这些组织所表达出的共同安全、合作安全理念让形式上传统的、以应对特定威胁为基础的集体安全模式变得陈旧和落后，成为地区安全机制发展的新动力。地区经济合作机制的发展以及所取得的重大成绩更是不言而喻。总之，地区秩序的规范化和机制化的一个前提性条件是地区国家对共同规范的认可。可以肯定，东亚地区社会、文化、经济和政治体制的多样性将成为各国在构建地区秩序过程中不得不面对的挑战，但越来越多的一致性规范的出现也将成为无法忽视的事实。

第三，中美战略伙伴关系的形成。中美关系仍然是影响东亚秩序发展的最重要的双边关系因素。虽然还不能说东亚地区已经处于两大国的共管之下，但中美两国合作处理地区事务显然已经成为当前东亚秩序中的显著特征。当然，这并不意味着两国之间不再存在影响力之争这种现实主义权力政治行为。尽管一些东亚国家在中国和美国之间进行“两面下注”，以期分别从中国和美国双方获取尽量多的资源和好处，同时又尽量不使任何一

① 详见：Amitav Acharya, “Will Asia's Past Be Its Future?” *International Security*, Vol. 28, No. 3, 2003/2004, pp. 149-164.

个大国控制地区秩序的走向。但是，每个国家都希望能够出现一种稳定、合作的中美关系。因为，如果中美对抗，那么所有的东亚地区国家都会被推向一种尴尬的境地——不得不在中、美两国之中选择一方，而这恰恰是它们所极力避免的。

金融危机不仅使得美国的经济增长受到拖累，甚至美国资本主义模式建立的根本理念也遭到动摇。而中国则成为越来越重要的地区贸易和投资伙伴，中国的经济发展模式也变得更加有吸引力。但这并不能说中国的理念吸引力比之于美国已经占上风，对于世界上很多国家而言，美国价值观常与自己的行为相抵触，是美国的行为而非其价值观引发全球不满。正如"巧实力"研究委员会主席约瑟夫·奈和理查德·阿米蒂奇所说："中国的软实力与日俱增是个事实，但并不意味着中美因此要为了争夺全球影响力而走上冲突的轨道。"如今对于美国而言，为了促进共同利益、制止地区冲突和缓和潜在矛盾而采取主动与中国加强接触，是一个很好的机遇。[①] 奥巴马在接受《南方周末》独家专访时谈到，中美两国对于处理全球性问题具有非常重要的意义，"我们双方现在的关系已经超越了经济和贸易，我们在重要的问题上相互听取意见，比如气候变化，没有中美双方的参与是不能解决的。很快地，你们会看到两国间广泛的战略关系，其中我们不止寻求在主要经济问题上的合作——当然这可以带来两个民族的繁荣，我们还会在所有的问题上紧密合作，从气候变化到防止核扩散、从应对恐怖主义到世界贫困、粮食安全等。我们希望看到中国在世界舞台上成长，当中国有了更多的才智和信心，就能够承担越来越多的责任。我们同时也期望成为中国有效的合作伙伴。"

第四，复杂的地区相互依存。演进中的东亚秩序并不只是围绕着安全事务或是中美大国关系而发展，各国之间越来越密切的经济、技术、人文和其他交往活动正在逐渐形成一张将东亚地区国家和人民网络其中的相互依赖之网。在这个网络中，民族国家不再是唯一的行为体，很多非国家行为体以及它们所从事的经济与社会活动正在构建着地区秩序的重要方面，即以一种复杂的相互依存方式将各国的市民社会和经济发展紧紧联系在一起，

① Carola McGiffert ed., "Chinese Soft Power and Its Implication for the United States - Competition and Cooperation in the Developing World," A Report of the CSIS Smart Power Initiative, March, 2009.

这些多重的脉络对于地区秩序的重要作用虽然无法精准衡量,但却是全球化时代最显著的特征和与众不同之处。虽然相互依赖本身并不足以建立起一种主导性的地区秩序,但却可以起到阻止冲突、增进了解、加强共识和塑造认同等作用,对地区和平和稳定意义无法忽视。

透过目前东亚地区秩序中这种新、旧特点混杂的现实来考察未来的东亚秩序的走向不难发现,在可预见的未来,东亚地区秩序的决定性因素有如下几个方面。

第一,美国在东亚地区秩序中的地位与角色。在过去,美国在东亚安全关系中的核心地位以及主导性角色一直是塑造中国崛起的重要因素,在今后一段时间内它仍将影响中国的外交政策偏好和大战略。美国的主导性角色对中国的外交行为有两个重要影响。首先,削弱了中国制衡美国力量的意愿;其次,中国在某些议题上主动或被动地谋求与美国合作。美国的权力、政策和其主导下的地区体系决定了中国在自身力量上升的情况下处理与美国关系的方式。从客观上讲,中国的崛起是和美国主导权的巩固相伴而生的。20 世纪 90 年代后,美国的军事统治优势日益突出。1992 年,美国的军事预算相当于位列其后的 8 个国家军费预算的总和,1999 年则相当于其后 14 个国家军费预算的总和,到 2003 年,美国的国防预算比位列其后的 25 个军事力量的防御支出的总和还要多。华盛顿的国防预算约占整个世界军事研究和发展费用的 80% 。[①] 除此之外,美国是世界上唯一一个能够在全球范围投送军事能力的国家。“9 · 11”事件进一步刺激了美国的军事实力的发展,军事优势日益明显。在这种军事实力对比悬殊的情况下,中国很难找到足够的力量支持与美国的对抗。从主观上讲,中国和美国虽然没有共同的政治价值观,但它们之间却不乏对共同利益的认知。为了实现自己的利益,中国并不必须去寻找一种与美国对抗或敌对的战略。

第二,地区合作是中国外交政策的关键部分。中国努力改善与邻国的关系,这种不计较短期利益得失的战略收到了良好的效果并由此扩展了自身的国际影响。如果中国对邻国采取咄咄逼人的政策,美国就更容易实施包围和遏制中国的战略,地区均势结构很快就会向有利于美国的方向倾斜。

① Jonathan Monten, “The Roots of the Bush Doctrine: Power, Nationalism, and Democracy Promotion in U. S. Strategy,” *International Security*, Vol. 28, No. 4,2005, p. 142.

反之,与中国站在一起的国家越多,不仅中国自身的安全与发展得到了保证,而且加快了中美之间地区影响力对比的变化。没有一个崛起的大国能将自身的安全完全转交给主导国,但崛起中的大国保护它核心利益的方法可以是非冲突性的。中国显然意识到自己能力的快速增长会产生一些意外后果,其他区域范围内的国家也或多或少显示出对中国日益增长的实力的疑惧。为了打消这种顾虑,中国追求地区合作的外交战略,谋求一种通过与其他东亚国家合作,加强地区内的对话与机制建设,构建利益共同体的方式来实现自身力量的上升。如此一来,中国的经济等各方面利益的实现就越来越有赖于现存的、中国参与其中的地区和全球秩序的运作,例如,参与全球资本主义体系是进行贸易与投资的必要条件,正是这些投资交易推动了中国的经济增长。中国的安全利益或许更加复杂,虽然中国的军事力量在逐步增长,但单靠军事力量或是武力实现安全利益的可能性却在不断下降。在某种程度上,中国一方面有意图发展与美国更多的安全合作关系,另一方面也希望发展本地区内的合作安全管理模式,作为对"轴－辐体系"的补充。可以说,通过与美国保持某种特殊关系,同时在地区合作框架内发挥更大作用已经成为中国获得声望与权威的重要方式。

第三,东亚区域内国家的经济增长越来越依赖中国,同时,它们也把自身的安全利益与美国紧紧捆绑在一起。中国和美国同时是对它们实现国家安全和发展利益有着重要影响的国家。正如斯蒂芬·沃尔特提出,霸权国家不一定被认为是对其他可以采取制衡国家的最大威胁。[①]其他国家可能认为某一霸权国家是仁慈的,因为国家不仅以能力而且以意图来判断一个强大的国家对自己是否是一种安全威胁,而不是单单去反对一个拥有强大力量的国家。因此,国家常常是制衡威胁而非实力。[②]

中美之间实力对比以及中、小国家的政策选择构成了东亚纷繁交织的均势结构。首先,在中美力量日趋均衡的过程中,大多数地区国家对中国在政治、经济领域内的领导地位感到放心,他们希望并努力将中国限制在区域制度与对话内部,以使中国的崛起更加具有可预测性,减少威胁的产生。[③]其次,东亚地区国家欢迎美国的军事存在和安全保证,支持美国为主导的双

---

① Steven Walt, *The Origins of Alliance*, pp. 22－26.

② Steven Walt, *The Origins of Alliance*, p.24.

③ Gerald Segal, "Trying China into the international System," pp. 60－73.

边军事同盟体系，认为美国力量在地区内的存在能够低烈度地制衡中国。这种相互制衡的平衡结构使得无论中国在经济和军事现代化上多么成功，东亚基本力量结构也不会在短期内发生急剧的、出人意料的重组。

当前东亚地区结构的稳定性塑造了中国的战略构想。传统意义上的权力转移是一个衰落的、过度扩张的霸权国家为了保持国际秩序现状，应对另一个正在崛起的大国，而这个正在崛起的大国试图用不断增长的权力来重新组织、规范地区或全球秩序，因此冲突——甚至战争——有可能在崛起大国与原主导国势均力敌的时候出现。正如一些权力转移理论家认为，"中国有可能超过美国，因为中国有巨大的人口优势，所以只需要美国1/5的生产力水平。同时，又因为核战争的灾难性使其发生的可能性极小，中国国内又没有发生分裂，我们不得不预示中国会崛起成为世界体系内最大的、最具有影响力的国家。"①即便这样，中国要面对的也不仅仅是美国，还有美国主导体系内的许多国家，这些国家并不支持美国与中国敌对，同时以自己的方式影响着中美之间的力量平衡局面。加之主流的中国政策和学术精英们开始认同中国的经济繁荣和国家安全已日益同美国密不可分，等等，这些结构性因素都使得中国不愿，也无法承担完全颠覆现存秩序的代价。从这个角度看，中国力量的上升并不会像传统现实主义预想的那样，将通过进行一场争霸战争来实现。

中国接受现行秩序的基本原则并不代表中国不希望国际政治社会中出现变化，相反，对东亚秩序的建设性参与已经证明中国正在对东亚地区秩序产生重大影响。② 所有的亚洲国家和美国不得不进行政策调整以适应这些由中国力量上升而带来的地区秩序的变化，但完全没有必要因此而害怕或是反对这些改变，因为把中国整合进地区秩序一直是美国和大多数东亚国家的一个长期的目标，现在这种情况正在发生。面对中国在亚洲地缘政治格局中作用的日益强大，有一个现实不容质疑：随着中美之间力量对比关系的改变，以及东亚各国普遍借助"两面下注"策略谋求在地区事务中发挥更大作用，东亚地区体系正处于重构过程中。

---

① Ronald L. Tammen and Jacek Kugler, Power Transitions and U. S. – China Conflicts, *Chinese Journal of International Politics*, Vol. 1, 2006, p. 33 – 55.

② David Shambaugh ed., *Power Shift: China and Asia's New Dynamics*, 2006.

三、一种兼容型地区秩序初现端倪

中国的崛起正深刻改变着东亚的地缘政治结构，并日益重塑着东亚地区国际关系格局。东亚地区对于中国有着长远的战略重要性，东亚国家不仅是中国战略上的伙伴，而且是中国重要的出口市场以及资金和原材料来源地。中国一贯将东亚视为对其地缘政治与经济利益至关重要的地区。自20世纪90年代中期以来，为了营造一个有利于经济发展的和谐、稳定的周边环境，中国展开了缜密的“魅力外交”，从而成功地促进了睦邻友好关系，缓解了地区国家对其上升的经济、政治与军事力量的担忧。目前，地区国家都乐于接受中国作为一个友好邻国和经济大国的身份。

事实上，美国从未真正离开过东亚。自2009年入主白宫以来，无论是奥巴马总统还是希拉里国务卿都曾在多个场合强调美国作为一个“太平洋国家”的作用，强调美国对亚太地区的承诺和对中国崛起对地区影响的欢迎与关注。可见，所谓的美国高调“重返亚洲”，更多的是在美国将东亚长期边缘化后的政策反弹，是为了弥补地区力量的“失衡”之感而做的调整。同时，希望借美国作用的加强“让地区国家有了更多的战略选择——它们不需要屈从于一个中国主导的地区秩序，以美国为主导的小国集团的形成在现实主义看来就是迈向地区均势的重要一步。”①

东亚国家的主观能动性以及它们与中美双方的互动是塑造东亚地区秩序的又一重要因素。随着中国睦邻友好外交政策的深入实施，某些东亚国家中存在的“中国恐怖”已经转化为“中国狂热”，很多国家都热切盼望与中国达成新的“战略伙伴关系”以及签署自由贸易协定。②不过，据此认为东亚地区正在向“中国中心”秩序转变的看法却是言过其实。东亚国家实际上并不想在美国和中国这两个大国之间进行选择，相反它们努力谋求建立符合自己利益的东亚地区新秩序，希望通过地区多边制度安排，阻止外部大国将本地区变成相互对抗的阵地。为此，东亚国家致力于在地区内建立稳定的平衡。这并非传统意义上的均势，而是更符合相互依存现实的利益平衡。

---

① 详见：Bernard K. Gordon, “The Trans - Pacific Partnership and the Rise of China: What Japan Joining the TPP Means for the Region,” *Foreign Affairs*, November 7, 2011.

② Wang Gungwu, “China and Southeast Asia: The Context of a New Beginning,” in *Power Shift: China and Asia's New Dynamics*, p. 187.

这种平衡秩序包括两层内涵：一是囊括所有大国，形成“全体结构”（omni－enmeshment）。[①] 该结构不仅有助于东亚国家避免站到中国或美国中的任何一方，而且把两个大国都纳入地区事务之中，使其与和平行为准则绑定，让它们像地区成员那样为东亚的繁荣和稳定发挥作用。在此种结构中，美国、中国及东亚国家得以在外交、政治、经济、社会、文化等各方面进行全面接触。二是将双边或三边关系与整个地区范围内大国间的势力平衡相结合，作为对“全体结构”的补充，这种结合的目的是建立一种过渡性的地区权力分配体系，即地区分级秩序。在东亚国家看来，美国与中国分别是东亚地区的霸权国家与地区强国，它们之间的地缘平衡主导着本地区其他国际关系的发展。因此，就东亚地区秩序的实质而言，首先要确认美国支配性的超级大国地位，东亚各国自“二战”结束以来一直受益于此；其次还要将中国作为新兴大国和发展的机遇纳入到地区分级体系，其位置仅次于美国但高于其他地区国家。此外，东亚国家加快内部的政治、经济和安全整合进程，发挥其应有的政治影响力，通过各种地区多边会议和论坛来填补中美两国利益相左或争执不下时的地区权力空间。这样的地区秩序安排既可以防止地区权力转移导致的大国冲突和地区动荡，又有助于应对诸如核扩散和国际恐怖主义等共同威胁。在这种秩序下，美国继续在军事同盟、安全合作和贸易投资等方面履行对东亚的承诺；中国仍然接受美国在该地区的军事主导和超级大国地位；日本、印度等其他大国参与到地区安全和经济事务中；而东亚其他中小国家则保持在地区制度进程中发挥核心角色作用。[②]

由于中国力量的发展，同时也是由于东亚国家普遍采取的不同程度上的两面下注策略，东亚地区秩序将出现一种明显的双向兼容性特征，即任何可以有效发挥作用的地区机制或秩序必须同时兼容中美两大国；同时兼容美国主导的同盟体系和中国倡议的多边地区合作。据此，有学者认为在新东亚秩序中会出现以多边合作为特征的“新的权力协调”。在这一假想中，中国将从东亚不对称的但却越来越稳定的地缘环境下获得更加多的影响

---

① Evelyn Goh, “Great Powers and Hierarchical Order in Southeast Asia: Analyzing Regional Security Strategy,” p. 120.

② Ibid. , p. 155.

力。[①] 不确定的是,美国是否能容纳并允许这样一种结构的形成。另一些学者则认为,紧张局势和地区大国间的不稳定的相互作用将会继续。[②] 即使中国竭力加强同美国的合作,它也不会完全融入以美国为首的全球政治体系,为了不使美国漠视中国的利益,中国会继续发展军事现代化,以及通过"软制衡"的方式在美国霸权体系内发展成为一支意义深远的力量。其实这两种观点有着共通之处:在东亚未来可能形成的地区秩序中,美国的主导地位或可继续,但却由于中国力量的上升而不可为所欲为;中国在地区合作中的大国地位显著,但却不会出现一个中国中心的东亚多边秩序。总之,这是一种融竞争与合作于一体、处于和平变化之中、大国影响重大、小国作用突出的体系。

东亚地区秩序正在发生着渐进的变化,其未来不仅取决于中美两国在东亚的主观战略资源投入和客观国际环境现实,也有赖于东亚各国对地区秩序构建的认知和努力。在东亚地区的权力转移过程中,主要相关大国和地区小国之间的关系相对缓和,形成了较为有利的构建新的地区秩序的机遇。随着经济的持续发展,中国在东亚地区秩序构建和地缘政治平衡中的作用越来越重要。中国影响力的凸显使得美国在处理与东亚国家关系上开始有所顾虑。奥巴马政府上任后,便以更快、更具变革性的步伐跟上并调整同亚洲地区国家的关系。[③] 在中国、美国、东亚国家三方互动中,美国迄今主导着东亚的安全体系,它如何应对中国的崛起成为其东亚地区战略重塑的关键;中国对东亚的影响力不断上升,中国综合国力的增长及睦邻外交是其东亚战略的重要催化剂;东亚各中小国家则一面与美国保持军事关系,一面强调与中国日益加深的经济和政治联系,[④]作为相对弱小的行为体,它们并

---

① Robert S. Ross, "The Geography of the Peace: East Asia in the Twenty – first Century," *International Security*, Vol. 23, No. 4, 1999, pp. 81 – 108.

② Aaron L. Friedberg, "The Future of U. S. – China Relations: Is Conflict Inevitable?" Thomas J. Christensen, "Posing Problems Without Catching Up: China's Rise and Challenges for U. S. Security Policy," *International Security*, Vol. 25, No. 4, 2001, pp. 5 – 40; "China, the U. S. – Japan Alliance, and the Security Dilemma in East Asia," *International Security*, Vol. 23, No. 4, 1999, pp. 49 – 80.

③ Douglas H. Paal, "Asia – Shaping the Future," *Policy Brief*, June 26, 2008. 关于对奥巴马政府亚洲政策的主要建议,也可参见 The Asia Foundation, *America's Role in Asia: Asian and American Views*, 2008.

④ Evelyn Goh, "Great Powers and Hierarchical Order in Southeast Asia: Analyzing Regional Security Strategy," pp. 116, 118.

不讳言大国在地区安全和繁荣中的重要性,并在与大国相处中把战略选择丰富化 、多样化,力争掌握塑造地区秩序的主动性作为最终目的。[①]总之,东亚地区中三个相互作用的核心力量——美国的存在、中国的崛起、东亚国家的平衡作用——已成为地区秩序塑造中不可或缺的变量,三方的相互影响、相互作用决定着东亚地区秩序的结构和走向,最终保证东亚的和平与稳定。

可见,虽然权力转移的过程往往伴随着大量的不确定性,但权力转移并不必然走向战争,实现权力和平转移的关键是在承认权力发生转移的同时实现权力和满意之间的平衡,[②]进而为地区秩序的平稳过渡奠定基础。稳定的东亚地区秩序是一种新的复合型平衡体系,这个体系的基本特征并不是地区国家与某个大国结盟去反对另一个大国,而是通过其独特的结构及地缘政治作用,使即便是实力最强大的国家也并不一定能够处于主宰地区事务的地位。

东亚对于中美两国都具有极其重要的战略意义。这不仅是因为走向一体化的东亚是一个拥有20多亿人口的巨大市场,而且源于东亚地区居连接印度洋与太平洋的重要枢纽之位,有世界上最繁忙的空中与海上航线。由于山水相连,中国将东亚看做自己战略地位巩固和国力提升的重要根基;而美国则将之视为其全球霸权的重要组成部分,但对其本土的安全与稳定并不会产生实质性的影响。这决定了美国对东亚的关注可能带有长期的工具性,且过于强调武力的作用而对经济力量和潜在的规范性力量使用不足。[③]因此,中美两国的东亚地区战略有着质的区别。在当前金融危机的影响下,美国任何的战略收缩都将从远离其本土的地方开始,东亚未尝不会成为美国忽视的对象。只要中国持续发展强大,同时辅之以深厚的中华文明,一种体现中国特性的东亚战略格局的悄然形成并非不可能。

---

① Alice D. Ba, [*Re*] *Negotiating East and Southeast Asia*: *Region*, *Regionalism*, *and the Association of Southeast Asian Nations*, p. 27.

② 张骥:“权力和平转移的条件与中国和平崛起的外部条件”,载《国际观察》,2006年第4期,第42页。

③ David M. Lampton, “China's Rise in Asia Need Not Be at America's Expense,” in *Power Shift*: *China and Asia's New Dynamic*, p. 320.

小 结

2009年美国皮尤研究中心(Pew Research Center)进行的一项民意调查显示,在25个国家中,有13个国家的大部分公众认为中国将代替美国成为世界上的主导性超级大国。① 虽然这未必会成为现实,但不可否认的是,这是对中国力量不断上升这一事实的承认,以及对未来中国将成为地区与全球事务中的更加重要的行为体的一种预测性反应。

崛起的中国在多大程度上影响了东亚地区大国力量分配的格局?会不会不可避免地引起大国的冲突和导致地区敌对集团的出现?这些当然不是能够轻易得到答案的问题。但可以确定的是,当前的东亚地区秩序正处于调整、重构的关键时期。作为世界上最大的、发展最快的国家之一,中国与传统的秩序主导国家美国之间的互动将对秩序调整的进程以及未来至关重要。中国实力与影响力的增长将导致与美国的"健康竞争",即提供不断增加的地区安全与经济公共物品,还是"战略威胁",即导致东亚国家不得不"靠边站"从而引发地区紧张,取决于两国采取什么样的政策与互动模式。美国仍然在现存东亚体系构建、维持和运行上起着主导作用,该体系至今无法摆脱美国价值理念和强大实力的影响。②

在历史上,一个衰弱的中国所造成的体系混乱远比一个强大、稳定的中国所带来的多。事实上,由于中国的强大所带来的秩序维系了冷战后东亚地区长期的和平与稳定。③ 中国影响力和外交主动性的增强,不可避免地影响美国的利益认知和政策反应;而美国也的确给中国带来一些战略与安全上的疑惧。中美在一些方面的竞争会有所增加,但整体关系并非呈零和态势。与其说中国力量和影响力的增长伴随着美国影响力的下降,不如说在中国影响力和主动性增加的情况下,美国战略局限性更加凸显,从而要求美国更加小心地使用其各类资源。与此同时,美国在地区的战略优势和资源

① Joseph S. Nye, Jr, "American and Chinese Power after the financial Crisis," pp. 143.

② Josef Joffe, "The Default Power: The False Prophecy of America's Decline," *Foreign Affairs*, September/October 2009, pp. 21 – 35.

③ David C. Kang, "Getting Asia Wrong; The Need for New Analytical Frameworks," pp. 57 – 85.

也迫使中国不得不小心应用其力量，因为中国越是试图将美国从周边地区排除出去，地区的大多数国家就越是希望美国留下来。[1]

中国决策者显然已经意识到了这一点。2001 年外交部长唐家璇告诉美国国务卿鲍威尔，“欢迎美国作为一个稳定力量在亚太地区的存在。”2012 年习近平副主席在接受美国主流媒体采访时曾指出，宽广的太平洋两岸有足够空间容纳中美两个大国。我们欢迎美国为本地区和平、稳定、繁荣发挥建设性作用。可见，无论是过去还是现在，中国并没有把美国赶出这一地区的意图，而是承认美国在亚太地区是一个长期存在并发挥了积极作用，体现了“中美利益并非重合但却不乏共同点”这种客观认知。美国政府出也多次强调美方欢迎中国作为一个繁荣而昌盛的大国的崛起。[2] 可见，中国力量的上升之于美国是产生正面效应还负面影响，取决于两国能否及时掌握由相互依存的加深而产生出的合作的机遇。美国所应该警惕的是：新兴大国力量的上升常常会带来别的国家的恐惧，如果恐惧过于厉害，则美国“将陷入自我实现的预言”。[3] 而中国如果和自己最大的贸易伙伴、经济和军事力量在世界上首屈一指的国家结为敌对关系的话，则中国的发展必将受到严重阻碍。[4]

我们相信，在一个日益相互依赖、利益彼此不能分离、战争因其巨大的毁灭性而变得不可想象的世界中，中国崛起完全能够摆脱传统的理论窠臼。作为当今世界上有着巨大影响力的两个大国，中美双方理应以更加负责任、更加理性的方式对待彼此，共同维护当今世界的和平与发展大局，为实现和平的地区与国际关系转型提供有益的路径探索。

---

① Robert Sutter, “China's Regional Strategy and Why It May Not Be Good for America,” in *Power Shift: China and Asia's New Dynamics*, p. 299.

② U. S. Department of State, “Administration's Vision of the U. S. – China Relationship,” September 24, 2009.

③ Joseph S. Nye, Jr., “As China Rises, Must Others Bow?” *The Economist*, June 27, 1998, p. 23; Lee Drutman, “Discussing the Future of U. S. – China Relations,” December 14th, 2010, http://www.progressivefix.com/tag/joseph-s-nye.

④ 详见：Wang Jisi, “China's Search for a Grand Strategy: A Rising Great Power Finds Its Way,” p. 74.

参考文献

中文参考文献:

1. [美]约瑟夫·奈著,郑志国等译:《美国霸权的困惑:为什么美国不能独断专行》,北京:世界知识出版社,2002.

2. [美]约瑟夫·奈著,吴晓辉等译:《软力量:世界政坛成功之道》,北京:东方出版社,2005.

3. [英]爱德华·卡尔著,秦亚青译:《20 年危机(1919 - 1939):国际关系研究导论》,北京:世界知识出版社,2005.

4. [美]阿诺德·沃尔弗斯著,于铁军译:《纷争与协作——国际政治论集》,北京:世界知识出版社,2006.

5. [美]汉斯·摩根索著,卢明华等译:《国际纵横策论——争强权,求和平》,天津:上海译文出版社,1995.

6. [挪]托克约尔·克努成著,余万里等译:《国际关系理论史导论》,天津:天津人民出版社,2004.

7. [美]詹姆斯·多尔蒂、小罗伯特·普法尔兹格拉夫,阎学通等译:《争论中的国际关系理论》,北京:世界知识出版社,2003.

8. [美]理查德·伯恩斯坦,罗斯·芒罗著,隋丽君等译:《即将到来的美中冲突》,北京:新华出版社,1997.

9. [美]彼得·卡赞斯坦著,秦亚青、魏玲译:《地区构成的世界——美国帝权中的亚洲和欧洲》,北京大学出版社,2007.

10. [美]塞缪尔·亨廷顿著,周琪等译:《文明的冲突与世界秩序的重建》,北京:新华出版社,1999.

11. [美]罗伯特·基欧汉著,门洪华译:《局部全球化世界中的自由主义、权力与治理》,北京:北京大学出版社,2004.

12. [美]亚历山大·温特著,秦亚青译:《国际政治的社会理论》,上海:上海人民出版社,2000.

13. [美]保罗·肯尼迪著,陈景彪等译:《大国的兴衰——1500－2000年的经济变迁与军事冲突》,北京:国际文化出版公司,2006.

14. [美]威廉·W. 凯勒,托马斯·G. 罗斯基编,刘江译,朱锋校:《中国的崛起与亚洲的势力均衡》,上海:上海人民出版社,2010.

15. 朱锋、罗伯特·罗斯主编:《中国崛起:理论与政策的视角》,上海:上海人民出版社,2008.

16. 钱其琛著:《外交十记》,北京:世界知识出版社,2003.

17. 李少军著:《国际政治学概论》,上海:上海人民出版社,2002.

18. 韦宗友著:《霸权阴影下的对外战略》,上海:上海人民出版社,2010.

19. 庞中英主编:《中国学者看世界》(全球治理卷),北京:新世界出版社,2007.

20. 刘中民、修斌、郭培清等著,《国际海洋政治专题研究》,青岛:中国海洋大学出版社,2007.

21. 张洁,杨丹志主编:《中国周边安全形势评估(2011)》,香港:香港社会科学出版社有限公司,2011.

22. 王逸舟著:《全球政治与中国外交——探寻新的视角与解释》,北京:世界知识出版社,2003.

23. 吴心伯著:《太平洋上不太平——后冷战时代美国的亚太安全战略》,上海:复旦大学出版社,2006.

24. 朱锋:"'权力转移'理论:霸权性现实主义?"《国际政治研究》2006(3).

25. 朱锋:"'权力转移'理论评述",《欧洲》1998(1).

26. 门洪华:"权力转移、问题转移与范式转移——关于霸权解释模式的探索",《美国研究》2005(3).

27. 曹云华:"在大国间周旋——评东盟的大国平衡战略",《暨南学报》(哲学社会科学版)2003(3).

28. 张蕴岭:"东亚合作和共同体建设:路径及方式",《东南亚纵横》2008(11).

29. 曹云华等:"东南亚:新世纪中国外交的前沿",《暨南学报》(哲学社会科学版)2006(2).

30. 张振江:“亚太自由贸易区:美国战略与中国应对”,《世界经济与政治》2009(4).

31. 苏浩:“胡桃模型:‘10 +3’与东亚峰会双层区域合作结构分析”,《世界经济与政治》2008(10).

32. 刘贞晔:“‘东亚共同体’不可能是‘开放的地区主义’”,《世界经济与政治》2008(10).

33. 秦治来:“准确理解地区主义的‘开放性’——以东亚地区合作为例”,《世界经济与政治》2008(12).

34. 朱锋:“导弹试射、六方会谈与多边谈判中的‘安全困境’”,《现代国际关系》2006(8).

35. 徐纬地:“朝鲜半岛核危机的化解与半岛走出冷战”,《世界经济与政治》2003(9).

36. 张玉国,白如纯:“朝鲜半岛永久和平机制的构建:动力与困境”,《当代亚太》2007(1).

37. 龚克瑜:“如何构建朝鲜半岛和平机制”,《现代国际关系》2006(2).

38. 李金明:“南海问题的最新动态与发展趋势”,《东南亚研究》2010(1).

39. 邵建平,李晨阳:“东盟国家处理海域争端的方式及其对解决南海主权争端的启示”,《当代亚太》2010(4).

40. 唐建国:“中国与东盟关系中的美国因素”,《太平洋学报》,2004(7).

41. 江洋,王义桅:“美国亚太安全战略中的南中国海问题”,《东南亚研究》1998(5).

42. 蔡鹏鸿:“美国南海政策剖析”,《现代国际关系》2009(9).

43. 陈宗权:“国际关系互动理论初探”,《国际观察》2008(2).

44. 周方银:“国际结构与策略互动”,《世界经济与政治》2007(10).

45. 封永平:“国家互动与认同转换——美国和平崛起的建构主义分析”,《国际观察》2004(5).

46. 苏长和:“发现中国新外交——多边国际制度与中国外交新思维”,《世界经济与政治》2005(4).

47. 赵景芳、朱涛:“新中国军事外交60年:历程、特点与经验”,《世界经济与政治》2009(9).

48. 张骥:“权力和平转移的条件与中国和平崛起的外部条件”,《国际观察》2006(4).

英文参考文献:

1. Evelyn Goh and Sheldon W. Simon eds., *China, the United States, and Southeast Asia: Contending Perspectives on Politics, Security, and Economics*, USA and Canada: Routledge, 2008.

2. Mingjiang Li and Dongmin Lee eds., *China and East Asian Strategic Dynamics*, Lamham, MD: Lexington Books, 2011.

3. A. F. K. Organski, *World Politics*, New York :Alfred A. Konpf , Inc. 1958, 1968(2nd edition).

4. A. F. K. Organski and Jacek Kugler, *The War Ledger*, New York: Alfred A. Knopf, 1980.

5. Barry Buzan, *Regions and Powers: The Structure of International Security*, Cambridge: Cambridge University Press, 2004.

6. Manus I. Midlarsky ed., *Handbook of War Studies I, II*, Boston: Unwin Hyman, 1989, 2000.

7. T. V. Paul, James J. Wirtz and Michael Fortmann eds., *Balance of Power: Theory of Power: Theory and Practice in the 21st Century*, Stanford, California: Stanford University Press, 2004.

8. Kenneth N. Waltz, *Theory of International Politics*, New York: McGraw – Hill Publishing Company, 1979.

9. Stephen M. Walt, *The Origins of Alliances*, Ithaca and London: Cornell University Press, 1987.

10. J. J. Suh, Peter J. Katzenstein and Allen Carlson. eds., *Rethinking Security in East Asia: Identity, Power, and Efficiency*, Stanford: Stanford University Press, 2004.

11. Alastair Iain Johnston and Robert S. Ross eds, *Engaging China: The Management of a Rising Power*, New York: Routledge, 1999.

12. David Shambaugh ed. , *Power Shift: China and Asia's New Dynamics*, Berkeley: University of California Press, 2006.

13. Alice Ba, *(Re)Negotiating East and Southeast Asia: Region, Regionalism, and the Association of Southeast Asian Nations*, Stanford, CA: Stanford University Press, 2009.

14. Amitav Acharya and Evelyn Goh eds. , *Reassessing Security Cooperation in the Asia – Pacific: Competition, Congruence and Transformation*, Cambridge, Mass. : MIT Press 2007.

15. John Ravenhill, *APEC and the Construction of Pacific Rim Regionalism*, New York: Cambridge University Press, 2001.

16. Muthiah Alagappa ed. , *Asian Security Order: Instrumental and Normative Features*, Stanford: Stanford University Press, 2003.

17. T. J. Pempel ed. , *Remapping East Asia: the Construction of a Region*, Ithaca: Cornell University Press, 2005.

18. Melissa G. Curley and Nicholas Thomas ed. , *Advancing East Asian Regionalism*, Oxon, UK, New York: Routledge, 2006.

19. Christopher M. Dent, *East Asian Regionalism*, New York and London: Routledge, 2008.

20. Mark Beeson ed. , *Bush and Asia: America's Evolving Relations with East Asia*, London & New York: Routledge, 2006.

21. David M. Lampton ed. , *The Making of Chinese Foreign and Security Policy in the Era of Reform*, 1978 ~ 2000, Stanford: Stanford University Press, 2001.

22. Scott Snyder, *China's Rise and the Two Koreas: Politics, Economics, Security*, Boulder, USA: Lynne Rienner Publishers, 2009.

23. G. John Ikenberry and Chung – in Moon eds. , *The United States and Northeast Asia: Debates, Issues, and New Order*, Lanham, MD: Rowman & Littlefield Publishers, Inc. , 2008.

24. John C. Baker and David G. Wiencek ed. , *Cooperative Monitoring in the South China Sea: Satellite Imagery, Confidence – Building Measures, and the Spratly Island Disputes*, USA: Praeger Publishers, 2002.

25. Ralf Emmers, *Geopolitics and Maritime Territorial Disputes in East Asia*, London and New York: Routledge, 2010.

26. Lee Lai To, *China and the South China Sea Dialogues*, USA: Praeger Publishers, 1999.

27. Timo Kivimäki ed., *War or Peace in the South China Sea?* Copenhagen, Denmark: NIAS Press, 2002.

28. Dana R. Dillon, *The China Challenge: Standing Strong against the Military, Economic, and Political Threats That Imperil America*, Lanham, MD: Rowman & Littlefield Publishers, Inc., 2007.

29. Derek da Cunha ed., *Southeast Asian Perspectives on Security*, Singapore: Institute of Southeast Asian Studies, 2000.

30. Liselotte Odgaard, *Maritime Security Between China and Southeast Asia: Conflict and Cooperation in the Making of Regional Order*, Aldershot: Ashgate, 2002.

31. Mark J. Valencia, Jon M. Van Dyke and Noel A. Ludwig, *Sharing the Resources of the South China Sea*, Netherlands: Martinus Nijhoff Publishers, 1997.

32. David M. Lampton, *The Three Faces of Chinese Power: Might, Money, and Minds*, Berkeley, CA: University of California Press, 2008.

33. Ellen Frost, *Asia's New Regionalism*, Singapore: NUS press, 2008.

34. *Towards an East Asian Community: Region of Peace, Prosperity and Progress*, East Asia Vision Group, 2001.

35. *America's Role in Asia: Asia and American Views*, The Asia Foundation, 2008.

36. David C. Kang, "Getting Asia Wrong: The Need for New Analytical Frameworks," *International Security*, Vol. 27, No. 4, 2003.

37. David C. Kang, "Hierarchy, Balancing, and Empirical Puzzles in Asian International Relations," *International Security*, Vol. 28, No. 3, 2003/2004.

38. William Wohlforth, "Realism and the end of the Cold War," *International Security*, Vol. 19, No. 3, 1994/95.

39. James F. Hoge, Jr. "A Global Power Shift in the Making: Is the United

States Ready?" *Foreign Affairs*, July/August 2004.

40. Aaron L. Fiedberg, "The Future of U. S. – China Relation: Is Conflict Inevitable?" *International Security* Vol. 30, No. 2, 2005.

41. Aaron Friedberg, "Ripe for Rivalry: Prospects for Peace in a Multipolar Asia," *International Security*, Vol. 18, No. 3, 1993/94.

42. G. John Ikenberry, "The Rise of China and the Future of the West," *Foreign Affairs*, January/February, 2008.

43. James F. Hoge, Jr. "A Global Power Shift in the Making: Is the United States Ready?" *Foreign Affairs*, July/August 2004.

44. Stephen M. Walt, "Alliance Formation and the Balance of Power," *International Security*, Vol. 9, No. 4, 1985.

45. Stephen M. Walt, "Testing Theories of Alliance Formation: the Case of Southeast Asia," *International Organization*, Vol. 42, No. 2, 1988.

46. Randall L. Schweller, "Bandwagoning for Profit: Bringing the Revisionist State Back In," *International Security*, Vol. 19, No. 1, 1994.

47. Glenn H. Snyder, "Mearsheimer's World – Offensive Realism and the Struggle for Security: A Review Essay," *International Security*, Vol. 27, No. 1, 2002.

48. Robert Manning and James Przystup, "Asia's Transition Diplomacy: Hedging Against Future Shock," *Survival*, Vol. 41, No. 3, 1999.

49. Ian Storey and Carlyle A. Thayer, "Cam Ranh Bay: Past Imperfect, Future Conditional," *Contemporary Southeast Asia*, Vol. 23, No. 3, 2001.

50. Barry Buzan and Gerald Segal, "Rethinking East Asian Security," *Survival*, Vol. 36, No. 2, 1994.

51. Richard A. Bitzinger and Barry Desker, "Why East Asian War is Unlikely?" *Survival*, Vol. 50, No. 6, 2008.

52. Dennis C. Blair and John T. Hanley Jr., "From Wheels to Webs: Reconstructing Asia – Pacific Security Arrangements," *The Washington Quarterly*, Vol. 24, No. 1, 2001.

53. Denny Roy, "Southeast Asia and China: Balancing or Bandwagoning?" *Contemporary Southeast Asia*, Vol. 27, No. 2, 2005.

54. David Martin Jones and Michael L. R. Smith, "ASEAN's Imitation Community," *Orbis*, Vol. 46, No. 1, 2002.

55. Aurelia George Mulgan, "Breaking the Mould: Japan's Subtle Shift from Exclusive Bilateralism to Modest Minilateralism," *Contemporary Southeast Asia*, Vol. 30, No. 1, 2008.

56. Michael J. Green and Daniel Twining, "Democracy and American Grand Strategy in Asia: the realist principles behind an enduring idealism," *Contemporary Southeast Asia*, Vol. 30, No. 1, 2008.

57. Yoichi Funabashi, "Keeping Up With Asia: America and the New Balance of Power," *Foreign Affairs*, September/October 2008.

58. Martin Stuart – Fox, "Southeast Asia and China: The Role of History and Culture in Shaping Future Relations," *Contemporary Southeast Asia*, Vol. 26, No. 1, 2004.

59. Daniel Twining, "America's Grant Design in Asia," *The Washington Quarterly*, Vol. 30, No. 3, 2007.

60. Thomas J. Christensen, "Fostering Stability or Creating a Monster? The Rise of China and U. S. Policy towards East Asia," *International Security*, Vol. 31, No. 1, 2006.

61. Gerald Segal, "Tying China into the International System," *Survival*, Vol. 37, No. 2, 1995.

62. Alice Ba, "China and ASEAN: Renavigating Relations for a 21st Century," *Asian Survey*, Vol. 43, No. 4, 2003.

63. Joshua Kurlantzick, "Pax Asia – Pacifica? East Asian Integration and Its Implications for the United States," *The Washington Quarterly*, Vol. 30, No. 3, 2007.

64. Malcolm Cook, "The United States and the East Asia Summit: Finding the Proper Home," *Contemporary Southeast Asia*, Vol. 30, No. 4, 2008.

65. Evelyn Goh, "Great Powers and Hierarchical Order in Southeast Asia," International Security, Vol. 32, No. 3, 2007/2008.

66. David M. Lampton, "The Faces of Chinese Power," *Foreign Affairs*, January/February, 2007.

67. David Shambaugh, "China and the Korean Peninsula: Playing for the Long Term," *The Washington Quarterly*, Vol. 26, No. 2, 2003.

68. Victor Cha and David Kang, "Think Again: The Korea Crisis," *Foreign Policy*, May/June 2003.

69. Victor D. Cha, "What Do They Really Want? Obama's North Korea Conundrum," *The Washington Quarterly*, Vol. 32, No. 4, 2009.

70. Joel S. Wit, "Enhancing U. S. Engagement with North Korea," *The Washington Quarterly*, Vol. 30, No. 2, 2007.

71. Narushige Michishita, "Playing the Same Game: North Korea's Coercive Attempt at U. S. Reconciliation," *The Washington Quarterly*, Vol. 32, No. 3, 2009.

72. Wade L. Huntley, "U. S. Policy Toward North Korea in Strategic Context," *Asia Survey*, Vol. 47, Issue 3, May/June 2007.

73. Bonnie S. Glaser and Wang Liang, "North Korea: The Beginning of a China - U. S. Partnership?" *The Washington Quarterly*, Vol. 31, No. 3, 2008.

74. Richard N. Haass, "Regime Change and Its Limits," *Foreign Affairs*, July/August 2005.

75. Francis Fukuyama, "Re - Envisioning Asia," *Foreign Affairs*, Jan/Feb 2005.

76. Stein Tonnesson, "Vietnam's Objective in the South China Sea: National or Regional Security," *Contemporary Southeast Asia*, Vol. 22, No. 1, 2000.

77. Liselotte Odgaard, "The South China Sea: ASEAN's Security Concerns About China," *Security Dialogue*, Vol. 34, No. 1, 2003.

78. Sheldon Simon, "ASEAN and Multilateralism: The Long, Bumpy Road to Community," *Contemporary Southeast Asia*, Vol. 30, No. 2, 2008.

79. Quang Minh Pham, "The South China Sea security problem: towards regional cooperation," *Asia Europe Journal*, August, 2010.

80. Lee Lai To, "China, the USA and the South China Sea Conflicts," *Security Dialogue*, Vol. 34, No. 1, 2003.

81. Toshi Yoshihara and James R. Holmes, "Can China Defend a 'Core

Interest' in the South China Sea?" *The Washington Quarterly*, Vol. 34, No. 2, 2011.

82. Robert Ross, "China's Naval Nationalism: Resources, Prospect and U. S. Response," *International Security*, Vol. 34, No. 2, 2009.

83. Allen S. Whiting, "ASEAN Eyes China: The Security Dimension," *Asian Survey*, Vol. 37, No. 4, 1997.

84. Ian James Storey, "Creeping Assertiveness: China, the Philippines and the South China Sea Dispute," *Contemporary Southeast Asia*, Vol. 21, No. 1, 1999.

85. Ian Townsend – Gault, "Preventive diplomacy and proactivity in the South China Sea," *Contemporary Southeast Asia*, Vol. 20, No. 2, 1998.

86. Martin Stuart – Fox, "Southeast Asia and China: The Role of History and Culture in Shaping Future Relations," *Contemporary Southeast Asia*, Vol. 26, No. 1, 2004.

87. Allen S. Whiting, "ASEAN Eyes China: The Security Dimension," *Asian Survey*, Vol. 37, No. 4, 1997.

88. David L. Shambaugh, "China Engages Asia: Reshaping the Regional Order," *International Security*, Vol. 29, No. 3, 2004/2005.

89. Evan S. Medeiros and M. Taylor Fravel, "China's New Diplomacy," *Foreign Affairs*, November/December 2003.

90. Zhao Hong, "Energy security concerns of China and ASEAN: trigger for conflict or cooperation in the South China Sea?" *Asia Europe Journal*, Vol. 8, No. 3, November 6, 2010.

91. David Arase, "Non – Traditional Security in China – ASEAN Cooperation: The Institutionalization of Regional Security Cooperation and the Evolution of East Asian Regionalism," *Asian Survey*, Vol. 50, No. 4, 2010.

92. Amy Myers Jaffe, Steven W. Lewis, "Beijing's Oil Diplomacy," *Survival*, Vol. 44, No. 1, 2002.

93. M. Klare, "The New Geography of Conflict," *Foreign Affairs*, May/June, 2001.

94. Wang Jisi, "China's Search for a Grand Strategy: A Rising Great Power

Finds Its Way," *Foreign Affairs*, March/April, 2011.

95. Joseph S. Nye, Jr., "American and Chinese Power after the Financial Crisis," *The Washington Quarterly*, Vol. 33, No. 4, 2010.

96. Joshua Kurlantzick, "How China Is Changing Global Diplomacy: Culture Revolution," *New Republic*, June 27, 2005.

97. Robert Sutter, "The Obama Administration and US Policy in Asia," *Contemporary Southeast Asia*, Vol. 31, No. 2, 2009.

98. Wu Xinbo, "Understanding the Geopolitical Implications of the Global Financial Crisis," *The Washington Quarterly*, Vol. 33, No. 4, 2010.

99. Taylor Fravel, "China's Search for Military Power," *The Washington Quarterly*, Vol. 31, No. 3, 2008.

100. Robert S. Ross, "The Rise of Chinese Power and the Implications for the Regional Security Order," *Orbis*, Vol. 54, No. 4, 2010.

101. Charles Glaser, "Will China's Rise Lead to War? Why Realism Does Not Mean Pessimism," *Foreign Affairs*, March/April 2011.

102. Gregory Chin, Ramesh Takur, "Will China Change the Rules of Global Order?" *The Washington Quarterly*, Vol. 33, No. 4, 2010.

103. Nancy Birdsall and Francis Fukuyama, "The Post – Washington Consensus: Development After the Crisis," *Foreign Affairs*, March/April 2011.

104. Amitav Acharya, "Will Asia's Past Be Its Future?" *International Security*, Vol. 28, No. 3, 2003/2004.

105. Bernard K. Gordon, "The Trans – Pacific Partnership and the Rise of China: What Japan Joining the TPP Means for the Region," *Foreign Affairs*, November 7, 2011.

106. Robert S. Ross, "The Geography of the Peace: East Asia in the Twenty – first Century," *International Security*, Vol. 23, No. 4, 1999.

107. Josef Joffe, "The Default Power: The False Prophecy of America's Decline," *Foreign Affairs*, September/October 2009.